社会科学哲学译丛　　殷杰　主编

本书受教育部重点研究基地山西大学科学技术哲学研究中心、
山西省"1331工程"重点学科建设计划资助

社会科学哲学中的
规范性与自然主义

〔美〕马克·里斯乔德（Mark Risjord）◎主编

赵　雷◎译

科学出版社

北　京

图字：01-2018-6967 号

Normativity and Naturalism in the Philosophy of the Social Sciences, 1st Edition/ by
Mark Risjord / ISBN: 9781138936621

图书在版编目（CIP）数据

社会科学哲学中的规范性与自然主义/（美）马克·里斯乔德（Mark
Risjord）主编；赵雷译. -- 北京：科学出版社，2025.3. --（社会科学哲
学译丛/殷杰主编）. -- ISBN 978-7-03-081233-9

Ⅰ. C02

中国国家版本馆CIP数据核字第2025B8Z300号

丛书策划：侯俊琳　牛　玲　邹　聪
责任编辑：任俊红　赵　洁/责任校对：刘　芳
责任印制：师艳茹/封面设计：有道文化

科学出版社 出版
北京东黄城根北街 16 号
邮政编码：100717
http://www.sciencep.com
北京厚诚则铭印刷科技有限公司印刷
科学出版社发行　各地新华书店经销
*
2025 年 3 月第 一 版　　开本：720×1000　1/16
2025 年 3 月第一次印刷　　印张：16 3/4
字数：318 000
定价：128.00 元
（如有印装质量问题，我社负责调换）

总　序

　　社会科学是以社会现象及人的群体行为为研究对象的科学，其所从事的是对人类社会进行理性的、系统的研究；而社会科学哲学则是对社会科学的逻辑、方法和说明模式进行研究的学科，并以社会科学实践的理性重建为基本旨趣。实质上，二者之间呈现出科学与哲学的内在关系。作为人类知识的两种不同形态，自科学脱胎于哲学伊始，其与哲学就不分轩轾，但科学往往以其革命性的动力推动着哲学的发展甚至转向，科学发现为哲学困惑提供了新的出路，同时也使哲学面临着新的问题。

　　一方面，社会科学哲学的发展，从社会科学和自然科学的发展中获得了新的动力，这也是面向科学实践的社会科学哲学发展的基本路径。作为社会科学较为成熟的分支学科，经济学所描述的是，凸显社会状态而非物理状态的人类行为，其方法论被逐步扩展到政治学、社会学、人类学等其他社会科学当中，并且成为社会科学的普遍方法论，比如，理性选择理论依然是当今社会科学哲学所关注的热点之一。自社会学从哲学中分离出来之后，实证方法业已成为社会科学研究的基本方法，由此也开启了社会科学研究的实证主义哲学思潮，当然，实证主义在哲学中的兴盛与当时科学方法论的成功密切相关。时至今日，一系列科学新成果的出现，不断引发社会科学的深刻变化，特别是，人类学与社会学、心理学与认知科学之间的学科交叉发展愈益明显，这更有利于社会科学的"科学性"建设，也有助于社会科学哲学传统问题的实质性求解。比如，用互惠利他理论可以细化囚徒困境的说明，用竞争学习理论来说明跨文化异同，以认知科学中的联结主义来研究社会实践中的"共享"现象，等等。由此，可以看出，社会科学哲学正逐步"参与"到社会科学中来。

另一方面，从本质上讲，作为一种对科学进行的反思性实践活动，社会科学哲学就是要对社会理论的所有内容从根本上进行哲学层面的考察，进而寻找到各种理论性和纲领性的思想。作为哲学学科的分支，社会科学哲学的具体形态必然与一定时期的哲学形态相关联。在当代社会科学哲学中，无论是实证主义到后实证主义的相继出现，还是大陆社会科学哲学与英美社会科学哲学的区分，都与其所在的哲学传统有关。此外，社会科学哲学的历史发展，恰恰是哲学与社会科学互动的历史，也是社会科学不断通过自己的理论和实践表达，阐释和建立自己学科特征的历史。虽然当今社会科学有自觉摆脱哲学形而上瓜葛的倾向，但是社会中价值等规范性现象的合理性，却难以完全依靠经验事实来说明，诸如此类的问题，客观上就要求引入哲学的反思，这就使得社会科学哲学与哲学的发展总是同步进行的。20世纪相继发生于社会科学哲学中的逻辑转向、语言转向、历史-文化转向和知识转向便印证了这一观念。

综上可见，不能孤立地理解社会科学哲学的发展，因为如果仅按流派来描述其发展理路，则有许多具体的焦点问题得不到应有的关注，这些问题恰恰是哲学与社会科学实践最直接相关、理论最中肯的地方。然而，如果只以具体问题的求解来呈现社会科学哲学现实状况，则有可能在整体语境的缺失下，难以周延问题的全部方面。因此，对于社会科学哲学整体研究的概观性图景的把握，就需要将二者统一起来，点线面结合，同时关注问题的历时性与共时性，这也是社会科学哲学的特殊性为研究者提出的根本要求。

国外社会科学哲学研究可谓方兴未艾。当前的社会科学哲学不能仅仅被视为科学哲学的分支，而是呈现出一种对社会研究实践进行反思的元理论研究。这是一种以社会科学的独立学科建制为基本定位的观点，它把社会科学哲学的研究视为在社会科学本身中进行的事务。可以说，社会科学哲学新的理论定位，直接以具体社会科学的研究对象为目标，不只限于为社会科学提供哲学认识论和方法论意义上的普遍指导，而且更专注于反思社会科学学科当中的社会科学实践，以及寻求具体学科本身的普遍原则和理论。也就是说，社会科学哲学面向科学实践的发展路径正在成为主流。特别是，在当前科学社会学和科学、技术与社会（STS）研究的推动下，社会科学家有组织的社会行为、认知劳动的组织模式、研究者的社会责任、研究共同体的制度化等方面，也正成为社会科学哲学自我反思的重要内容，这也使得社会科学哲学的理论和实践价值得到前所未有的认同。

近30年来，国内社会科学哲学研究基本上在各个问题域都有所展开，但是总体上看：一方面，在具体问题研究方面有所深入，在研究范式的形成方面却尚在起步；另一方面，社会科学哲学研究所涵盖的领域并没有形成统一的理解。事实上，这两方面的问题是相互联系的，研究领域的模糊，致很难形成用以对话交流的明晰问题，于是也就难以形成所谓的范式。这个现状是国际性的，社会科学哲学近一个世纪的发展，其本身特质使研究触角无远弗届。以新康德哲学为代表的大陆社会科学哲学，通过其解释学、系谱学和批判理论传统几乎可横贯整个西方哲学史，特别是，自狄尔泰系统探索用"精神科学"来区分自然科学始，到韦伯时形成了比较成熟的解释主义的社会科学哲学理论。而以语言哲学为代表的英美社会科学哲学，则与分析哲学交织在一起，比如，温奇秉承了维特根斯坦的后期思想，将"语言维度"引入社会科学哲学的研究当中。此外，当前的社会科学哲学又不可避免地与认知哲学、心灵哲学等分支联系在一起。实际上，科学社会学、STS 在一定程度上也被认为是广义社会科学哲学的一部分。更为复杂的是，传统哲学分支中还包括社会哲学、政治哲学、法哲学等，这些哲学分支与相应的具体社会科学哲学关系的界定一直存有分歧。在此，需要特别指出的是，从当前学科建制上来看，社会科学哲学的研究"散落"在外国哲学、科学技术哲学、马克思主义哲学等学科领域当中。虽然这些领域都在研究社会科学哲学，但整体上缺乏一种具有统一性的研究范式，如此一来，各个领域的研究共同体就很难形成相应的学术认同感，由此也导致了学术规范的缺失，使得社会科学哲学也难以作为一门学科持续发展。

当然，我们迫切希望社会科学哲学成为一门学科，而不是以一种跨学科的、边缘化的研究状况来呈现，因为它有自己的核心问题，即社会科学的科学地位问题。社会科学哲学学科的建立将有助于其研究范式的形成，而范式的形成更需要学术积累与进步。从近 30 年国内社会科学哲学发展的状况来看，其积累有一定的成就，但是与研究范式的形成还有距离，至少在与该学科相关的学术资料特别国外学术资料方面的丰富程度还不够。因此，我们启动"社会科学哲学译丛"的初衷就是，致力于为社会科学哲学研究范式的建立做一些推动性的工作。事实上，只有对国际学术进展有深入细致的了解，并具备广阔的学术视野，才能建立起自己的合理的学术规范乃至学术话语格局，进而做出理论与实践层面的创新。本译丛总体上出于学科建设的需要，遴选代表西方社会科学哲学最新进展的优秀著作，突出学术观点间的异质性，反映一个时期观点间的对话与交锋，重点关注原创性的作品，同时在国内同行已做好的工作基础上，力求呈现社会科学哲学近半个世纪以来的发展图景，为其学科建设做一份厚实的基础性积累。这将是一项艰巨的任务，所以我们把本译丛设计成开放的体系，徐图渐进，以期虑熟谋审，争取力不劳而功倍。

　　本译丛的整体框架由四个部分组成。第一部分的内容以史为主，包括社会科学史、社会科学思想史和社会科学哲学史，如《社会科学的兴起 1642—1792》《1945 年以来的社会科学史》《社会科学的历史与哲学》。社会科学是社会科学哲学研究的对象，是哲学依赖的事实基础；社会科学发展的规律和本质的研究离不开对历史的审视与重构；社会科学思想史介于科学与哲学之间，是社会科学范式转换发展的呈现；社会科学哲学史是社会科学哲学教学与科研倚重的方面，一门学科的建立首先是其学科历史的建立，有史才有所谓的继承与发展，有史才有创新的基础。第二部分的内容体现为具体社会科学哲学，如《社会科学与复杂性：科学基础》《社会科学的对象》。当今社会科学的发展从深度上讲专业化程度越来越高，从广度上来看交叉发展是不可逆转的趋势，呈现出学科间协作解决问题的态势，学科间的大一统越来越不可能，学科间的整合则时有发生。因此，对社会科学的哲学批判与反思已不能完全是一种宏大叙事，而需要参与到具体社会科学中来。第三部分的内容聚焦于社会科学哲学专论，主要包括名家名著、专题文集、经典诠释等，旨在呈现某一时期学界关注焦点、学派特色理论、哲学家思想成就等，如《在社会科学中发现哲学》《卡尔·波普尔与社会科学》。第四部分的内容专注于与社会科学哲学相关的教材，如《社会科学哲学：导论》《社会科学哲学：社会思想的哲学基础》。教材建设是学科教学建设的重中之重，成熟教材的译介，为我们编写适合实际情况的教材提供了重要的参照。对此，我们从两个方面来展开：一是社会科学哲学通识课教材；二是其专业课教材。总之，本译丛的规划框架兼顾史论，点线面结合，从科研与教学两方面立意，以期能满足社会科学哲学研究范式建设在著作和教科书方面的需要。

山西大学科学技术哲学研究中心一直以积极的姿态推动中国科学技术哲学的学科建设，以促进中国科学技术哲学的繁荣与发展为己任，在译介西方哲学优秀成果方面形成了优良的学术传统、严谨的学术规范和强烈的学术责任感，曾做过大量而富有成效的工作，并且赢得了国内同行的广泛认可。21 世纪初我们陆续推出山西大学"科学技术哲学译丛"，2016 年我们组织翻译的大型工具书《爱思唯尔科学哲学手册》9 部 16 册已陆续出版发行。我们将一如既往地秉承传统、恪守规范、谨记责任，以期本译丛能够实质性地推动我国社会科学哲学的教学与科研迈上新的台阶。由于本次翻译工作时间紧迫，翻译和协调难度大，难免在某些方面会不尽如人意，我们诚盼学界同人不吝指教，共同推动这一领域学术研究的进步。

在译丛即将付梓之际，作为丛书的组织者，有许多发自肺腑的感谢之言。首先我谨向各著作的原作者致谢，他们的原创性的成果为我们提供了可珍鉴的资源；其次，感谢科学出版社科学人文分社侯俊琳社长，他的远见卓识和学术担当，保证了本译丛的成功策划和顺利出版，他为此付出了难以言表的辛劳；再次，感谢每一部书的责任编辑，他们专业高效的工作保证了译著能够以更好的质量呈现出来；最后，还要感谢诸位译者，他们克服种种困难，尽最大可能保质保量地顺利完成了翻译工作。总之，我希望我们的工作最终能够得到广大读者的认可，以绵薄之力推动国内社会科学哲学事业的蓬勃发展。

"哲学社会科学是人们认识世界、改造世界的重要工具，是推动历史发展和社会进步的重要力量，其发展水平反映了一个民族的思维能力、精神品格、文明素质，体现了一个国家的综合国力和国际竞争力。"[①]社会科学哲学是哲学，同时是社会科学发展必不可少的思想前提，为社会科学澄清基本概念，以理论模式提供合法化辩护的工具性手段等；社会科学哲学的繁荣必将有力推动社会科学的发展。社会科学哲学译丛的长远意义也正在于此，"安知不如微虫之为珊瑚与嬴蛤之积为巨石也"[②]。谨序。

殷　杰

2017 年 10 月 10 日于山西大学

[①] 习近平. 2017–10–10.（新华网发布）在哲学社会科学工作座谈会上的讲话（全文）. http://news.xinhuanet.com/politics/2016–05/18/c_1118891128.htm.
[②] 嬴，通"螺"。出自：章太炎. 1981. 译书公会叙 // 朱维铮，姜义华，等编注. 章太炎选集. 上海：上海人民出版社：36.

目　　录

总序 / i

第一章　导论 / 001
　　　马克·里斯乔德（Mark Risjord）
第二章　规范主义中的自然主义时刻 / 008
　　　斯蒂芬·特纳（Stephen Turner）
第三章　迈向一种新自然主义：生态位构建、概念
　　　规范性与科学实践 / 026
　　　约瑟夫·劳斯（Joseph Rouse）
第四章　成为规范意味着什么？ / 040
　　　保罗·罗思（Paul Roth）
第五章　社会规范主义 / 056
　　　雅罗斯拉夫·佩雷格林（Jaroslav Peregrin）
第六章　方法论反自然主义、规范和参与式
　　　观察 / 073
　　　朱莉·扎赫勒（Julie Zahle）
第七章　行为者、理由与规范性的本质 / 089
　　　卡斯顿·斯托伯（Karsten Stueber）

第八章 移情、类似心理与孤独症 / 104

　　珍妮特·迪尼沙克（Janette Dinishak）

第九章 对规范的回应性 / 125

　　马克·奥克伦特（Mark Okrent）

第十章 根据规范进行说明本属自然（或应该如此） / 140

　　大卫·亨德森（David Henderson）

第十一章 生态适应性与实践的规范性 / 161

　　马克·里斯乔德（Mark Risjord）

第十二章 奥地利大公遇刺案、神圣牛与规则之谜 / 177

　　马丁·帕莱切克（Martin Palecek）

第十三章 自利、规范与说明 / 194

　　彼得里·伊利科斯基（Petri Ylikoski）和雅科·库里科斯基（Jaakko Kuorikoski）

第十四章 期望效用理论的理性概念是否具有说明性？ / 210

　　莉娜·埃里克森（Lina Eriksson）

第十五章 信任、规范与理由 / 223

　　拉迪斯拉夫·科伦（Ladislav Koreň）

各章作者简介 / 243

索引 / 247

译者简介 / 253

第一章
导　　论

马克·里斯乔德（Mark Risjord）

第一节　社会科学中的规范性问题

阿尔文·古德纳（Alvin Gouldner）曾写道，"社会学始于对世界的祛魅，并以祛魅自身而前行"（Gouldner，1968：103）。就在撰写本导论时，美国联邦最高法院决定，把（同性）结婚的权利载入宪法。在全球范围内，国家对同性婚姻是认可或者至少是包容的趋势，这受到将婚姻视为体现道德观与宗教观的人们的强烈反对。根据他们的观点，异性婚姻在道德上是正确的社会形态。相比之下，近两个世纪以来，社会科学一直在对婚姻和其他社会关系进行祛魅。人们结婚并不是因为他们应当结婚，而是因为受到社会认可的两性关系能够满足各种生理、心理和社会需求。因此，社会科学以经验上具有说服力的理论，取代了常识中混乱的说明与辩护，从而对世界进行祛魅。然而，在这样做的过程中，社会科学并未完全对自身祛魅。社会科学的解释通常会诉诸社会观、道德观和审美观，以及规则、惯例、实践、标准、承诺、规章和规律。那么，我们该如何理解社会科学中的规范性？对规范性的诉求是前科学思想的残余吗？随着我们的理论日益复杂，这种前科学思想残余会消失吗？还是说，规范性是否是社会科学不应忽视的社会世界中一个不可还原的维度？

关于规范性在社会科学中的地位问题，例示了哲学中某些最古老的形而上学问题和认识论问题。虽然哲学主要关注的是有关道德的"应当"与非道德事实之间的关系，但哲学思维始终（隐含地或明确地）包含了社会世界的理论。自19世纪社会科学从哲学中分化出来以后，认为规范不可还原的观点与试图将规范自然化的观点之间的哲学分歧就一直存在。因此，"应当"是否可以还原为"是"的哲学问题，在越来越以经验性与因果性为基础的社会理论语境中展开了。在过去的几十年里，我们对社会现象的研究，受到进化论、神经科学理论与认知理论的大量启发。大量理论和方法相结合，产生了诸如进化心理学、认知人类学和行为经济学等领域。这些发展为规范性的传统问题提供了一系列新的挑战和资源。与此同时，20世纪末的哲学界对规范性的研究兴趣再度高涨，新的论证和分析也随之出现。这部论文集将社会科学与哲学的新近研究成果联系起来，以全新的方式探讨规范与价值在机械世界中的地位等古老问题。

第二节　社会科学哲学中的"规范性"与"自然主义"

就像所有具有悠久历史的哲学问题一样，这一问题（社会科学中的规范性问题）所涉及的术语本身也成为争论的一部分。因此，毫不奇怪，在本书的论文中，大部分讨论都集中在如何正确理解"自然主义"和"规范性"上。为了回答本论文集所讨论的问题，我们有必要明晰这两个词所具有的各种意义。

"自然主义"至少在三场争论中被用来表明其立场。第一场是元哲学争论，其涉及哲学的方法论争论。从这个意义上讲，自然主义者是指把哲学视为科学延续的哲学家。自然主义者认为，哲学家至少需要认真对待科学成果和方法，并考虑其对哲学问题的影响。更有雄心的自然主义者采用科学的方法、理论或概念框架。当然，哲学自然主义者不必完全接受科学的表面价值。对科学实践的批判反思，是哲学自然主义者研究计划的重要组成部分。在这种元哲学意义上，反对自然主义意味着，哲学优先于科学研究，或者独立于科学研究。可以肯定地说，本论文集中的所有论文在元哲学意义上都是自然主义的。

在第二种意义上，"自然主义"用来标示社会科学哲学中的一个中心问题：社会科学和自然科学之间的关系是什么？社会科学应该（或者必须，或者能够）采用自然科学的方法、概念框架或说明形式吗？在这场争论中，自然主义者认为，社会科学和自然科学之间存在连续性。反自然主义者则认为，人类具有诸如自由意志或理性等特征，这些特征使得人类研究所需要的方法、概念或说明形式有别于对非人类对象的研究。承认价值以及遵循规范是人类所特有的，因此，这种自然主义的认识意义是本书作者讨论中所不可或缺的一部分。

与本论文集有关的第三种意义上的自然主义，可以被称为形而上学的自然主义，因其涉及规范和价值[1]在一个由因果和物质对象构成的世界中的地位问题。一些形而上学的自然主义者采用取消主义立场，主张最终应该用心理学或社会学的描述性词汇来取代对规范和价值的讨论。其他形而上学的自然主义者则试图寻找重新概念化规范的方式，以使规范与生物学、神经科学和认知心理学中正在展现出的有关人类能力的图景相一致。基于后一种形而上学的自然主义，规范是自然（因果-物质）世界的真实特征，这些特征产生或者随附于人类的能力与互动。很多人认为这两种形而上学的自然主义是不可能的。规范性具有抵制任何还原为因果-物质过程形式的特征。虽然形而上学的反自然主义者认为价值是独立于事实的，但他们并不都认为规范是一种独特的实体。本书的许多被认为是"规范主义者"的作者都想在自然世界中为规范找到一席之地。他们的观点是否被视为是形而上学意义上的自然主义，将是下文热议的话题之一。

"规范性"旨在涵盖以范式方式来表达规则或义务的一系列现象，当然尽管任何人都无须明确表述规范。在本书的撰稿人之间存在一种广泛共识，即任何规范的东西必须满足维特根斯坦的要求：如果 x 是一种规范，那么根据 x 某物是正确的（恰当的、正当的）与根据 x 某物看似是正确的，两者之间必须存在差异。根据这一要求，规范具有以下几个特征。首先，规范不能直接等同于规律性（regularities）。如果存在一种规范性的自然主义解释（在上述任何一种意义上），那么正确与看似正确之间的差异，将必须在人类能力和人类互动方面是可构建的。第二，任何受规范约束的事物都可能会受到纠正、约束、赞扬或责备。当然，任何约束本身都可能被判定为恰当或不恰当。这引入了规范更深入的一个特征：规范"超越其自身"的某种特性。规范性是一种目的论概念，不是指一种来自未来的神秘的因果牵引，而是指规范的要求从未完全由过去的判断所决定。某物现在是否恰当，取决于将来所作出的判断。

由于本书的标题援引了自然主义和规范性之间的对比，我们很自然地把这场争论分成了两个阵营：自然主义者与规范主义者。前述讨论表明，这种对立并非一种简单的二分。本书讨论的最广泛的问题是，规范性的核心特征是否与自然主义的认识论形式或形而上学形式的要求相一致。以下一些论文给出了否定的答案，并得出结论——在自然主义和规范主义之间存在着一种迫不得已的选择。然而重要的是，要认识到自然主义和规范性的对立是争论中的一种立场，而不是争论的共同前提。本书中的规范主义者支持规范在理解社会世界中具有重要性，甚至是不可或缺的。但要肯定地回答这一主要问题，就得论证并不存在被迫的选择。因此，本书中许多被视为规范主义者的作者，都接受了某种形式的认识论或形而上学的自然主义。但问题是他们是否能前后一致地做到这一点。

第三节　当代问题及其起源

在 19 世纪和 20 世纪，自然主义与规范性之间的论战，围绕自然科学与社会科学之间的差异而展开。规范性现象被用来论证社会科学具有独特的对象和方法。有人认为，自然科学通过使其符合似律规律性来说明现象。当我们将人类遵守法律并依据规则行事的能力，视为一种似律规律性或因果规律性的实例时，这种能力便无法维持。因此，人文科学需要一种理解的形式——狄尔泰的*理解*或科林伍德的重生成（reenactment）——该形式与自然科学的说明有所不同。这些 19 世纪和 20 世纪早期的与认识有关的反自然主义的论点，依赖于一种新康德主义的规范性形而上学，根据这一个观点，价值与理性密切相关，而不是还原为事实或因果律。

在 20 世纪中期，理性成为争论的焦点。亨普尔关于说明的开创性论文《普遍规律在历史中的作用》（Hempel，1942），把工具理性纳入自然科学说明的框架之内。德雷（Dray，1957）提出反对，理由是将工具理性视为一种心理规律，未能把握行为者的理由。从行为者的视角看，行动的合理性并不仅仅在于渴望该结果这一事实，而在于该结果本身是可取的。温奇（Winch，1958）也反对一种纳入在似律规律性下的科学理论和科学说明的观念，他使用一种新维特根斯坦的规则分析，来反对人类行为的科学说明。温奇的论证将争论扩展到理论理性，涵盖了经济学、人类学、社会学以及历史学。

在过去的几十年里，社会科学哲学中的传统争论由于三方面的发展而变得更加复杂。第一，自然科学的哲学观念日益成熟。认为自然科学都遵循牛顿力学所设定的模式，已不再是合理的。生物学、化学和物理学在它们的方法、理论结构和本体论承诺方面表现出相当大的变化。此外，很少有科学哲学家认为，自然科学必须是严格意义上的价值中立。这进一步消除了社会科学与自然科学之间差异的根源。第二，在社会科学领域内，对生物机制、神经机制和心理机制的诉求已日益强劲、广泛。这些说明似乎推进了自然主义的事业，因为它们缩小了自然科学和社会科学之间的方法论和本体论的差异。而且，这些说明为社会科学对规范现象的理解提供了新的资源。这两个发展使自然科学和社会科学之间的任何简单二分变得不再可能。

第三个方面的发展在于最近对规范性的解释。在规范性形而上学方面，人们对新康德主义解释的兴趣出现了复兴。这一研究在上述三种意义上都倾向于反自然主义。尽管这一研究在哲学上很重要，但尚未被社会科学接受。规范性的两种替代性解释——理性选择理论和表达主义的实用主义观——对自然主义的当前争论表现出特殊的兴趣。两种观点在社会科学中都具有影响力，并且都具有形而上学的自然主义资格（尽管这些资格在下文中还有待讨论）。自刘易斯的《约定论》（Convention）（Lewis，1969）出版以来，理性选择理论（决策论和博弈论）一直是规范性解释的灵感来源。在近几十年里，许多哲学家和社会科学家借鉴了日益增长的实验研究成果，来提出规范现象在心理学上更加合理的理性选择模型。关于表达主义的实用主义规范性分析，这些哲学理论与皮埃尔·布迪厄（Pierre Bourdieu）、安东尼·吉登斯（Anthony Giddens）以及其他"实践理论家"的社会理论，存在着强烈的概念上的密切关系。以下论文批判性地回应了规范性的这三种解释，后两种解释为想要构建规范性的自然主义观念的学者提供了重要资源。

第四节 当 代 争 论

在最新研究发展的背景下，对如下问题的理解呈现出新的意义："对我们自身的充分理解，是否需要诉诸规范和规范性？"如果需要，那么"对规范性的诉求能变得'科学'吗？"这些问题构成了本书的框架，特纳（Turner）和劳斯（Rouse）的论文呈现了这场争论的两极。特纳的论文认为，社会科学说明已经使得诉诸任何先验规范特别是道德规范，在说明人类行动时都显得多余。本书中的作者通常并不赞同如下观念：规范性需要在人类互动的世界之外有一种本体论的地位。但是，他们也不同意，这种祛魅会消除规范性。许多作者认为，关注人类社会的规范性维度，对于充分解释我们作为社会存在的人类是必不可少的。困难在于，如何概念化人类社会的这种规范维度，以及为什么它是不可或缺的。劳斯的文章给出了一个强有力的答案，他将规范性视为源于相互问责的实践所构成的生态位。本书中的大部分文章直接回应了由特纳和劳斯的论文引起的争论。

在特纳与劳斯的论文所提出的宽泛问题中，本书涉及四个子问题：说明、工具理性、能动性和方法论。在罗思（Roth）对劳斯的批评中，罗思主张："没有任何规范性的东西能够或实际上发挥了真正的说明性作用。"那么，首要的问题是，诉诸规范作为一种说明是否具有任何价值。这一问题贯穿全书，其中特纳、罗思、亨德森（Henderson）、帕莱切克（Palecek）、伊利科斯基（Ylikoski）和库里科斯基（Kuorikoski）提出了反对说明性的规范性论点，而劳斯、佩雷格林（Peregrin）、斯托伯（Stueber）、奥克伦特（Okrent）、埃里克森（Eriksson）和里斯乔德则表示赞成。随着社会科学开始诉诸进化生物学和认知心理学的模型，这一问题争论的基础已经发生了变化。规范的说明角色能在多大程度上可以由使社会互动成为可能的生物机制或认知机制所执行？而这些说明在多大程度上满足了社会科学中所声称的对规范性的需要？里斯乔德、斯托伯、迪尼沙克（Dinishak）以及帕莱切克的论文，探索了认知机制与神经机制在理解规范性说明诉求方面的相关性，劳斯、佩雷格林以及奥克伦特则利用进化生物学来建立模型。

第二个问题与工具理性有关。慎思行动（deliberate action）是工具理性的。因此，表面上看，规范性是解释意向行动所必需的。此外，决策理论和博弈论似乎将工具理性的规范性嵌入它们的模型中。动机、理由或效用的规范性能用自然主义的术语解释吗？在这里，新近的科学发展又对这一传统问题提出了新的见解。行为经济学和类似的纲领对理性选择模型的充分性提出了质疑，并指出至少这些模型需要用其他资源作为补充。而对决策和意向心理学的研究，已经对动机和选择的大众心理学理解提出了质疑。埃里克森、科伦（Koreň）、伊利科斯基、库里科斯基、斯托伯的论文，探讨了如下问题：工具理性——无论是以大众心理学的方式理解还是从理性选择理论的视角理解——是否需要对在自然主义上无法把握的规范性做出承诺？

社会科学是否必须区别于自然科学这一问题具有概念维度和方法论维度。能动性与解释（interpretation）的问题，对（认识论的）自然主义问题的这两个维度作出了回应。社会科学中关于能动性的不同思考方式，一直是社会科学与自然科学是否共有统一的本体论的争论根源。如果人们通过理由而采取行动，那么他们必须具备怎样的特征？需要对能动性采用什么样的理解，才能解释人类行动或社会互动的规范？长期以来，将人纳入一个完全因果的世界体系中，一直困扰着规范主义者和自然主义者。在这里，心理学和生物学都有助于改变关于社会科学本体论特殊性的讨论。在斯托伯、里斯乔德、帕莱切克、科伦的论文中，他们考察了特定认知机制如何为思考能动性的新方式提供基础，以及这些新概念是如何嵌入社会科学理论建构中的。迪尼沙克使用最近对孤独症的研究，对类似心理的观念提出了质疑，从而挑战了有关能动性和我们说明他人行为能力的假设。奥克伦特、佩雷格林和劳斯借助生物学的资源，来概念化对规范做出回应的自然存在物，从而消解规范行为者和非规范动物之间的二元论。

社会科学哲学中自然主义问题的认识维度（epistemic dimension），通常聚焦于方法论问题。对于独特方法的争论通常始于确定人类的某些特征，而这些特征无法由因果规律性所把握。规范性是人类的一个主要特征，因此对规范进行形而上学的自然主义解释的可能性，直接影响了认识论自然主义的合理性。科伦反思了将传统理性选择模型与选择行为的新实验证据相结合的方法论后果。帕莱切克的论文试图从方法论上在自然主义和规范主义之间寻求折中，给予规则一种描述性角色，并辅以（非规范的）认知说明。参与式观察通常被认为是理解人类互动规范性的必要条件。扎赫勒（Zahle）的论文涉及参与式观察的认识论是否需要或促进反自然主义立场的问题。

本书论文中有关说明、工具理性、能动性和方法论等主题纵横交错，以至于无法将它们按这些主题来分类。这些作者们回应了一系列密切相关的问题，而且经常直接互相争论。因此，这些论文是以辩证的方式来编排的；在大多数情况下，每篇论文都相互衔接，后一篇对上一篇的中心问题给出了相反的回答。不一定按顺序阅读各章，但是如果按顺序阅读的话，就能够在社会科学哲学的一些核心领域中找到一条认知上令人满意的路径。

注　　释

1. 本书的作者未对规范和价值进行系统区分。因此，后文将省略"……和价值"这一限定词。

参 考 文 献

Dray, William. 1957. *Laws and Explanation in History*. Oxford: Oxford University Press.

Gouldner, Alvin W. 1968. The Sociologist as Partisan: Sociology and the Welfare State. *The American Sociologist*, 3(2):103–116.

Hempel, Carl. 1942. The Function of General Laws in History. *Journal of Philosophy*, 39:35–48.

Lewis, D. 1969. *Convention*. Cambridge, MA: Harvard University Press.

Winch, Peter. 1958. *The Idea of a Social Science*. London: Routledge and Kegan Paul.

第二章
规范主义中的自然主义时刻

斯蒂芬·特纳（Stephen Turner）

第一节　导　　论

　　规范主义的论证因其多样性而广为人知，就如同这些论证所主张的规范性本身一样多种多样。规范性所扮演的角色也各不相同。在本章中，我将集中讨论一个关于角色的问题：规范主义或规范性的说明角色（explanatory role），涉及行动和信念的一般"科学的"（意指社会科学的）说明，特别是关于人类行为的经验的、可观察的或者与经验相关等方面的说明。我关注的是一个狭义的问题。社会科学说明完成后，是否还留有某些东西——说明中的一个缺口——可以通过诉诸规范性来填补，或者是否需要这样做？但是，我最初关注的具体问题更为狭义；我关注的是一个特殊的情况，即规范主义者声称他们对动机有一些特殊的、额外的见解，这些见解不同于社会科学的观点。这是一个相对明显的规范主义与社会科学之间重叠或冲突的情况。动机是说明人类行动的常见因素之一。规范主义者——或者至少他们中的一部分——声称有一种非自然的动机因素，它实际上解释了行动，并充当了一种动机，就像社会科学和心理学中的自然动机一样，成为因果世界的一部分。

　　我把这称为一种"自然主义的时刻"，即规范主义对自然世界中的真实过程进行事实断言的地方。在这种情况下，有人声称，道德理由由于其规范性或理由的善（goodness），具有超越人们信念和愿望的纯粹"自然"事实的某种说明力。我将在此考察规范主义，主要是在伦理学中发现的规范主义，这也将是我开始探讨的起点。但是，这些规范主义也以相关的形式出现在扩展的伦理学当中，而这类伦理学体现在规范性的语义进路中，我将在本章的结尾部分再回到这个问题。鉴于这些作者在其主张的细节方面没有达成共识这一事实，我不打算详尽地重新构建这些论点，这是毫无意义的，而尝试找出与标准社会科学说明的关注点有明显联系和冲突的具体点。这些解释的基本问题就是我所说的二元结构：对于每一种规范解释而言，都存在一种社会科学或自然主义的替代方案，说明了相同的或经验上等同的事物。规范主义者必须声称，存在某种额外添加的规范要素，这种要素无法通过自然主义或社会科学加以解释。而我将要表明，这些主张是不成立的：它们只是将冲突向后推延，使其在下一个层面上重新出现，因为这个额外添加的规范要素*也*具有一种与规范说明类似的社会科学说明。尽管我在这里探讨的规范主义的例子非常具体，但问题的基本结构却具有普遍性。

第二节　对某些术语的限制

"规范的"一词尤其成问题。评论者们指出，在大多数论述中，"规范的"一词往往或多或少地不加区分地使用，以适用于具有观念性内容的一切事物。但是，为了给这次讨论设定某种限制，我将提出两个规定性的限制，并简要解释和证明它们的合理性，在充分认识到这类文献中会有（少数）著名的哲学家甚至拒绝这些限制，而另一些人，如我们将看到的，在他们的论证过程中则超越了这些限制。

这些限制试图排除或质疑两类主张。鲁道夫·卡尔纳普（Rudolf Carnap）指出，科学是按照某些习惯性思维方式发展的。他对人工语言进行理性重建的项目旨在使科学思维明确、一致等，但也因其明确、一致等而变得*更好*（Carnap，[1950] 1992：73–74）。卡尔纳普从未认为自己是在表征科学思想中所隐含的东西，或者在用形式化方法说明自然语言。就像理性选择理论家谈论普通人的天真推理一样，卡尔纳普认为科学思想是一个良好的开端，但可以通过形式化表征加以改进。理性重建是一种自我意识的理想化，而不是说明性的心理学或社会科学的研究项目。因此，理想化在下文内容中被排除在外。这是第一个限制。

我的第二个限制是将与思维或推断有关的"规范"概念，限制在与婴儿和动物并不共有的思维或推理形式中。松鼠能想办法从鸟类喂食器中取出食物并为此做出有条件的推断，猴子能模仿其他猴子使用工具，猴子们共同注意到并意识到另一只猴子正在使用工具，或者猴子首先找到可以使用的工具，这些都不是规范的，即使它们的思维过程可以按照逻辑规律或理性选择理论进行重构。婴儿在婴儿床上解决错误的信念问题时，即使其思维过程符合可以重建为规范的内容，也并不能说他是以一种受规范支配的方式进行思考。类似地，使自己被理解是婴儿可以实现的一项实践的、非规范的成就；与之相反，"恰当地"交谈——指在与某种理想或标准非偶然一致的情况下——是一种规范的成就。同样，预测人们的行动后果也不是规范的，而是预测性和经验性的；按照规则有意识地施加制裁是规范的。问题在于许多事情都处于这些宽泛的界限之间。

"默会的"东西（如卡尔纳普重构的惯常推理）并非规范的，因为从更一般的意义上来说，如果所获之物是通过习惯、试错、语用检验等标准因果方式获得，或者是通过婴儿和动物可用的其他方式获得，或者所获之物本身就是我们所继承的能力或倾向的一部分，那么这种"默会的"东西就不是"规范的"。一种做事的方式可以通过对它的信念而变得"规范"——例如，认为这是推理、穿着、说话或行为的*正确*方式。比如当受到他人羞辱时我们感到羞愧的倾向，或者利他倾向、同情倾向等诸如此类的"道德"倾向，似乎得另当别论：除了我们对这些感觉的任何信念之外，这些倾向既是自然的，又可能被认为本质上就是"道德的"。但是，正如我在这里定义的"规范主义"，尽管其承认这些倾向，但并不依赖于这些倾向：对于这些倾向而言，真正的规范性需要一种超越人性的附加要素。

众所周知，黑格尔认为习惯已是观念性的。现今他可能会说是"规范的"。我的第三个限制是，排除这种用法以及将规范性概念解读为"自然"推理形式和行动的做法。蚊子能落在飞行中的鸟类身上并吸取它们的血液。如果我们要设计模拟这种非凡能力的系统，我们将依赖大量的微积分知识甚至更深的数学方法。但是，我们不能就此而说，蚊子具有积分的概念，并能根据这一概念的规范特征对其恰当地运用。如果你所称的规范事物的描述，是基于其与形式化或理想化版本的类比，那么应该有独立的证据表明，所讨论的拥有应归因于所指的心灵。例如，可以对松鼠和人类进行实验，展示人类与松鼠的推理特征。先验论证，大意是人类与松鼠必须具有某种精神内容的先验论证，很可能在蚊子的检验中失败。这意味着，例如，将模态逻辑中的概念归因于非形式语境如心智习性（habits of mind），是不合理的。类似地，人们可以给出证据，即松鼠会在它们行动前思考几步并据此做出选择，所以说它们进行条件性思考是合理的——但并不能说它们就"拥有假言推理"。

第三节　动　机　问　题

当规范主义者谈论动机时，它显然是指社会科学家或心理学家认为他们有责任要说明或在说明中使用的某种东西。同样，当规范主义者讨论诸如拥有某一概念的观念时，其大概也指的是因果世界中某种实际的心理过程或社会过程。我认为，规范主义的核心观点在于，其所关注的关系、事实、属性等，既不能还原为社会或心理说明的范畴，也无法通过社会或心理说明加以说明，更不能被社会或心理说明的体系所消除或者吸收。那么为什么规范主义者会关注动机呢？

其原因早于社会科学和"科学"心理学。它深深植根于对康德的回应，毫不奇怪，在我将要讨论的许多规范主义中都有康德哲学的要素。19世纪对这一问题的回应，来自德国法哲学的主要人物鲁道夫·冯·伊赫林（Rudolph von Ihering）的抨击：

　　你试图通过一场关于运动理论的讲座，来移动一辆满载的马车，和试图通过绝对命令来改变人类意志的行为同样徒劳无功。如果意志是一种逻辑力量，它就不得不服从于概念的力量，但它是一种非常实际的存在，你不能通过纯粹的逻辑推理来移动它，人们必须有实际的力量才能使其运动。这种推动人类意志的真正力量是趣好（interest）。

（Ihering, [1877] 1913：39）

　　在这段话中，"趣好"是一种用于说明的某种东西，其比支持性态度（pro-attitudes）或愿望更持久，而后者则是对行动的直接"推动"说明（Turner，1991）。

　　但伊赫林的趣好概念并不完全是一个社会科学概念，这一重要区别在与当代作家［如稍后将要讨论的约瑟夫·拉兹（Joseph Raz）］相关的问题中再次出现。对于身为边沁主义者的伊赫林来说，"趣好"也是一个具有"规范"意义的概念。趣好在马克思主义的意义上是"真正的趣好"：不仅仅是人们感兴趣的东西，而且是伊赫林所理解的人性的一部分。人们可以将法律的进化理解为强制性方案的不断更替，这些强制方案使这些趣好得到更大的满足。这也意味着人们有一个标准来判断一种法律秩序是否优于另一种。这是"可取的"，因为趣好本身就是愿望的来源：当人们按照因果回溯的方式来说明愿望时，他们就会得到人类趣好的事实。

　　我们从马克斯·韦伯（Max Weber）的著作中得到了一个关于趣好的社会科学解释，他使用"趣好"一词来表达一个完全不同的观点：

　　直接支配人们行为的不是观念，而是物质的和精神的趣好。然而，很多时候，由"观念"所创造的"世界镜像"就像扳道工一样，决定了由趣好的动力推动的行动轨迹。人们希望"从什么中"得到救赎以及"为了什么"而得到救赎，我们不要忘记，"能够"得到救赎，取决于人们对世界的镜像。

（Weber, [1915] 1946：279）

　　"物质和精神"这一词组至关重要："精神趣好"（ideal interests）一词指的是救赎之类的趣好。这个术语指向了在实际的道德历史中发现的各种"道德的"或规范的动机，包括"荣誉"或"认可"家族中的那些动机，以及这些动机的实际运作方式。没有人假设，存在真趣好和伪趣好，也没有人假设，如果存在这样的区别，精神趣好就会与解释相关。另一方面，就如韦伯在《新教伦理》（Weber，[1904-1905] 1958）中所做的那样，通过仪式或魔法的手段，依据人们对救赎的信念来说明某人的行动，或者用一种复杂的宿命论来说明某人的行动，这是一项复杂的历史任务，也是一项复杂的"社会学"任务，涉及行为者相关信念的解释以及这些信念变得令人信服的历史情境，还涉及在行动中应用信念所关涉的心理学以及行动发生的特定历史情境。我们可以将这种说明视为社会科学的一个范例。

在乔恩·埃尔斯特（Jon Elster）的著作中找到了一个依据动机对社会科学中的规范进行解释的简单例子，这只是对社会规范更详细讨论的一部分。我以简要概括形式来呈现，以表明与规范主义相对立的解释是什么样的。他首先说明了规范的功能：

> 规范具有聚焦和协调预期的效应……如果在一个共同体内人们共有做 X 的规范，那么每个人都会预期其他人也做 X。使预期聚焦的另一种方法是通过心理上的显著性或突出性。

(Elster，1989：105)

随后，他补充了一个关于动机的主张：

> 从这个角度看，规范是一种倾向，即一想到以某种被禁止的方式行事，就感到羞耻并预期会受到他人的制裁的倾向……当这种倾向在一定程度上与他人共有时，它就会成为一种社会规范……规范的社会特征还体现在高阶规范的存在上，这种高阶规范要求我们惩罚违反一阶规范的人。

(Elster，1989：105；原文中特意强调[①])

因此，规范是一种诸如感到羞耻或预期受到制裁的倾向，这种倾向是可以共有的，也可以通过高阶规范来支持，这些规范不仅为惩罚违规者提供正当性，还可以激发对违规者的惩罚。[1]

这个定义涉及动机：实际上，该定义根据动机来定义规范。但这一定义并没有告诉我们诸如人们如何认识"违规行为"这类问题，这留给了心理学去处理，也没有告诉我们高阶规范的有效性，这些规范显然证明了制裁行为的正当性（虽然并未使用这个词），但却激发了制裁行为。避开这种"规范"问题，使这个定义得以广泛适用。像禁忌和恋物癖等原始的规范概念，通过把对禁忌违反者的惩罚视为行动的机械后果，从而将"规范性"同危险性相提并论，而这一后果与人类行为或神祇思想无关。对于何为违规的判断完全依赖于经验：这种机械后果要么发生，要么不发生。然而，两者都有效产生了定义的第一部分的功能性后果。

从种姓制度到高中生对性道德的观念，道德的许多部分与禁忌概念中的纯洁和危险的观念息息相关，这一事实应当提醒我们注意以下两点：一是违规的"经验后果"与"不正确性"之间的距离是多么微小，二是日常规范的实际道德心理的持续动机来源的警觉。关于正确性（correctness），社会科学解释未给我们答案的原因是，对于确定什么是规范的正确应用或者什么是规范上的正确，并不是一个理论问题，而完全是一个经验性问题：正确的做法避免制裁，不正确的做法遭受制裁。这种关

---

① 此处的"原文"指的是所引文献，全书同。

于正确性的思考方式的优势在于，它避免了关于如何习得正确性的困惑：在这种解释中，正确性是通过他人对自己行动的反应，以经验方式习得的。即使存在诸如一般规范动机或一系列某种类型的动机，也不清楚它们可能是如何不同的。人们仍需要对规范在实际社会中的深入应用做出解释。

第四节　冲　突　地　带

我在这里将讨论的规范主义是具有说明性的规范主义：这些理论主张，存在某种独特的事实、属性、有效性来源或力量（例如，推断背后的力量、法律约束性背后的力量、促使人们履行义务的心理力量），这种力量是规范的，其不同于因果力（可能无法还原为因果力，或者不属于一般说明之流的一部分），但它仍然具有某种因果力。各种规范主义明确拒绝社会科学中对规范、精神趣好等所给定的各种解释：对于这种规范主义者来说，这些解释至多只涉及惯例、信念等，而不涉及真正的规范性，真正的规范性是某种属性、特质或事实，用以解释有效性，这意味着真正的有效性，而不仅仅是可信任的有效性、假定的有效性等。对于规范现象的适当描述、理解和说明而言，这一属性被认为是不可还原的、固有的、不可或缺的。

这种属性的问题我们已经略有提及：它总是与某种"自然的"或非规范的东西同时出现，或者隐藏其中，例如埃尔斯特所描述的规范等，他将规范描述为纯粹的信念，这些信念相当于激发行动的"规范上有效的"信念。规范主义者与社会科学所描述的事物之间的狭小差异意味着，该问题通常只不过是一个描述上的问题：埃尔斯特式的规范描述，或者韦伯式的精神趣好的描述，其所产生的问题在于，未能获得有效性的要素。这就引发了一个问题，有效性要素是否能起到任何说明性的作用。我们讨论的这类规范主义者坚持认为有效性要素确实起到了说明性的作用。一些规范主义者，我们可以称之为非说明性的规范主义者，则不这样认为：他们仅仅主张规范属性是可以通过理由确定的普遍事实属性，这可以被视为规范主义的一种形式，但并不意味着这些属性在行动中就具有说明性作用，或者除了行为者相信存在这些属性的不同事实之外，这些属性另有其他的说明性作用。

首先，我们可以使用罗伯特·奥迪（Robert Audi）提供的一些论点，他在对精神和道德的讨论中，做出了与我一样的基本区分。奥迪所提出的核心问题很简单。一个好理由的善是否影响其说明性作用或因果作用？奥迪给出的答案是：

> 当我们说明性地援引一种道德属性时，它一定程度上基于或者至少依据某种信念或假设，其大意是说一种或多种自然属性对所要说明的现象起到一种说明性作用。因此，我们可以——通常是无意识地、确信地——依靠那些其他属性来进行说明工作，而富有争议的是，这些其他属性，而不是任何道德属性，

实际上起到了说明性作用。

（Audi，1993：62）

他举了一个例子：最终，由于理查德·尼克松（Richard Nixon）道德上的败坏，他才被迫下台（Audi，1993：61）。他指出，"这种说明是合理的，但如果成功，那么诸如腐败之类的道德属性似乎就具有因果力"（Audi，1993：61-62）。

问题是在于：说明尼克松被迫下台的，不是他的道德属性，而是人们对他的道德属性的信念。人们对尼克松道德属性的信念是否正确无关紧要。不管尼克松是否"真正腐败"，或者是否存在诸如道德属性之类的东西，尼克松都会被迫下台。说明所需要的只是行为者的信念。正如奥迪所说：

> 除非人们意识到谎言、虚伪和掩饰，否则人们不可能知道（通常甚至不会相信）存在这种腐败现象。但是，这些恰恰是一种非道德的（社会心理的）因素，我们认为（基于我们对社会力量的一般知识），这些因素本身就可以很好地说明官员被迫辞职的现象。从直觉上讲，这些因素似乎也具有因果力。例如，我们很清楚，谎言一旦被揭穿，是如何导致受害者进行报复的。也许正是基于实用主义的原因——例如出于将说明与道德评估结合起来的愿望——我们才会引用道德因素作为原因。

（Audi，1993：61-62）

正如奥迪承认的那样，存在一种间接的意义：

> 除非有人具有道德概念，否则不可能具有这种内容的信念；因此，通过诉诸这种信念所进行的说明可以说在间接意义上是合乎道德的。这些情况表明了道德在说明事件中发挥作用的另一种方式，但并不是说道德属性在任何说明性概括中都是一个因果变量，也不是说某些道德现象本身具有说明力。

（Audi，1993：63n13）

这个结论是社会科学所熟悉的，因为它是韦伯的观点：出于实用主义的原因，在说明中使用这样的概念是有意义的，即使人们记住特定的"规范"内容并未起到任何说明性的作用。

这正是规范主义者经常否认的问题的构建方式。在约瑟夫·拉兹的著作中可以找到一个特别明确的表述。这一前提显然是无害的："带有意向或有目的的行动（在人们看来）就是出于某种理由的行动"（Raz，2009：184）。接下来的内容与奥迪仅稍有不同：

> 上述所提到的理由是规范性理由。规范性理由是某种事实，当人们出于这种理由而行动时，就为人们的行动赋予了一个意义或目的，并且这个行动是为

了实现或追求这个意义或目的而进行的。理由在这里具有双重角色，这是作者们对这一主题的普遍看法。理由既是规范的又是说明的。它们之所以是规范的，是因为它们应该指导决策和行动，并构成对决策和行动评价的基础。它们之所以是说明的，是因为当存在某种规范性理由导致行为者采取行动时，该理由就对该行动作出了说明（也就是说，该理由成为对行动的说明中的一部分）。

（Raz，2009：184）

冲突主要在于"双重角色"及其与说明的关系上。拉兹与奥迪之间产生分歧的问题在于：某些理由还具有规范性——仍然是说明性的，但也是规范性的——这一事实是否增加或限定了它们的说明意义？对于拉兹而言，其答案是"是"。"规范性理由"的双重角色使其自身能够发挥某种说明性作用，因此……规范性理由作为说明性理由（explanatory reasons）起作用的方式，预设了规范性理由在另一种意义上也是理由（Raz，2009：187）。

"预设规范理由在另一种意义上也是理由"是关键的一步。它们是"规范性理由"这一事实"能使"规范性理由进行说明。但规范性理由之所以能够发挥其说明性作用，是因为它们同时也是好的理由——而此处的"规范性"指的就是"好的理由"，其不同于仅仅具有说明性的理由，后者有可能包括坏的理由。问题是如何区分好的理由和坏的理由。要做到这一点，我们需要在辩护的回溯中向前迈进一步，在这一步中，两者的区别大概是很明确的。

　　　　有人可能会说，某种信念的理由是说明这种信念的事实，也就是说信念是在理性的归纳下获得的。但是这种观点，允许"理由"在对于信念的说明性理由与规范性理由之间存在歧义，前者大概可以说明所有的信念，而后者则说明通过理性得出的信念，即由于信念本身的理由而得出的信念（当说明援引那些信念的理由时，也可以说明为什么人们理性地维持某些信念）。关于后一种理由，其说明信念的能力取决于如下事实：这些理由是规范性理由，这些理由能够证明某种信念是正当的，无论这些理由是否说明了这种信念，而且之所以这些理由将信念说明为理性的或正当的，是因为它们是规范性理由。

（Raz，2009：189）

理性所得出的信念之所以能够进行说明，是因为这些信念已经被支持它们的理由所说明。简而言之，将"x"替换为"相信x"的技巧是奥迪做出区分的关键所在，但这种技巧在说明信念本身的层面上并不奏效。在对信念的说明中，我们找到了真正的理由，而不仅仅是"相信是"的理由。

因此，那些好的理由将我们带到了一个说明的死胡同："规范性理由"进一步证明了这些好的理由的正当性，并且对这些好的理由进行了说明，而这些"规范性理由"则无须进一步说明。规范性理由具有固有的正当性特征。

> 理由说明（reason explanations）通过参考行动和信念的固有特征来对行动和信念进行说明。毕竟，信念本身就是固有的，那些持有信念的人认为，信念是有根据的，如果认为它们是没有根据的，就会放弃它们。同样，就其本质而言，采取行动的意向涉及对预期行动理由的信念。因此，理性说明通过有助于理解意向、行动和信念是否具有其所声称具有的特征，来加深我们对它们的理解。
>
> （Raz，2009：198）

"加深我们的理解"在这里意味着什么呢？拉兹有他自己回答这个问题的方式，这依赖于"固有"等术语的广泛使用。他声称，评价性问题通过告诉我们行为者对他们认为自己在做什么的理解是否正确，来加深我们对行动的理解，并进一步声称，这种加深与普通的说明"相关"。那么，为什么"理解意向、行动和信念是否具有其所声称的所具有的特征"（Raz，2009：198）对说明来说很重要？从表面上看，这种理解仅仅是在说明的理由上增加了一种规范认可。如果这种理解是其他情况，比如我们对真相进行了独立调查并发现这些理由是有效的，那么这种理解与对所涉行为者是如何行动的说明是无关的——这些将作为我们相信行为者的理由是有效的原因，而非其他原因。因此，看来，当我们判定行为者是正确的时候，我们所做的一切完全都与说明有关，而我们所做的这一切就是为了同意他的观点。这并不能完全加深我们对行动的理解——我们必须事先理解行为者拥有的理由，也就是从事说明的理由。拉兹否认了这一点，并给出以下"论证"：

> 如果我们回到对行动的说明上，相信当信念是错误的时候存在对行动的理由（或者存在不败的理由），那么这可能会澄清一些东西。针对观察在这种情况下提供的常见说明，我们区分出以下几种类型。
>
> （a）行为者之所以这样做，是因为他相信 R；
>
> （b）行为者之所以这样做，是因为他错误地相信 R（其中"R"具有理由说明所需要的内容）。
>
> 如果认为（b）和（a）是相同的说明，那就大错特错了，因为提到不存在 R 这一事实在说明上是毫无意义的。相反，（b）是比（a）更全面的说明。（a）就行为者为何如此行动而言，足以满足一定范围的趣好。（b）足以满足更广泛的，也许有人会在这里说是更深层次的趣好。同样，当引起行动的信念为真时，我们仍然有两种可能的说明：
>
> （a）行为者之所以这样做，是因为他相信 R；
>
> （c）行为者是出于 R 的目的才这样做。

　　（c）蕴含了行为者相信 R。（a）仍然是一个好的说明，但鉴于所说明的理由，（c）是一个更好、更全面的说明，它符合行动中更广泛的趣好。

（Raz, 2009：198）

　　因此，这种论证认为，标准的非规范说明是更好的，因为这些说明足以满足更广泛的趣好。但问题仍然存在：这些说明性趣好或仅仅是规范性趣好，是赞同某一理由有效的趣好吗？

　　这个伪论证归结为一系列含糊其辞的表述。在何种意义上说更好、更全面呢？说明性的抑或规范性的？这仅仅是含糊其辞表述的开始，这些含糊其辞的表述表现在同一术语的规范与非规范意义之间。更深层次的趣好是"真正的趣好"，还是某人将其视为自己的趣好？有人可能会问，这些趣好是否就是韦伯意义上的趣好，即社会科学意义上的趣好，指我们在历史环境中，文化上所产生的对说明的趣好，还是说这些趣好是不那么相对化的东西。但是拉兹并没有提出这一问题，因为他认为"趣好"提供了一条死胡同，从而对先前的主张给予辩护，即规范性理由是一种说明的死胡同。相反，这一辩护是一种循环论证：我们的非社会科学"趣好"本应以这些主张为基础，但事实证明，这仅仅是规范主义者证实特定理由时的偏执趣好而已。

　　"理由"本身也会出现同样的问题。理由是某种事物中所"固有的"吗？人们用来为自己的理由做辩护的理由，是那些他们认为是理由的东西吗？这些问题的背后，是对"理由"和首字母 R 大写的理由（Reason）或真正理由的一种简单的含糊其词的表述，而拉兹并未直接解决这一问题。意向与行动之间的关系仅需要行为者将某事物视为一种理由。这种关系需要的是一种信念，而非真信念。某事物是理由的信念只不过是另一种信念。某事物是真正理由的信念也是如此。因为拉兹无法想象理由是一个有争议的概念，不同的人或不同的群体以不同的事物为理由，所以他看不到其中的含糊其词的表述。

　　他认为，人们是如何达成他们的信念的都无关紧要：这就是他否定了如下观念的原因，"对信念的理由是那些说明信念的事实，这意味着信念是在理性的归纳下而获得的"。他认为这只是将问题推回到归纳是否理性的问题上。但是，他没有沿着说明的方向去询问为什么他们认为这是理性的，而是直接进入了规范概念，并认为说明工作是通过诉诸规范性理由本身来完成的。他承认，"上述内容都未构成对生产过程的说明，这种过程导致对理由的认识，并由此产生动机和行动"（Raz, 2009：200）。但是他接着讲道：

　　　　当然，这是正确的，但是我怀疑这是一个缺点。虽然这样的说明受到欢迎，但它们不是理解规范-说明关系所必需的。事实上，就这一点而言，它们可能做得太多了。如前所述，对于理解这一关系的人来说，已经足以区分行动是出于规范性理由（并且可以依赖关系来说明）的情况还是其他情况了。

（Raz，2009：200）

简而言之，一旦我们继续回到真正理由的情形当中，他认为理由与行动的关系就是这样，这项工作就完成了。对这些相关信念的来源的解释"过于复杂"。但这些对拉兹毫无帮助。人们还需要进一步论证，真正的理由无须附加内容就能执行说明，并且其他理由（非真正的理由）仅仅在添加了某些内容后才能进行说明。然而问题仍然存在：坏的理由和好的理由一样能说明同样多的事情。因此，规范-说明关系的"规范性"也没增加任何内容。

尽管如此，拉兹还是为有关动机的规范性争论的要点提供了有用的且关键的指南，并使我们得以确切地了解它们的目的是什么。这将使我们能够看到，为这一问题提供规范解决方案的许多尝试如何运作及其效果如何。规范性理由的说明既是说明性的又是规范性的：其具有双重性。如果规范性方面和说明性方面（因果的或说明的但非规范的方面，这取决于人们如何对行动说明的理解做出选择）是可分离的，例如通过将信念视为原因或理由的装置，而不是通过信念所指向的事实——对尼克松腐败的信念，而不是腐败的事实本身——那么规范主义者的论证就会失败。规范要素对说明毫无帮助。因此，在双重性的规范性部分和说明性部分之间必须存在某种内在的、固有的、逻辑的、概念的或其他联系，以防止这种情况的发生。一种解决方案是在下一层级停止使用"信念"装置，拉兹尝试了这种解决方案，以及正如我们即将看到的其他人以不同方式也尝试了这种解决方案。拉兹试图通过如下内容做到这一点，他说，规范性理由的说明，比如在尼克松的腐败案例中那些引用腐败事实而非信念的说明，是更好、更全面的说明，并且更符合我们的趣好。他仅仅否定了社会科学对这些规范信念的起源和获得的说明性趣好，尽管为什么这么做是过分且不必要的是一个神秘而无法回答的问题，而且除了具有特定道德立场的倡导者之外，也不清楚对谁来说是过分和不必要的。然而，显而易见的一点是，就规范回溯（或者辩护回溯）与说明回溯而言，规范性理由的说明都是说明的回溯终止者（regress stoppers），并且只有两个方面未被分离的说明（即真正的规范性理由）才是说明的回溯终止者。此外，这些理由都是动机因素，而且动机因素本身不需要额外的动机理论：规范性理由本身就足以执行说明并成为说明的动机。

第五节　规范性理由回溯问题

很容易看出，拉兹想要得出什么样的结论。简而言之，拉兹想要一个好理由的善来使其具有说明性。此外，他希望善成为说明的终点：既是规范回溯的终点，也是说明回溯的终点。但在这种情况下，通常两个回溯会分裂并朝着不同的方向发展。

如果我们想知道为什么诸如此类的东西是一项法规，例如，为什么拥有枪支在美国是一项权利而在欧洲不是，我们需要追溯导致各种法规制定的历史差异。相比之下，对于规范主义者而言，使一项法规成为法规的是根据规范制定出来的事实：人们沿着规范辩护链回溯到支配规范创建的规范上。可以肯定的是，这也是因果叙述的一部分，但并非因果叙述的终点。

拉兹根本没有在他停止回溯的地方给出理由。在"人们相信尼克松腐败"和"尼克松腐败"的说明之间存在很大差异。涉及信念的说明引起并需要对信念进行进一步的说明；而引用尼克松腐败"事实"的说明则不需要。通过言说后者更全面、更好，拉兹希望以此来结束回溯，并希望忽略通过信念是如何产生的方式对信念进行说明的回溯。

对于如何使回溯以规范性结束的问题，许多规范主义者对此作出了回应。我们将简短考察：动机判断的内在主义（Motivated Judgment Internalism）。但克里斯蒂娜·科斯加德（Christine Korsgaard）对终止诉诸信念、诉诸有关信念的信念等回溯问题的回应有所不同。她声称，她的论证

> ……本质上与现在广为人知的论证相同，其大意是逻辑标准不能作为前提进入推理。假设乔治没有按照假言推理的方式推理。他不明白如何从"如果A那么B"和"A"来得出结论"B"。正如人们经常指出的那样，添加假言推理作为前提是无济于事的，也就是说，添加"如果A和B，以及A，那么B"是没用的。因为你仍然需要根据假言推理的方式进行推理，以便从这些前提中得出任何结论，而这是乔治所没有做的。

（Korsgaard，2009：67）

因为它们不是前提，因此迫使人们按照假言推理的方式进行推理的东西，一定是除更多前提（也就是更多的信念）以外的某种东西。科斯加德声称，如果没有这种其他的东西，乔治根本就不会有心智。

> 值得注意的是，如果乔治缺乏逻辑，他的心智将成为由互不相关的原子信念组成的不统一的混合体，根本无法发挥心智的作用。它仅仅是一堆前提。那就是规范性的作用所在。在这种情形下，迫使乔治相信B的原因不仅仅在于他对"如果A那么B"以及"A"的信念，而且还在于假言推理本身。并不是他对假言推理的信念迫使他相信B，因为正如我们刚才讨论的论证所表明的那样，这是无关紧要的。迫使他相信B的是，如果他不按照假言推理的方式推理，他根本就不会有心智。

（Korsgaard，2009：67；原文中特意强调）

假言推理无疑是具有"规范性"的；因此，我们的论点是，规范性是心智中的

一种约束力、驱动力，它迫使我们根据假言推理的方式进行推理，同时规范性还是缺失的"其他东西"，它不仅使得乔治怀有一些信念（如果确实可以恰当地说他怀有这些信念的话），还使得乔治拥有心智。

这是否将回溯终止在某种规范的事物上？答案是不能。假言推理的"规范性"属性是从它在形式系统中作为规范规则的角色借用而来的。"根据假言推理的方式进行推理"则完全是另一回事。如果乔治不能按照假言推理的方式进行推理，那么他"根本就不会有心智"，这一观念并不意味着，我们不需要进一步说明为什么乔治会用这样的方式进行推理。这一观念也不意味着，这种进一步的说明不是自然主义的、心理学的说明。这一论证未通过松鼠检验：松鼠在事先考虑击败鸟类喂食器的反松鼠防御措施的几个步骤时，会按照假言推理的方式进行推理。但它们只会受到实用主义考虑的"约束"。在一种形式化的系统内，假言推理可能是一个规则，因此假言推理可能具有规范性。按照假言推理的方式进行推理，并不需要规范性的约束力，正如遵循伽利略定律的落体一样也无须规范性的约束力。

这个问题的结构可以从"规范实践"的概念中看出。"实践"一词意味着类似于技能之类的某种东西，在最简单的和更复杂的意义上都是如此。学习何时使用"猫"这个词就是在学习某种技能。在一系列法规传统、规章和公认的论证模式所支配的特殊裁决上，对案件辩论的复杂技巧也是如此。这里我们看到了一种独特的模式。学习是一种自然事实：凡是学到的东西，都要经过一个自然的心理过程才能学会。如果我们将实践概念分解为各个要素，我们会得到一个独特的结构：实践是心理事实，比如以习惯的形式表现出来的、已经习得的倾向，可能作为行动一部分的物质对象，以及关于行动的信念，关于做某事正确和错误方式的信念。这些信念起到了"规范性"应该起到的说明性工作。

第六节 "拥有"的解决方案

科斯加德很好地概括了理性主义规范主义者的预设立场，但她对此予以否认，该立场如下：

> 规范性——特别是正确性——是一种由理由所把握的客观属性。基于这种观点，行动的正确性，或者说论证的逻辑力量，都是关于外部世界的客观事实，理性心智对这一客观事实有所把握，从而使其信念和行动符合这一客观事实。

（Korsgaard，2009：6）

这里的奇怪之处在语言表述中很明显：这些属性既不是被观察到的，也不会以一种因果的方式对人们产生影响。这种属性被某种"理性心智"所"把握"，而这种"理性心智"本身被描述为具有某些非同寻常的属性，例如"推理"能力，该能力使得"理性心智"能够"把握"规范事实，而一旦把握了这些规范事实，人们就会遵守它们。

我们将此称为自然主义时刻问题的认知形式（epistemic form）。这个问题的经典形式以柏拉图式的形式出现：如果柏拉图式的形式存在，其与作为普通人类的我们如何相关？这个问题通常通过新颖的概念来回答，比如"参与"。当人们偶然发现这些词语时，就可以确定规范的理念论形式的出现之所。在这种情况下，人们可以在列维·布留尔（Levy-Bruhl）关于原始心智的作品（Levy-Bruhl，[1922]1923）中找到这些规范的理念论的形式。"参与"是独特的，并且有足够的不寻常的历史关联，使其显得突出。其中一些术语如此普遍以至于它们看起来不再像它们所显示的那样古怪。

"拥有某一概念"这一观念是这个家族中一个特别奇怪的成员，但却无处不在。所有关于获得和拥有的说法都是隐喻。学习是实际所发生的事情。隐喻即为重新描述，其允许引入可以声称具有规范性的用法：人们一旦获得了对概念的见解，就可以声称这些概念具有概念上的联系，也就是说，这种联系只能从规范的意义上来理解。但是这里的类比又是什么呢？概念是一种多人能够拥有的集体所有物，哪些人却不拥有呢？概念是通过某种类似于学习但又不完全是学习的神秘过程来获得的，这是因为它不是那种可以被"学会"的东西吗？但是"习得"这一术语是类比的，尚不清楚类比的对象是什么。同样普遍存在的术语"把握"也是如此。这是一个物理隐喻，指的是一个人与非物理事物（比如规则或概念）的交互。这些隐喻代表了自然界中的某些东西。问题在于，要弄清楚这些东西究竟是什么。

但是，即使我们放弃这些隐喻，回溯也可以声称回溯终结于规范。假设我们说，我们所讨论的技能，例如使用"猫"这个词，仅仅是学习得来的，而且关于使用正确性的信念也是学习得来的，因此这些技能完全属于自然领域。规范主义者可以回答说，"信念"一词意味着理性，因为要归因于某种信念，我们必须认为信念者有其信念的理由，而"理由"这一术语依赖于理性的规范概念。"理性"是一个规范性概念。因此，回溯终结于规范，而实践毕竟是规范性的。

然而，"规范性理由"的二元结构中存在的相同问题在这种情况下再次出现。对于"理性"，一方面是实际推理的心理内容，其中包括偏见和错误；另一方面经过重构和纯化的决策理论和逻辑内容。如果我们要说明实际行为，那么需要说明的以及用来进行说明的，都是未经重构的原始材料。重构是一种有意识地表征推理的尝试，但它会清除、简化推理，以满足其他标准，例如形式的简单性和充分性、一致性等等。通过将这些概念引入实际的推理中，我们以人工结构的说明代替那些需要说明并进行说明的事物，即那些除用类比方法之外并非"规范的"事物：它们未能通过松鼠检验。在社会科学中，这个问题可以直接与韦伯的观点相对应。韦伯把经济学中使用的理性模型视为理想类型。理想类型并没有对人们的实际理性行为作出说明，而是对其进行了建模——比如泰坦尼克号撞击冰山的模型可以用来对实际事件进行建模。每种情况的实际原因都要在需要说明的事件过程中找到，而不是在模型中。如果想象模型中发生的事情导致实际事件的发生，那就像巫术一样荒谬。

正如我在有关卡尔纳普的讨论中提到的，将重构的属性与被重构的事物相混淆是一个典型的问题，不仅限于科斯加德。关于规范性的最具影响力的文本之一，是拉尔夫·韦奇伍德（Ralph Wedgwood）尝试以语言的规范性来解释意向的规范性，其口号是"意向是规范的"（Wedgwood，2007），并试图以概念的角色语义形式对语言的规范性做出解释。这一论点也旨在解释动机。正如史蒂芬·芬利（Stephen Finlay）对韦奇伍德的论点所给出的说明：

> 规范概念和动机概念是相互定义的，规范概念的独特的概念角色，是依据特定的思想和意向的倾向来确定的。例如，"应当"的概念角色与形成行动意向的倾向有关。

（Finlay，2010：337）

这实际上是声称，具有定义和相互定义的重构（即称为概念角色语义的重构）具有因果力，或者至少与因果力"绑定"在了一起。但是，说明性工作是与其相关的事物一起进行的，而不是定义和相互定义，其中这些定义以及相互定义只是重构的。而这些事物、倾向、习得的推断模式等，都不是"规范的"。

人们不需要求助于社会科学，就能对将概念转化为动机因素的整个研究方案提出批判。正如芬利所指出的：

> ……对于基于动机的反对现今最流行的回应就是，仅仅否认了规范事实/属性和动机之间存在任何有趣的密切关系。没有人比德里克·帕菲特（Derek Parfit）（Parfit，2006）更坚定地论证这一点了，他认为对 MJI（动机判断的内在主义）的支持，只是将规范权威与动机力量混为一谈的结果。

（Finlay，2010：337）

正如芬利所说明的那样，帕菲特认为：

> 在试图填补等式——规范性 = _____——中的空白时，哲学家已经触及心理学概念，因为他们无法想象规范性还能是什么。但是帕菲特认为，这一方案的构想是错误的：规范性只是规范性。

（Finlay，2010：337）

对帕菲特来说，不需要通过动机与标准世界——自然主义的时刻——建立联系。他很乐意完全忽视伊赫林的担忧。

有一种表面上令人信服的辩护，可以为将概念转化为动机因素的尝试提供支持，并回应我在此对抽象概念和规范性理由的双重性所采取的方法：这一观点有一定道理，即"拥有某个概念"会激发行动，因为概念具有规范性，所以规范性会激发行动。但是，一旦我们消除了隐喻，抛开了概念之概念的形而上学，转而考虑"拥有某个概念"这一隐喻所表征的实际心理过程和社会互动的说明层面，我们就会发现以下几点：倾向、习得的推断模式、或许以原型化图像形式组织的长期记忆，这些可能是与"概念"相对应的自然事实（Machery，2009），等等。这里有足够的材料来解释所讨论的任何动机，因此没有什么余地支持概念或语义是用于说明的动机因素这一论点。

这适用于一般情况吗？再看一个例子，同样来自科斯加德：

> ……义务的规范性，除其他方面之外，是一种心理力量。让我借用伊曼努尔·康德的说法，来称呼这种现象。由于规范性是一种必然性的形式，康德把它在我们内部的运作称为必然性，其表现为一种心理力量。
>
> （Korsgaard，2009：3）

科斯加德是在用非心理学的规范事实来说明动机这一明显的心理现象吗？她知道心理学不知道的东西吗？更一般地说，当对于明显的心理事实存在相互矛盾的说明时，其中一种诉诸"规范性"，另一种则没有，那么，我们该如何判定这类主张呢？这个问题由艾克·阿赞（Ajzen，1991，2002，2009）提供的心理学中的意向行动标准理论方案予以澄清。艾克·阿赞所说的"计划行为理论"认为

> ……人类的行为受到如下三种考虑的指导：关于行为的可能结果或其他属性的信念（行为信念）、关于其他人的规范预期的信念（规范信念），以及关于可能进一步促进或阻碍行为表现的因素的存在的信念（控制信念）。
>
> （Azjen，2002：665）

科斯加德是否在这个清单中添加了内容？并不完全是。这就需要某种证据来证明她所提到的动机力量确实有某种效果，还需要说明它有什么样的效果，以及在哪里是有效的，等等。毋庸置疑，这并不是她的关注点。该论点预先假定了必然性，并断言必然性是一种动机力量，而不是提供或甚至允许证据支持这一点。她明确将规范动机定位于某种先验的东西，即人类自我建构项目："（康德）认为，必然性揭示了关于人性以及人类心灵建构的某些重要内容。其所揭示的——规范性的来源在于人类的自我建构项目——是我的研究主题"（Korsgaard，2009：4）。

诉诸自我建构引出了一个简单的问题：是否存在一种不具有"规范性"的自我建构概念的社会科学"替身"？除去"人类项目"概念中的神学语言和目的论暗示，人们构筑或"建构"自我的主张似乎根本就不是"规范的"：人们可以在一些思想家那里找到长期以来对同一现象的非规范解释，比如库利（Cooley，1902）的

具有影响力的镜像自我（looking-glass self）观念、米德（Mead，1913）关于"我"（I）和"我"（me）的观念、欧文·戈夫曼（Erving Goffman）对自我表征的解释（Goffman，1959），以及肯尼思·格根（Gergen，1993）的心理自我等。这些解释质疑了科斯加德（Korsgaard，2014）所主张的对行动概念至关重要的自我概念，并将她的概念转化为被说明项（explanandum），这也许并不令人意外。当然，这恰恰是寻求回溯终止者所要避免的。此外，这些解释把她的自我概念看作是一种由更基本的过程产生的错误观念，即一种由真实自我概念的模糊含义而维持的错误观念。这就提出了这样一个问题，即为支持她对行动的规范解释而特意建立的关于自我的解释，是否就是一种正确的自我理论。就她的目的而言，这种自我理论不能仅仅是支持她的道德学说的一种意识形态。但是，如果这种自我理论不能与这些理论在说明上相抗衡，那么它就无法超越这些理论。

注　释

1. 埃尔斯特为此添加了许多限定条件和变化形式，以涵盖明显的例外情况，但这一核心定义，与规范在意向性行动的心理说明模型中出现的方式非常契合，足以满足接下来的讨论需要。

参 考 文 献

Ajzen, Icek. 1991. The Theory of Planned Behavior. *Organizational Behavior and Human Decision Processes*, 50: 179–211.

Ajzen, Icek. 2002. Perceived Behavioral Control, Self-Efficacy, Locus of Control, and the Theory of Planned Behavior. *Journal of Applied Social Psychology*, 32: 665–683.

Ajzen, Icek, Cornelia Czasch and Michael G. Flood. 2009. From Intentions to Behavior: Implementation Intention, Commitment, and Conscientiousness. *Journal of Applied Social Psychology*, 39(6): 1356–1372.

Audi, Robert. 1993. Mental Causation: Sustaining Dynamic. In *Mental Causation*, edited by J. Heil and A. Mele, 53–74. Oxford: Clarendon Press.

Carnap, Rudolf. 1992. Empiricism, Semantics, and Ontology. In *The Linguistic Turn: Essays in Philosophical Method*, edited by R. Rorty, 72–84. Chicago: The University of Chicago Press. Original edition, 1950.

Cooley, Charles H. 1902. *Human Nature and the Social Order*. New York: Scribner's Sons.

Elster, Jon. 1989. *The Cement of Society: A Study of Social Order*. Cambridge: Cambridge University Press.

Finlay, Stephen. 2010. Recent Work on Normativity. *Analysis Reviews*, 70(2): 331–346.

Gergen, Kenneth. 1993. *Refiguring Self and Psychology*. Dartmouth, NH: Dartmouth Publishing Company.

Goffman, Erving. 1959. *The Presentation of Self in Everyday Life*. New York: Anchor Books.

Ihering, Rudolph von. 1913. *Law as a Means to an End*, volume 1. 4th edition. Translated by I. Husik. New York: Macmillan. Original edition, 1877.

Korsgaard, Christine. 2009. *Self Constitution: Agency, Identity, and Integrity*. Oxford: Oxford University Press.

Korsgaard, Christine. 2014. The Normative Constitution of Agency. In *Rational and Social Agency: The Philosophy of Michael Bratman*, edited by M. Vargas and G. Yaffe, 190–214. Oxford: Oxford University Press.

Levy-Bruhl, Lucien. 1923. *Primitive Mentality*. Translated by Lilian Clare. London: George Allen & Unwin Ltd. Original edition, 1922.

Machery, Edouard. 2009. *Doing without Concepts*. Oxford: Oxford University Press.

Mead, George H. 1913. The Social Self. *Journal of Philosophy, Psychology and Scientific Methods*, 10(14): 374–380.

Parfit, Derek. 2006. Normativity. In *Oxford Studies in Metaethics*, volume 1, edited by Russ Shafer-Landau, 325–380. Oxford: Clarendon Press.

Raz, Joseph. 2009. Reasons: Explanatory and Normative. In *New Essays on the Explanation of Action*, edited by C. Sandis, 184–202. New York: Palgrave/ McMillan.

Turner, Stephen. 1991. Two Theorists of Action: Ihering and Weber. *Analyse & Kritik*, 13: 46–60.

Weber, Max. 1946. The Social Psychology of the World Religions. In *From Max Weber: Essays in Sociology*, translated by H. H. Gerth and C. W. Mills, 267–301. New York: Oxford University Press. Original edition, 1915.

Weber, Max. 1958. *The Protestant Ethic and the Spirit of Capitalism*. Translated by Talcott Parsons. New York: Scribner's Sons. Original edition, 1904–1905.

Wedgewood, Ralph. 2007. *The Nature of Normativity*. Oxford: Clarendon Press.

第三章
迈向一种新自然主义：生态位构建、概念规范性与科学实践

约瑟夫·劳斯（Joseph Rouse）

第一节　问题提出

威尔弗里德·塞拉斯（Wilfrid Sellars）（Sellars，2007：第14章）通过认识到世界上关于人类的两种不同概念之间的张力，构建了当代关于自然主义的哲学争论。在"常识映像"（manifest image）中，我们成为通过感知经验、概念理解和理性反思的能动性来与周围环境互动的人。相反，在"科学映像"（scientific image）中，我们则被主要从自然科学中提取出来的理论术语所描述。这两种映像都声称自身具有完整性和自主性。塞拉斯认为这两个概念对我们来说都具有合法性。然而，每个概念也都自成一体，彼此并未给对方留下空间。塞拉斯对自然主义者的主要挑战，如何在承认这两个概念的合法主张的同时，仍然把科学置于说明的优先地位。塞拉斯正确地描述了这一挑战，但低估了挑战的难度。我们所接受的科学理解和规范性的既有的哲学概念，阻碍了这两种映像的任何和解，我在《科学实践如何重要》（*How Scientific Practices Matter*）（Rouse，2002）一书中对此有所论述。

在彻底的自然主义中，对概念的规范性与合理性进行协调的困难，对于作为常识映像的科学——社会科学来说尤为突出。我认为，自然主义社会科学面临的挑战反而与更普遍的对自然主义的挑战无缝地融合在了一起。哲学传统关于自然和规范的二元论概念似乎破坏了任何全面的自然主义理解的可理解性。科学映像的权威性取决于，我们对概念的理解能力以及对理性问责的能力。然而，这些概念能力似乎很难被纳入对自然的某种狭义的科学理解中。自然主义者最重要的哲学任务，就是弄明白这种科学理解世界的能力是如何适应科学意义上所构想的自然界的。一旦我们对科学实践和科学理解有了充分的自然主义解释，那么对社会生活的其他方面就

有充分的认识了。

　　本章改编自劳斯的著作《阐明世界》(*Articulating the World*)(Rouse，2015)，该书对这一挑战提出了建设性的回应。本章简要概述了对我们所接受的科学理解和概念规范性观念的两个核心修订如何相互强化并趋于一致。首先，我认为，我们需要在科学研究的持续实践中重新定位"科学映像"，而不是将其作为从科学研究实践中提取出来的知识体系。其次，我们还需要认识到，进化生物学及其相关领域的最新发展如何提供了一种更好的方式，来将概念规范性视为一种自然现象：具体来说，将其视为一种独特的人类"生态位构建"(niche construction)形式。这两种修正的共识在于认识到通过科学研究所获得的概念表达是一个持续进行的物质和行为的生态位构建。

第二节　科学研究阐明世界

　　我们这些自然主义者试图将哲学与世界的科学概念联系起来。我们认识到当今最好的科学具有易错性，也许更能认识到现行科学概念的易错性。《维也纳学派宣言》(Neurath，1973)关于"世界的科学观念"的主张，例证了将哲学方案误认为是对科学研究的尊重的危险。对塞拉斯来说，维也纳学派的反形而上学纲领、经验主义纲领以及形式主义纲领根本不是一种"科学观念"，而是我们作为理性的、有知觉的概念使用者的"常识映像"的一种复杂版本。最近一些关于科学实践的研究反过来对塞拉斯的"科学映像"提出了挑战，认为科学并不产生，也不旨在产生世界的单一、统一的观念。分裂论者(disunifiers)将科学理解视为一种拼凑之物，其无须追求保罗·泰勒(Teller，2001)所说的塞拉斯映像——"'完美模型'模型"。然而，分裂论者的批评却大错特错。首先，分裂论者依然错误地保持塞拉斯的意愿，继续把科学知识作为一个整体去确定它的形态或形式，无论是作为统一的"映像"，还是作为拼凑之物。其次，对于科学理解的更充分解释，仍然必须公正地对待其非统一的实践和成就，及其在话语实践中的相互问责性。

　　塞拉斯帮我们指明了一个更好的方向。在《经验主义与心灵哲学》一书非常著名的一个段落中，他认为"将一个片段或状态刻画为认知(knowing)时，我们不是对那一片段或状态给出一个经验描述，而是将其置于理由逻辑空间中，即那种证明而且能够证明人们所言正当性的逻辑空间中"(Sellars，1997：76)。在理由空间即作为知识体系的理由空间内，我们通常将科学理解与理由空间中的某些立场等同起来。我认为，科学理解应该被视为对整个概念"空间"的持续重构。科学研究通过在概念上对世界的各个方面进行表述，从而将这些方面带入理由空间。这一成就使得人们能够以理性评估的方式，来认识、讨论、理解、回应世界的各个方面。科学还修正了那些我们用以理解世界的术语与推断关系，修正了世界的哪些方面在这种理解中是显著且重要的，以及这些方面如何与整体理解相关。这样的修正仍在进行中，并内嵌于我们在概念上阐明世界的方式中，因此科学的概念化在已经指向任何当前表述方式之外的过程中保持开放性。

这种通过科学探究对"理由空间"的不断重构，成为知识获取和完善的基础。科学知识之所以成为可能，仅仅是因为科学中持续的实践研究和广泛的科学文化，这让世界的相关方面能够清晰地展现出来。能够说出别人不能说的话，谈论不在他们理解范围内的东西，这不仅仅是学习新词汇的问题；还需要能够用这些词汇说清楚你在谈论的内容。[1]正如约翰·豪格兰德（John Haugeland）曾经指出的：

> 说清楚（即说出某物是什么、把事物区分开来或分辨出事物之间的差异）通常可以用语言来表达，但其在本质上并不是语言的……人们可以分辨出一些他们无法用词汇表达的东西，包括那些很难区分的东西。
>
> （Haugeland，1998：313）

科学使我们能够谈论各种不同寻常的事物，使我们能够分辨出它们，并将它们区分开来。举一小部分典型案例来说，人们现在可以分辨出并谈论线粒体、前寒武纪时代、亚原子粒子、构造板块、逆转录病毒、螺旋星系和化学动力学。无须追溯太远的历史，我们就能发现，在这些以及更多的科学话题上，不是存在错误，而是完全没有任何讨论。

奎因（Quine，1953）将科学理论比作一个自我封闭的网络或领域，并且只在其边缘与经验接触，这一著名比喻概括了普遍存在但错误的假设，即概念表达仅限于语言内部。经验可以为这种观点的概念重构提供机会，但是这样做是一个语言内理论构建的问题。我对"科学映像"的重新构想所强调的是，概念表达超出了理论的建构。当前哲学对科学理论的研究通常强调模型对于表述科学理论内容的必要性。摩根和莫里森（Morgan and Morrison，1999）有力地将模型描述为，理论与世界之间的部分*自主中介者*（autonomous mediators）。理论并不是直接面对世界，而是应用于作为相对独立的抽象表征的模型。然而，关于模型作为中介者的讨论是片面的，其关注的是理论与模型之间的关系，而很大程度上忽略了模型与世界之间的关系。最近对实验实践的研究表明，理论理解是双重中介者。伊恩·哈金（Hacking，1983）提出了"创造现象"的口号，汉斯·约格·莱茵伯格（Rheinberger，1997）提出了实验系统，哈索克·张（Chang，2004）提出了温度概念的实验"发明"。我自己的工作，以及马克·威尔逊（Wilson，2006）在应用力学和材料科学的概念发展的非凡研究方面，展示了实验对概念理解不可或缺的贡献。对世界中显著模式的表达和完善以及模式识别的相关能力，是概念理解不可或缺的一部分。只有在"表现良好的"实验系统和理论建模及其推理完善之间的相互作用中，世界的其他方面才能在概念上得到阐述或重构。只有这样，理论上的讨论才变得比麦克道尔

（McDowell，1994）形象化短语中的"虚无中的无阻旋转"更为重要。

威尔逊的工作还强调了这样一种方式，即科学概念从来不会被完全表达但总是可以进一步深入和广泛表达。威尔逊将经验概念视为，仅是由松散统一的"外立面"（facades）拼凑在一起而形成的地图册。即使是在一个很好理解的领域，例如"经典物理学被普遍归类为台球力学，人们通常会提供一些在有限情形下近似有效的解释，再加上'了解更多细节，请参见……'这种类型的脚注。[这]并非简单地为牛顿理论'增加更多的细节'，而是通常完全颠覆了旧有解决方案的基础"（Wilson，2006：180-181）。在回顾了一系列不相容的台球碰撞模型之后，威尔逊得出结论，"据我所知，这条关于台球碰撞偏转的漫长链条似乎永远没有尽头"（Wilson，2006：181）。

除了这些不断增强的概念表达模型序列之外，我们还需要容纳广泛的表达，以使熟悉的概念适应陌生的情形。威尔逊在这里反对他所说的"对流层自满"：

> 我们很容易想当然地认为，无论在何种情境下，无论是在遭受剧烈引力潮汐或难以想象的高温的外星环境中，还是在极端压力下的地底深处，或是在比我们自身尺度小得多或大得多的情况下，我们已经"知道了"红色、固体或冰冷的感觉是什么样的。

（Wilson，2006：55）

因此，科学概念使我们承担了超出我们所知如何表达或实践的责任。南希·卡特莱特（Cartwright，1999）试图通过将"力量"或"基因"等科学概念视为具有统一的可投射性（uniformly projectible）但仅限于有限范围，来适应我们"斑杂世界"的复杂性。我所作出的回应是，在科学规律和推理中出现的概念是"斑杂的概念"，具有无限的适用范围，但仅仅是些零碎的以及约定俗成的应用。布兰顿（Brandom，1994：583）提出了一个相关类比，将概念理解和抓住一根棍子联系起来。我们可能只在某一概念领域的某一部分中牢固掌握这一概念，但是我们从那一部分中掌握了整个概念。因此，我们要对使用某一概念所带来的未预料到的后果负责，无论是在概念领域的另一端还是在其中间使用这一概念。实验研究中所显示的模式识别也是如此。这些模式在归纳上可能具有显著的重要性，其远远超出了我们所知如何表达或付诸行动的范围。

这就是为什么我要以概念使用中的所争论的问题和所涉及的利害关系来谈论概念规范性。"问题"和"利害"从根本上讲是指代性概念（anaphoric concepts）。指代性概念使我们能够指涉现有模式、概念或者实践（其中所涉及的利害关系）的范围和意义，以及在其他情况下或更严格的要求（所争议的问题）下，保持这些模式、概念或实践以相同方式延续的条件，即使这些问题和利害可能存在争议或尚不为人所知。这一进路贯穿于科学领域（包括生物科学和社会科学）的科学推理中，与马克·兰格（Lange，2000a，2000b，2004，2007）对规律的角色和律则必然性的重要认识相一致。规律表达了在各种语境中追求最佳归纳策略的可靠推理规则，即它们的概念如何具有可投射性。重要的是，规律不是单独的而是作为一组规律发挥作用，这组规律的集体反事实不变性标志着一个概念上被表述的领域。当然，在实践中，科学推理的进行并不依赖相关规律的完全外延性确定。因此，最重要的科学考察并不是这些规律是什么，而是我们在把一个假说作为一系列相关规律时所作出的承诺。科学推理发生在持续的研究中，直接超越其本身，走向一种尚未确定的结果。认识到概念规范性的指代性特征，就澄清了兰格对科学学科如何形成一致的研究领域的解释。他讲道：

> 一个学科的关注点会影响推断规则在该学科中是否具有"可靠"的资格。它们限制了某种预测中可以容忍的误差……以及认为某些事实完全超出了该领域的趣好范围……对于一个与该学科无关的事实，任何推断规则对于该学科的目的来说都是足够精确的。

（Lange，2000a：228）

然而，重要的不是一个学科事实上的趣好，而是其实践和成就中所涉及的利害关系。它的成员可能对自身工作中的所涉及的利害关系有错误的认识，而随着学科的发展，这种认识也会随着时间的推移而变化。

或许，科学理解与任何类似于复合式"科学映像"之间分歧的最明显表现，可以从政府间气候变化专门委员会（Intergovernmental Panel on Climate Change，IPCC）的工作中看出。实际上，"国际植物保护公约"（IPPC）试图以非凡的谨慎和彻底性在气候科学这一多学科领域中确定当前的知识状态，但这并不是科学通常的运作方式。此外，这一共识形成过程中的保守主义强烈表明，即使大多数研究人员认可该过程及其结果所表达的科学共识，但他们对气候研究的理解也与政府间气候变化专门委员会的结论有所不同。这种说法并不是对政府间气候变化专门委员会的批评，而是表明科学理解与任何复合式"科学映像"之间所存在的差异。科学理解既构成了一个合理分歧的领域，又超越了其构成开放性方面的任何现有的表述方式，这种开放性可以进一步深入、广泛地促进概念的完善。

我一直认为，关于世界的科学概念并不是在理由空间内对世界的统一或不统一的表征，而是通过不断扩展、重构和完善理由空间本身而嵌入科学实践当中。在本章的第二部分，我进一步指出为什么这一"理由空间"不是虚幻的或非自然的东西，而是作为我们环境生态位的自然世界本身，从其内部以一种话语的方式表达出来。

第三节　生态位建构与概念规范性

进化生物学和生物学哲学的最新研究在某些重要方面，与维持"理由空间"的话语实践概念产生了共鸣。早期关于认知能力进化的研究，往往首先聚焦于将"智力"作为一种普遍的认知能力，而最近则关注心理表征在生物体生活方式的行为经济中的功能作用与适应作用。有时这种作用被描述为模块化，例如假设的模块用于理解递归句法结构。在每一种进路中，动物（包括人类动物）的认知能力被解释为感知、表征和回应"外部"世界的独立能力。

这种认为认知是独立自足的根深蒂固的思维方式，随着对生物体与其环境之间在发育、生理和进化层面交织关系的深入关注，在生物学上已经变得越来越成问题。由此所产生的重新构想（reconceptions），从两个不同的方向对传统的认知内在主义提出了挑战。第一个挑战是，对生物体的感觉系统如何与其行为和生理反应机制紧密相连的理解，使我们看到它们与选择性环境的紧密耦合。在这个意义上，环境并不是一个物理区域，而是由生物体持续的生活方式如何利用周围环境的各个方面来构成和界定的。对生物体和环境的紧密耦合的理解表明，生物体可以跟踪并灵活地回应多种环境线索，而不需要具有代表性的中介者。这种感知能力和实践能力，适应性地指向生物体物理环境的选择性结构，并对其做出回应，而这种选择性结构并不具有内涵性：人们无法将生物体如何理解其周围环境，与生物体物理环境的生命相关方面的"外延"确定相区分。[2] 这种认识最初似乎切断了非人类生物体的感知 / 实践能力与我们自己概念上明确表达的意向性之间的联系，因此与我们作为动物的自然主义理解相冲突。

对内在主义的第二个挑战恢复了这种联系。生态位构建理论（Odling-Smee、et al.，2003）在语言进化和符号概念理解中的应用，与其说是一种内在的神经结构，不如说是一种公共话语实践。[3] 生态位构建是指生物体通过与环境的持续和累积的相互作用，而改变其发育和对环境的选择；生物体的生物环境并不是既定的某种东西，而是通过与生物体的持续内部互动动态塑造的。这种改变并不局限于持久的物理效应。行为生态位构建的持久形式只需要可靠地复制具有选择性的显著行为模式即可。[4] 语言和人类概念能力的协同进化是行为生态位构建的一个典型案例。人类通常是在口头语言既普遍又显著的环境中成长的；反过来，语言也只能通过这种成长过程中的应用和复制而存在。这种能力的进化突现、每一代个体的发育重建，以及更快的学习和扩展能力的选择压力，都依赖于相同类型的对环境具有感知回应和实际回应的紧密耦合能力，而这些能力也是其他社会动物的特征。支持概念理解的语言能力和施为（performances）的逐渐发展既不神秘，也没有任何连续之处，其中语言能力和施为使得概念理解成为可能。

因此，语言在生物学上以一种灵活的、自我复制和自我区分的方式出现，对我们选择性环境中累积构建的各个方面做出回应。在这一继承发展的生态位中，人类认知能力随之协同进化，通过这种协同进化，语言只存在于不断被复制的过程当中。正如米利肯（Millikan）所指出的那样，她认为语言同样是公共的。

> 公共语言现象并非作为一组抽象的对象出现，而是作为真实世界中的一种真实的东西出现，既不是抽象的，也不是理论家任意构建的。它由真实的话语和脚本组成，形成了纵横交错的谱系。
>
> （Millikan，2005：38）

这些谱系本身构成了实践的一部分，因为参与者通过不断重复的迭代模式来表达和理解话语。卡普兰（Kaplan，1990）、米利根（Millikan，2005）、埃布斯（Ebbs，2009）和我（Rouse，2002，2014）都认为，使用一个词就是以可被识别的方式，使用其他人曾使用过的并且可以以他们过去使用的方式再次使用的相同表达，就像他们已经使用过的一样。我一直认为，这种实践模式既不是事实上人们行为的规律性，也不是支配实践的构成性施为的明确规则。因此，实践的迭代施为的"相同性"由以下能力自反性地构成：执行这些迭代施为并将其识别为迭代的实际/感知能力。实践之所以构成实践，是因为其施为具有相互问责性，但并不存在明确的规范用以要求彼此承担责任，因为这些规范尚未确定而且在实践中存在争议。说这些规范是"有争议的"，不仅仅是指施为所需承担的责任或依据的标准，会随着时间的推移而发生的变化。这些变化在很大程度上源于为了维持共同实践而进行的持续努力，即使这种实践本身在某种程度上仍然是"不确定的"。这就是将语言理解为一种社会实践与物质实践的部分重要原因。语义意义来源于语言"实践者"对彼此施为的相互问责，这种问责处在部分共享的环境中，并对该环境做出回应。

概念规范性产生于语言实践的部分自主性。这种部分自主性至少包含三个方面的内容。其一，语言表达是其他语言表达的迭代，并且被其他语言表达所迭代。其二，语言实践的呼唤性和识别性特征，使具体表达能够直接对其他语言符号做出回应，从而使得话语在大多数语言内部的语境中具有意义。[5]其三，这些"会话"交流也处于对环境感知回应和实践回应的其他方面，并且还对这些方面做出回应。结果是对环境进行了实践的/感知的双重跟踪：一方面跟踪与会话和表达语境相关的有声表达（即与其他最近的话语以及同一表达的其他用法相关的有声表达）；另一方面跟踪与人们对环境更广泛的感知回应性和实践回应性有关的更大的"语内"表达模式。这种双重能力解释了这一突现能力，该能力能够区分有意义的施为（对语内语境或在某些其他部分自主表达技能中的位置所作出的回应）和正确或真实的施为（对世界上更广泛的知觉/实践参与所作出的回应）。

　　我谈到的是施为而不是话语，因为具有决定性的在进化上不断呈现出的新变化，不仅是语言本身，而且还是一种符号替换与概念理解的能力，这种能力远远超出了狭义解释的语言范围。这种概念能力的扩展以三种相辅相成的方式出现。首先，一旦有声表达成为人类社会生活中不可或缺的重要组成部分，并超越了周围的环境而具有意义和问责性时，人们就可以以同样卓越的方式采用并接受诸如音乐、舞蹈、绘画 / 图表 / 地图、身体装饰或游戏等非语言表达形式。[6] 其次，更令人惊讶的是，非语言表达形式还包括设备的制造和使用：不仅是许多生物体共同使用的各种个人工具，而且还是相互关联的设备复合体，这种设备复合体被理解为在不同的社会角色中可用于、适用于某些任务而不可用于、不适用于其他任务。[7] 设备复合体是可继承的生态位构建形式，豪格兰德从概念上明确表达了这一点：

　　　　文化对生活及其环境所了解到的 [很多] 东西，都被"编码"在与文化有关的用具和实践当中。以农业为例……那种遗产的关键元素体现在犁、轭和挽具的形状和强度以及建造和使用它们的实践当中。农民已掌握的技能也是必不可少的；但如果没有这些技能涉及的特定工具，这些技能都是毫无意义的，反之亦然……因此，这些技能与特定工具构成了一个基本的整体——包含了大量关于土壤的可操作性、幼苗需求、水分保持、杂草控制、根系发育等方面的专业知识。

（Haugeland，1998：235）

　　最后，由此产生的符号替换能力也可以反馈，以融入更广泛的实践-感知回应能力。语言首先是一种特殊的、部分自主的实践 / 感知能力，在某种程度上，它与我们作为动物和灵长类动物的进化遗产是相连续的。当语言在成为人类生活方式的范围内得到充分的表达和集中时，其他知觉和实践能力就可以获得广泛的概念意义。我们所感知和所做的每件事都可以有进一步的话语意义，就像塞拉斯式的"理由空间"一样，在更广泛的话语 / 符号语境中都是可追踪的。我们的感知能力和实践能力最初与其他生物体并没有本质上的区别，但这些能力通过在话语实践中的应用而转变，麦克道尔（McDowell，1994）将其显著特征描述为"概念事项的无界性"。

　　任何形式的生态位构建都给进化过程引入了一种非线性，因为选择性环境不仅会随时间变化，而且会与生物体共同进化。行为生态位的构建，尤其是话语实践的突现，给人类谱系带来了一种根本不同的灵活性。对于其他生物体来说，其生理和行为的构成目标是维持和繁殖作为其谱系的生命模式。[8] 该目标具有不可还原的指示性，因为该目标是维持这种时间上延续的模式、这种在环境中谋生的方式，即使这样做会使其目前的结构发生巨大变化。话语生态位的构建以及概念上清晰的理解，为任何现存谱系的目的论维度增加了第二层次的目标导向。人类行为不仅指向其生活模式持续存在的目标，而且还指向该生活模式将是*什么样子*的。

　　首先考察话语的生态位构建是如何运作的。当人类有机体发展出一种部分自主

的表达 / 回应能力，最终成为可识别的语言时，它们开始进化出概念理解能力。这种能力是对其地方会话和更广泛的内部语言语境的最直接回应。这种能力的自主性仅在一定程度上是部分的，因为扩展了的语言交流链和模式，需要对人类在与世界进行更广泛的实践 / 感知互动中承担责任。跟踪语言表达的语内意义和更广泛的实践 / 感知意义的能力，开启了人们如何看待事物与事物如何展现自身这两者之间存在差距的可能性。

这种在概念上明确表达施为的部分自主性，随着不同但相互关联的社会实践领域的出现得到了充分展示。实践并非社会规律性：它们不是由以类似方式执行或共享背景信念或预设的各种行为主体组成。相反，它们由在部分共享的环境中互动的施为所组成。在实践中，各种施为的可理解性通常取决于期望和实现与他人的施为及他们的环境相适应，以达到某种"目的"。然而，在这个意义上，目的并不是某种实践之外的东西，对于实践而言，它的施为仅仅是工具性的。实践，就像它们所属的生物谱系一样，是典型的亚里士多德所说的*活动*（energeia），也就是说，"存在于［实践］本身的目的"。通过话语生态位的构建，人类建立起了相互回应的活动模式。这些模式为新的可理解的生活方式、行为方式以及在这一话语表达的"生态位"中理解我们自己提供了可能性。

尽管实践通过各种施为和环境的不断相互协调，构成了亚里士多德式的目的，但施为者与环境通常仅仅是部分适应。一个人的施为只有在其他人行动得当，并得到设备、材料和环境"配合"的情况下才有意义。为了回应各种错位（misalignments），行为者会调整他们的行为。他们改变自己的施为，试图影响别人的行为，或者重新安排环境。这些相互回应和相互抵制的模式通常将某种实践集中在具体问题上。当需要对施为或环境做出一些调整以使实践得以顺利进行时，就会出现一些问题；所争论的问题是，需要做出哪些调整来维持实践。此外，作为以话语方式表达的存在者，我们经常试图通过*说出*问题是什么、会产生什么样的推断结果与实践结果，来对这些问题做出部分回应。这些对所争论的问题进行讨论的努力，包括对问题不同解释的回应，本身就是实践中的进一步施为。通过这些持续的相互作用，或者用凯伦·巴拉德（Barad，2007）更清晰的术语所说的内部行动，实践得以不断发展并表达自身。将我们彼此联系在实践模式中的规范"力量"，使我们能够对这些问题做出回应，该规范"力量"源于这些实践模式所具有的争议性"目的"，即这些让我们能够以可理解的方式来理解和表达自身于世界之中的可能性。

在实践中所涉及的利害关系，以及导致实践者出现所争论的问题，正是我们通过参与并服从该实践所可能成为"何种人"或"何种存在"的种种可能性，也就是说，这些可能性具有"目的"或活动的特征。谈论"规范"可能会产生误导：目的并不是已经确定的标准，要求施为对其负责，而是时间上延续的模式，这种模式包含了我们如何已经生活在目的所展现的那些表现上开放的可能性之中。这个实践模式究竟是什么（我们正在做什么，以及通过参与我们成为了怎样的人）总是部分地超越我们当前的理解，它是实践的各种施为通过内在交互所共同指向的目标，但这些施为之间但并不总是完全兼容。

这种将概念表达的实践理解为人类谱系中的子模式，属于戴维森式-塞拉斯式传统，该传统强调概念理解的"客观性"。然而，我们的施为必须对其负责的"对象"并不是存在于我们的话语生态位"之外"的某种事物。话语实践不能被理解为一种语内结构或活动，然后以某种方式"延伸"来包含或符合对象。相关"对象"是在实践本身中存在争议且处于利害关系之中的目的。然而，"实践本身"已包含了实施实践的物质环境。实践是生态位构建的形式，在这些形式中，人类有机体和话语表达的环境通过一种持续的、相互内在互动的重构（reconfiguration）而形成。

实践是一种可能继续也可能不会继续的生活方式，而单个生物体可能会也可能不会继续参与其中。因此，在解决实践持续复制过程中出现的各种问题时，在实践中施为的一致性或不一致性所争论的问题不仅在于这些互动形式是否会继续下去，而且还在于它们将是什么样的形式，以及它们在生物体和谱系的更大生活活动模式中占据什么位置。各种不同的实践（包括语言、科学以及概念上所表达的理解与回应性的其他形式）都是人类通过生态位构建而形成的环境的组成部分，这个"空间"是我们发展成为具有特定能力和发展潜力的有机体的地方。在这种实践中所争论的问题和所涉及的利害关系是，我们因此成为什么，或者更准确地说，我们因此正在成为怎样的人。此外，这些问题不能局限于特定个人所偏好或选择的"目的"。人们无法以一种概念上明确表达的生活方式而生活，除非其他行为者及其物质环境可以适应这种生活方式。我们如何生活以及我们可以成为怎样的人，取决于可理解的可能性空间的交互式结构（configuration）。

因此，我们不应该将"可理解性"或"合理性"视为凌驾于一切的、与历史无关的理想，这种理想构成了人类进化中已出现的概念理解。能够定义一种概念上明确表达的生态位的是其模态特征，这样，生物体的生命活动不仅是对其实际环境的回应，而且是对其*可能*的方式的回应，以及事物*应当*如何符合这些可能性的回应。[9]对于某种实践来说，事物是否应该或需要继续下去，以及其他人是否将承担起赋能的角色来维持该实践的运作，都是实践持续发展中所争论的问题的一部分。某种实践中所涉及的利害关系是，这些问题是否能解决以及如何解决，和这种实践是否能以及如何能够继续作为人类生活以及理解自身及周围环境的一种可能方式。

第四节　结束语

作为一名自然主义者，我致力于从科学研究所揭示的自然世界的视野来理解科学实践的规范性。这一承诺的一个表现形式是认识到科学中的概念理解是一种生态位构建、一种世界的物质转变，该转变使得生态位构建以新的方式展现自身。对自然的概念性理解并非也不可能从一个想象中的世界之外的立场来进行，这样的立场使我们能够在一种语内表达的映像中来表征整个世界。科学理解是内在于世界的，无法超越其自身与世界的关联性。这种关联性从最狭义的科学实践向外扩展，涵盖了科学理解在更广泛的人类生活中的地位。概念上明确表达的生态位构建贯穿于整个人类生活。科学对我们很重要，因为其与更广泛的问题集融合在一起，而不是与之分离、相对独立。从这个角度看，科学理解不得不在人类历史和文化的偶然性相关背景中加以理解。因此，我认为自然主义与我们可能称为"本质主义"的科学或科学理解的概念是对立的。在整个人类历史中，科学理解并不具有永恒的可能性，甚至对于不同物种或行星生态系统的理性或智慧生物来说，科学理解也并不具有永恒的可能性。科学是历史上出现在人类谱系中的一系列特定的实践。而且，这种历史的特殊性更普遍地反映了语言和概念理解的生物特殊性。

　　承认科学理解的生物-历史特性似乎会对其权威性和重要性构成挑战。科学的哲学理解通常被认为应当符合理性规范，这种规范超越了局部性和人类性，这恰恰是为了解释理性规范的规范权威。这种超越我们历史嵌入与生态嵌入的愿望是错误的，而且在任何情况下都与自然主义的立场不一致。因此，《阐明世界》以一般概念表达的偶然性和局部性的讨论而告终，具体地说，是以科学理解的偶然性和局部性的讨论而告终。我的愿望是表明科学为何重要以及它如何对我们提出权威性要求，正是因为科学所具有的历史和文化的特殊性。科学作为我们生物遗产中一种概念性表达方式的一种强大且具有历史特定性的延伸，并不是一种任何拥有足够智力与社会支持的存在都能永恒拥有的可能性。相反，科学是一种不稳定且充满风险的可能性，只在特定情况下出现，也可能会消失。[10]

　　尽管科学的规范权威的先验概念的基本愿望是错误的，但其中仍然可以找到重要的见解。在维护科学的生活方式和我们所知道的科学文化的可理解性方面，这些概念聚焦于而且有助于阐明特定冲突或张力中所争论的问题。因此，这些概念的理解对于科学的生活方式来说是重要的，这种理解作为一种反思性努力，从历史偶然性的视野中来阐明我们是怎样的人、我们如何生活以及阐明为什么维持这种生活方式至关重要。在此过程中，这些概念通过使这种生活方式的规范性主张及其权威性受到反思性关注，帮助维持这种生活方式，并在某种程度上改变这种生活方式。因此，一般意义上的概念理解的偶然性和特殊意义上的科学理解偶然性，并不会削弱科学的权威性或重要性，反而强调了，这些实践能否以及如何延续和发展，其中所涉及的利害关系有多重大。对于科学理解的后续发展而言，偶然的历史突现和无限的未来可能性，毕竟不仅仅是众多历史可能性中的一种，其命运也不是可以从宇宙的角度随意忽略的。我们没有也不能站在这样的立场上。在我们生活在那段历史之中的时候，这些可能性构成了我们生活和可能性的视野。我们是怎样的人、我们将是怎样的人——世界是什么样的、世界将如何进一步展现自身——从而为我们和我们的后代打开或关闭哪些可能性——这些都关系到我们的社会-话语生活方式的随后展开及其对世界的概念性揭示。在我们居住并希望理解的世界中，没有什么比这更重要，或者从自然主义的角度来看，没有什么比这具有更少的任意性了。

注　释

1. 严格地说，正如普特南（Putnam，1975）显著引起哲学界关注的那样，语言的劳动分工使人们能够以通俗易懂的方式，谈论他们自己在这种意义上无法讲述或区分的各种事情。然而，如果不希望这样的谈话成为"虚无中的无阻旋转"（McDowell，1994），那么一定有人能够说出在某些话语领域中正在谈论的内容。促进和维持这种与世界的概念性参与是科学成就的核心部分。

2. "外延"一词加引号，是因为外延的概念与内涵的概念相关联。生物体的生活方式在对环境的紧密耦合回应性中进化和发展，这种方式通常具有灵活性，并且会因过去的遭遇而反射性地改变，但这并不援用具有内涵或外延的语义中介者。

3. 皮尔士（Price，2011）提出了一种替代方法，以自然主义的版本来进行这种从语言和概念理解的表征主义解释的转变。在这里，我不会尝试确定和证明我的方法与他有何不同。

4. 复制的"可靠性"水平不必与细胞转录、翻译和 DNA 序列表达的进化复制保真度相匹配。只要有足够的稳定性来对生物体的发育模式产生累积的选择压力，生态位构建就能产生一种重要的进化效应，这往往比由基因突变直接驱动的进化所可能产生的效应在时间尺度上更快。

5. 陈述句通常具有库克拉和兰斯（Kukla and Lance，2009）所称的无涉行为者（agent-neutral）的输入和输出：在说出该句子时，任何人只要有适当的理由，就可以表达这句话所主张的意思，如果有正当理由，任何人都应该对这一主张加以考虑。以这种规范性结构关注陈述性断言，促使大多数哲学家将话语的语用学置于他们如何思考概念表达和意旨的背景中。然而，即使是最无涉的行为者、最去语境化的内容，也只是在某些特定的语境中向某人表达时才真正对其提出主张。此外，在这样的语境中，人们不仅将这些主张解释、评估为与语境无关的真实主张，而且还根据这些主张与会话语境的相关性对这些主张进行解释、评估：如果对主张的语境相关性不清楚，那么我们会经常发现，我们自己会询问说话者在会话中插入那一主张是什么意思（在会话中仅仅把所说的意思和所说的话联系起来是不够的）。

6. 对于始源语是否首先出现，为其他形式的概念表达和理解铺平道路，还是与其他二维规范的概念表达技能（如音乐或设备组合）一起出现，我仍然持怀疑态度。

7. 海德格尔认为，设备和社会角色的综合复合体是人类意向导向的独特形式（Heidegger，[1927]1962，第 I 部分，第 3 章）。

8. 奥克伦特（Okrent，2007）提出了令人信服的论据，解释了为什么生物行为的自然主义解释需要将其理解为目标导向的，而不是目的论意义上的功能解释。

9. 所涉及的逻辑可能性模态和规范模态都不能独立理解。所讨论的可能性只有通过对它们的内部积极回应性模式（作为模式本身内部的投射"目的"）来表达和维持。有关这种相互依赖性的更多详细讨论和论证，请参阅劳斯的著作（Rouse，2015，第八章）。

10. 把科学视为人类生活中一种永恒的可能性的本质主义概念，并不与承认科学精神及其维持的生活方式的脆弱性之间存在必要的张力。我们可以认为科学的概念规范和认知规范始终对我们提出要求，尽管对这些要求的承认和接受存在风险。然而，我提出了一个更有力的主张：科学的实践、概念和主张的规范权威，只出现在历史以及生物学的特定语境中，由此维持那种权威也需要维持那些使这些实践、概念和主张对我们具有权威性的生活方式。我认为，认识到科学实践和规范的偶然性并不会削弱它们的权威，反而会强化维持科学的生活方式中所涉及的利害关系的重要性。

参 考 文 献

Barad, Karen. 2007. *Meeting the Universe Halfway*. Durham: Duke University Press.

Brandom, Robert. 1994. *Making It Explicit*. Cambridge: Harvard University Press.

Cartwright, Nancy. 1999. *The Dappled World*. Oxford: Oxford University Press.

Chang, Hasok. 2004. *Inventing Temperature*. Oxford: Oxford University Press.

Ebbs, Gary. 2009. *Truth and Words*. Oxford: Oxford University Press.

Hacking, Ian. 1983. *Representing and Intervening*. Cambridge: Cambridge University Press.

Haugeland, John. 1998. *Having Thought*. Cambridge: Harvard University Press.

Heidegger, Martin. 1962. *Being and Time*. Translated by E. MacQuarrie and J. Robinson. New York: Harper & Row. Original edition, 1927.

Kaplan, David. 1990. Words. *Proceedings of the Aristotelian Society*, Supplementary, 64: 93–119.

Kukla, Rebecca and Mark Lance. 2009. *Yo! And Lo!*. Cambridge: Harvard University Press.

Lange, Marc. 2000a. *Natural Laws in Scientific Practice*. Oxford: Oxford University Press.

Lange, Marc. 2000b. Salience, Supervenience and Layer Cakes. *Philosophical Studies*, 101: 213–251.

Lange, Marc. 2004. Who's Afraid of Ceteris Paribus Laws? Or How I Learned to Stop Worrying and Love Them. *Erkenntnis*, 57: 407–423.

Lange, Marc. 2007. Laws and Theories. In *A Companion to the Philosophy of Biology*, edited by S. Sarkar and A. Plutynski, 489–505. New York: Wiley.

McDowell, John. 1994. *Mind and World*. Cambridge: Harvard University Press.

Millikan, Ruth. 2005. *Language: A Biological Model*. Oxford: Clarendon Press.

Morgan, Mary and Margaret Morrison. 1999. *Models as Mediators*. Cambridge: Cambridge

University Press.

Neurath, Otto. 1973. The Vienna Circle, or the Scientific Conception of the World. In *Empiricism and Sociology*, edited by M. Neurath and R. S. Cohen, 301–318. Dordrecht: Reidel.

Odling-Smee, F. John, Kevin Laland and Marcus Feldman. 2003. *Niche Construction*. Princeton: Princeton University Press.

Okrent, Mark. 2007. *Rational Animals*. Athens: Ohio University Press.

Price, Huw. 2011. *Naturalism without Mirrors*. Oxford: Oxford University Press.

Putnam, Hilary. 1975. The Meaning of 'Meaning'. In *Mind, Language and Reality*, edited by H. Putnam, 215–271. Cambridge: Cambridge University Press.

Quine, Willard V. O. 1953. *From a Logical Point of View*. Cambridge: Harvard University Press.

Rheinberger, Hans-Jörg. 1997. *Toward a History of Epistemic Things*. Stanford: Stanford University Press.

Rouse, Joseph. 2002. *How Scientific Practices Matter*. Chicago: University of Chicago Press.

Rouse, Joseph. 2014. Temporal Externalism and the Normativity of Linguistic Practice. *Journal of the Philosophy of History*, 8: 20–38.

Rouse, Joseph. 2015. *Articulating the World*. Chicago: University of Chicago Press.

Sellars, Wilfrid. 1997. *Empiricism and the Philosophy of Mind*. Cambridge: Harvard University Press.

Sellars, Wilfrid. 2007. *In the Space of Reasons*, edited by K. Scharp and R. Brandom. Cambridge: Harvard University Press.

Teller, Paul. 2001. Twilight of the 'Perfect Model' Model. *Erkenntnis*, 55: 393–415.

Wilson, Mark. 2006. *Wandering Significance*. Oxford: Oxford University Press.

第四章
成为规范意味着什么？

保罗·罗思（Paul Roth）

尽管哲学是作为一种强制活动来进行的，但哲学家们所施加的惩罚毕竟是相当微弱的。如果对方愿意贴上"非理性"或"有更糟糕的论点"的标签，他可以欣然离开，继续坚持先前的信念……或许哲学家需要一种极其强大的论证，能在大脑中引发强烈共鸣：如果有人拒绝接受结论，他就会丧命。

（Nozick，1981：4）

第一节　还原自然主义还是规范本质主义？——劳斯的出路

关于规范的哲学争论涉及这样一个问题：是否存在某些特征，使认知者作为认知者能够在某种尚未明确的意义上，认识到这些特征具有正当性和动机性的印记。[1] 正是由于规范与能动性的这种联系，使得感知情境中规范相关方面的能力——在塞拉斯式的"理由空间"中运行——具有了哲学上的重要性。康德以寻求理性而闻名，以赋予我们一种尊严，而这正是不断发展的科学可能试图剥夺的东西。康德的回答设想，道德行为者拥有这样一种能力，即能够认识并基于理由行动，而不依赖于情境的偶然性或本能。

然而，要保留某种康德意义上的自由和尊严，就需要把行为者想象成他们世界的创造者。因为迄今为止所发现的标准反映了由行为者强加的结构，这赋予了我们这样的存在一种超越其他事物的地位。换句话说，无论什么规范结构能够在集体的意义上具有约束力，它们之所以能做到这一点，是因为我们至少在某种程度上是它们的共同创造者。在这种理解下，像我们这样的存在与规范之间存在一种特殊的、尚未完全确定的关系。然而，如果对所有假定的规范特征，包括做出规范判断的倾向，给出一种完全基于人类及其环境的普遍事实的说明，这种令人振奋的说法将面临被"短路"的威胁。这将削弱我们作为规范的共同创造者所具有的独特地位。

在下文中，我对我将之称为"特纳化"和"非特纳化"的说明进行区分。[2] 特纳化解释仅包含对社会事物的说明，这些说明无须对规范或规范性做出特殊的哲学假设。当进行特纳化时，说明不会使用不可还原的规范语言，例如，对理性的特殊需求没有任何诉诸意志的呼声。的确，规范地位（normative status）代表了一些可以通过适当的自然主义方式——比如从社会学、历史学、神经学的意义上——来说明的东西（Roth，2006）。只有当某种形式或其他形式的规范探讨必须被视为非理性的或非特纳化的时，人们才会面对规范的本质主义，即坚持"不可说明性是规范性的本质"的立场（Finlay，2010：333）。

约瑟夫·劳斯（Joseph Rouse）试图发展一种自然主义但非特纳化的解释。劳斯观点的特别之处在于他对实践概念的关注，尽管这一术语难以捉摸，或者是因为这一术语本身就难以捉摸，它在当代社会理论中备受推崇。"从短暂的举动到稳定的长期活动模式等均属于实践"（Rouse，2007a：639）。理解"实践"一词之哲学用法的关键在于它被理解为一种意向上所引导的行为。这使得"实践"从定义上来说是规范的。劳斯认为他的解释是*自然主义的*，因为他提出从广义的生态学意义上说明规范，以此作为生态位构建过程的一部分。从这一观点来看，生物体"共同创造"了它们的生长环境与选择性环境。劳斯所理解的"环境"不仅包括物理环境，还包括与生物体生活方式相关环境的特征，而这些特征反过来只能在与由此划分的环境相关的关系中来确定。[3]

使劳斯的解释成为一种非特纳化的解释的原因在于，对于劳斯来说，将任何解释称为说明性的都预设了一个立场，即从这一立场出发，人们会意识到需要进行规范评估。根据与塔尔斯基（Tarskian）的真理定义进行粗略类比的认识，规范评估是在可以确定评估对象的视角下进行的。如果没有一种"元视角"来识别和解释可评估单元，就无法应用规范谓词。从这个意义上讲，规范概念永远无法用非规范术语得到充分说明。[4] "规范性是一种包含将当前情况融入其过去并朝向未来的互动取向（interactive orientation）……根据这样一种理解，促成实践的［规范涉及的］施为至少已经隐含地表达了对实践中有争议的问题和所涉及的利害关系的解释"（Rouse，2007a：673，由我给予的强调）。解释"对象语言"的规范概念，需要一种回溯到已经存在的规范立场。

然而，解释性任务取决于环境（广义上的理解）、时间和地点。"这种规范性的概念特别适用于自然主义者，因为它有意避开了从自然和历史之外的立场对规范进行的任何确定，但它也是非还原性的"（Rouse，2007a：673；另见 Rouse，2007a：670）。*劳斯的解释拒绝被完全特纳化——正如劳斯所说的"非还原性"——的意义*

在于，有必要回归到始终存在的对某种施为进行规范性评估的能力。的确，劳斯认为自己是一个比特纳这样的思想家更彻底的自然主义者，因为劳斯认为特纳的解释只是假设了这种"元层次"立场，但没有对其做出解释。[5]

劳斯最初通过关注科学实践发展了他独特的规范性概念。正如劳斯所理解的，科学实践在任何关于它的哲学解释中必须利用某种受规范（或他更喜欢说是"规范性"，其理由随着我们的讨论会更加清楚）约束的概念。正如他所说：

> 我需要表明，在不将因果性和规范性还原为规律性（regularities）或规则的情况下，我们如何能够理解因果性与规范性，，以及在不将世界默认地划分为一个有意义的"社会世界"和一个非规范的"自然世界"的情况下，我们如何能够理解世界。一旦为这些主张提供了一个可以具体设想的概念空间，那么论证科学实践及其所揭示的世界的构成规范性就相对简单明了了。
>
> （Rouse，2002：13）

那么，劳斯究竟打算如何将自然与社会统一到关于"规范性"的单一解释当中呢？他对纽拉特（Neurath）和海德格尔（Heidegger）各自对卡尔纳普（Carnap）和胡塞尔（Husserl）关于科学规范性批判的讨论，预示了他在这方面更普遍的策略。劳斯将这两条批判路线理解为：

> 使这种具体的史料活动具有了规范性的轨迹……它们偶然地处于未来暂时性的境遇中。统一科学被设想成一项以做出预测为导向的历史情境任务；真正坚决的此在（Dasein）是一个向死而生的事业。规范性并不是位于具体的史料世界之外的结构中，而是处于事物的中心。
>
> （Rouse，2002：72-73）

然而，劳斯关于科学实践的规范性的论述中，并没有任何内容证明科学在这方面是独特的或排他的。对科学案例的关注反而表明，在劳斯所理解的意义上，实践甚至存在于我们最不可能预期的领域，即在权威可能被认为来自法律的情况下——这些法律约束我们但我们并不制定法律。但如果实践在科学中也很重要，那么规范性的标志将会显现于我们所看到的一切事物之中。

为了避免众所周知的哲学僵局，劳斯需要一种策略来确定"实践的构成性施为所共有的规范问责性"（Rouse，2002：19），并且在并不诉诸规则或行为规律性的情况下做到这一点。无论劳斯所定位的实践涉及什么规范要素，都不能将制定正确性的特征还原为规则（规则主义）——某种"在头脑中"固定的东西——或者还原为确定的行为模式（规律主义）——某种可"事先"指定且易于感知的东西。诉诸规则会引起说明的回溯，因为规则反过来需要解释。行为规律性预设了对有意义的模式的感知，但并不能说明这种感知。

　　但是，如果认为实践的规范要素对我们产生影响是由于自我强加的约束，也是错误的。也就是说，劳斯拒绝接受他所说的"唯意志论"规范性概念。"我的论证表明，唯意志论对规范性的理解是行不通的。这种解释假定，除了主体将规范力量强加于自身之外，没有任何规范力量，但棘手的困难是理解这种自我强加的承诺如何具有约束力"（Rouse，2002：21）。此外，根据劳斯式的解释，实践和实践所回应的东西都处于历史的变迁之中。

　　斯蒂芬·特纳（Stephen Turner）在对劳斯的《科学实践如何重要》一书的评论中总结道（略带一丝恼怒）："一个从未得到求解的紧要问题是'何为规范性？'"（Turner，2005：428）。一方面，在已经注意到的重要方面，劳斯认为这个问题是错误的，因为它可能被认为是意指他（劳斯）的解释求助于任何特定的规范作为未被说明的说明者。另一方面，劳斯在使用规范区分时不可避免地出现了回溯；任何规范的应用都已经预设并使用了规范判断的特殊能力。

第二节　实践如何进行说明

　　劳斯是否成功地扭转了塞拉斯式的技巧，即证明了为什么以及如何将意向语言移植到科学映像上呢？实践（包括作为一种实践类型的语言使用）涉及两个核心的规范组成部分——意向性和社会性。[6]规范性的社会意义通过实践的一种假定的相互导向的目的论方面得以体现。"因此，'实践'构成了取代早期整体主义理论家所描述的'文化'或'社会结构'的背景"（Rouse，2007a：645；强调为我所加）。根据劳斯的解释，实践"取代"了其他社会理论试图说明为不可还原（至少不能还原为仅仅对个体的探讨）的社会要素，这些社会要素使人们成为这个或那个社会、文化或相关集体的一部分。参与实践体现了人们所具有的任何社会意识。就此而言，人类的社会生活从一开始就有某种倾向，即共同识别和回应开放式情境，也就是允许进行相互理解的评估意识的情境。在这方面，劳斯为社会互动提供了一个"可能性条件"的论证，他坚持认为，这不需要假设任何"本体论上陌生"的东西来解释什么构成了社会。

　　具体而言，劳斯认为"对规范的实践概念的说明至少存在三个关键方面"（Rouse，2007a：670）。第一个方面包括实践在特定规范维度上相互关联的方式；例如，这些实践可能会受到奖励、约束、纠正、推理等的影响。作为对规范性的描述，这可以被理解为自明之理。

　　劳斯提出的第二个方面引入了目的论维度："实践指向自身之外的某种本质上具有争议性的东西"（Rouse，2007a：672）。例如，成为"足够好"的父母意味着什么，取决于某一时刻发生的事情如何随着时间的推移与一般的活动模式整合、凝聚在一起，而评估、结果甚至目标在当前甚至在不确定的未来都无法被视为是确定的。[7]我认为，相关的一点涉及这样的事实：把行动说成是以目的为导向是有道理的，即使目的仍然是模糊和不确定的。然而，这里却出现了一丝神秘。为什么假设某种动力推动事态朝某个特定方向发展？

使这个问题复杂化的是劳斯关于规范提出的第三个方面，它把目的看作是目的本身的"视角上的变换"（Rouse，2007a：672）。这至少意味着不存在劳斯有时所说的"主权视角"。这实际上放弃了劳斯的解释中关于在参与者背后起作用的形而上学所予的任何暗示。意义性仍然是一个持续且不确定的研究专题，涉及我们以他人和我们认为重要的方式来行动和反应。

这让我们回到了劳斯独特观点的核心特征上：识别意向行动本质的能力——即理解该行动的意义——必须是我们交流能力中一个不可消除的特征。根据劳斯的科学实践概念，特别是在实验过程中，参与这项活动的人之所以具有问责性，因为他们解释了所揭示的内容，并因此根据这些结果改变了他们的行为。"我们要对（因果上和规范上）归属于物质-话语世界中所涉及的利害关系负责：我们的命运与我们实践中所争论的问题和所涉及的利害关系有着密切的关系，尽管那些利害关系尚未完全确定——实际上，这正是它们'利害攸关'的部分含义"（Rouse，2002：25）。我认为，对于劳斯来说，一门科学所确定的自然规律也必须算作其实践的规范，在我们与世界接触的过程中，如果我们忽视了这个世界，只会让我们自担风险。以这种方式，科学实践的规范被建立在我们所认为的由该科学所描述的对象上，而且部分地是由这些对象所强加的。这同时很好地解释了这种实践的共有性和权威性。

劳斯随后试图将一种类似的概念——即某种关键的事物或具有重大影响的事物——融入他对规范性的更广泛的愿景之中。

> 任何人参与某种实践的可理解性，取决于每个人在正确进行实践时所涉及的一些关键东西。这并不意味着实践的可理解性，取决于与那些关键的东西达成最终一致并与其符合的可能性。相反，它取决于那些认为这些实践重要的人对彼此的承认，从而使他们（应当）对自己的不同解释负责，并对彼此承担责任。
>
> （Rouse，2002：342；强调为我[1]所加）

关于劳斯在这里所说的，需要注意的一个关键点是他如何将实践设置为深刻的社会性实践，而不仅仅是由个体出于策略性或生物性指导而发生的相互碰撞。

> 根据对这一概念的认识，实践并不是隐藏在其构成性施为背后的规律性（regularity），而是施为之间相互作用的模式，其表达了施为相互的规范问责性。

---

[1]　此处的"我"指本章作者保罗·罗思，本章余同。

根据这种"规范的"实践概念，一种施为是否属于某种实践，取决于将其视为该实践的正确或错误的施为并对其承担责任是否是适当的。这种问责本身也是实践的一部分，并且同样可以以正确或错误的方式进行。

（Rouse，2007a：669-670；强调为我所加；另见 Rouse，2007a：第 670 页底部）

提到"适当的"和"做对了"就引入了规范性，而涉及"每个人"则使实践具有了社会性。但是，又是什么使得我们必须假设一种立场，让我们"对彼此负责"？

劳斯摒弃了任何决定个体或集体，如何"做对事情"的形而上学要素，例如，诉诸一种独立于心智的或"真实"的事物本质，来解释事物的结构和外观。"我认为，对人的能动性和意义具有权威性和构成性的，不是事物的独立客观性质，而是情境中某种事物在结果中存在利害关系的突现结构"（Rouse，2002：257；强调为我所加）。"突现结构"表明我们施为的相互依赖性以及世界是如何适应或抵制我们的施为的。[8] 提及"突现结构"，其所强调的是，能够对施为的回应进行塑造的东西取决于所遇到的情境（Rouse，2009：27，脚注 25）。

然而，他不能没有对彼此和未来的定位。因为如果没有这种假定的联合定位，那么实践的数量就可能像个体一样多了。但这将是对任何假设的反证，这些假设援引一种社会共同规范取向——即一种对"做对了"的共同关注。劳斯通过将社会性本质化，使规范性在说明上变得必要，他以此解释施为如何聚合成实践，以及人们如何以彼此可理解的方式对这些施为进行评估。如果不存在一种无法用其他方式说明的共同取向，那么诉诸不可消除的规范性在说明上就会变得多余。

目前，这一观察只是为了强调目的论假设对劳斯所起的基本作用。规范性存在于对可评估的社会重要模式的识别中。对施为的关注使评估对象外在化，从而使评估对象在自然主义上易于理解、易于控制。然而，在规范性的意义上，将施为与实践所联系起来的，必须是一种已经存在的定向立场，这种立场产生并允许共同识别和相互评估。[9] 然而，这些"相互构成的相关关系"（Rouse，2002：270）必须满足两个截然不同的条件。首先，它们必须"出现"在其他熟练的实践者面前，并得到他们的认可。其次，只有在识别也以一种相互识别的（即使是开放式的）方式受到约束时，它们才符合劳斯的目的。"适当的"这一术语表明，规范立场约束了作为规范的立场。[10] 这些条件共同确立了一种具有社会意义的施为。

规范性这一特殊概念的问题，随着劳斯对其的进一步发展，与劳斯本人在一定程度上所发展的案例（也就是对话）有关。根据他对奎因（Quine）和戴维森（Davidson）关于语言不必是什么的解读，他发现并不存在锚定意义的"语义事实"（Rouse，2002：112，脚注 5；另见 Rouse，2002：161，脚注 1；另见 Rouse，2002：172，脚注 20）。然而，与此同时，劳斯以与刻画科学实践大致相同的方式来刻画会话实践，同样，他对什么使会话"正常进行"的解释也是如此（Rouse，2014：36-37）。但"使用历史"不能发展成一种规律主义的形式，因为语言构成了一种动态的实践，它似乎无法被预测其使用如何随着时间演变，"所谓'承诺'，即指的是与其他用法保持连续性的承诺，而不是对这种连续性的某种具体说明的承诺"（Rouse，2014：34；另见 Rouse，2014：32）。但是，该如何解读这句引用中提到的"对连续性的承诺"，而这种承诺并不体现为"对这种连续性的具体说明"？因为这似乎就是劳斯必须通过援引"适当的"回应来把握的情况。此外，"连续性"和"内置性"不能转变为"任何东西"。

　　劳斯在他所称的概念内容的"描述性"与"规范性"解释之间作了区分。之所以称为描述性解释，是因为这种观点"将概念内容视为概念使用者在具体施为中实际存在或起作用的某种东西……使用概念就是在思想中有某种东西，或是人们所做之事中因果地隐含着某种东西"（Rouse，2013：250）。与之相比，规范性解释拒绝存在任何这样的假设；没有任何规则或其他形式的表征，预先决定哪些属于或哪些不属于任何假定的概念。

　　准确地说，决定性因素涉及所讨论的施为的规范评估与理性评估。"相比之下，概念表达的规范进路把概念领域与施为和能力等同起来，其中这些施为和能力是根据理性规范进行适当评估的"（Rouse，2013：250-251；强调为我所加）。换句话说，使施为成为适当的候选因素，涉及该施为中出现错误的可能性。而这种可能性的存在与否，并不是在施为的那一刻所注定的（Rouse，2013：255）。劳斯式的概念理解体现了实践-感知技能。规范评估体现为一种独特的人类活动。规范之所以"存在"，是因为人们不断加以应用，而不是以其他方式而存在。

　　劳斯注意到，在会话中，人们通常会以一种似乎无法诉诸反思或先验表征的方式回应及应用评估。"快速、流畅的会话并没有明确地'注意到'它所表达的概念。说话者可以流利、顺畅地回应会话情境的请求，并且往往只有在说出来的时候才能发现他们要说的是什么。因此，这种会话并不是一种先入之见或者说并不涉及概念"（Rouse，2013：256）。劳斯试图证明他对概念内容的表达如何解释概念使用的另一个关键特征，即"维持其规范力量或权威"（Rouse，2013：257）。劳斯对这个问题的解决方案与内容表达的解决方案一样，重申了他为使规范变得可说明而采取的举措。"棘手的问题在于如何同时确保这些相互关系的因果作用和规范作用"（Rouse，2013：258）。劳斯的回答利用了他的基本前提，该前提假设规范由于其产生的回溯而具有不可消除性；任何关于可接受性或不可接受性的判断，都会援引它试图说明的规范立场。虽然在这里谈到德莱弗斯（Dreyfus）和托德斯（Todes），但我认为以下内容也适用于劳斯自己的观点："与世界的实践-感知互动，已经具有规范的、反思的目的论特质。"（Rouse，2013：258）。与他认为应用规范谓词假定了作为某种"元语言"的规范立场相似，所有规范的权威和力量也可以与科学实践案例一样，从自然主义上加以说明。也就是说，就像实验室生活的结果对科学家的反应构成约束但并不决定他们的反应方式一样，劳斯将这一图景扩展到人类生物体与其一般社会环境的关系上。

劳斯勾勒了他如何按照他的自然主义来想象这种情况的展开，他的自然主义认为生物体总是有判断和反思的倾向。

> 第一，从目的论上理解生物体，以在变化的环境下维持和复制其特有的生命周期模式为目标。第二，这种生命周期模式并没有将生物体的生命形式与其环境生态位区分开来，而是一种统一的现象……无论是生物体的环境，还是其"存在于"其中的特有方式，都无法独立地被充分描述。第三，……实践–知觉活动具有一种反思性而非决定性的目的论……

> （Rouse，2013：259）

这里出现的担忧涉及人们如何从一种以生物学为基础的目的论概念转向一种观念上的目的论概念，也就是人们如何从"规范"仅仅意味着这些生物体在这些条件下的行为的概念，转向劳斯也认可的关于观念内容的开放性结构的概念。

第三节 重新考察劳斯的出路

但就在这里，劳斯的论述变得异常暗淡。如前所述，理由涉及他所假定的目的论要素。如果没有这一点，劳斯就失去了独特的社会性和开放式的目的性，该目的性在生物性程序和人类行为之间作出了区分。

> 人类行为在指向一种作为生物体的确定的"谋生"方式方面，不仅仅在工具的意义上是可理解的。在人类行为的集体性、互动性和自反性的指向中，它在表达上也是可理解的，这是朝向海德格尔所说的"为此之故"。正是我们话语的实践–感知能力的自反地开放式的目的论，使我们能够让彼此和我们自己对概念上明确表达的可能性负责，而不仅仅是对周围环境的标准回应模式负责。

> （Rouse，2013：266）

但是，归因目的论是否呈现了我们自身想象之外的任何东西呢？如果没有它，关于已经存在的相互问责和利害关系的讨论则被证明是虚假的。目的论据称使规范性成为社会生活中不再是虚幻的东西。它据称是指导和授权对实践进行评估的东西，同时也指引个体施为朝向一个共同但难以言喻的目的。

两个例子有助于说明目的论的这种归责问题。其中一个来自神经学家奥利弗·萨克斯（Oliver Sacks）（Sacks，1970）。他讲述了一对双胞胎兄弟的案例，当萨克斯第一次见到他们时，他们长期以来一直被关在精神病院，因为"被诊断为孤独症、精神病或严重弱智"（Sacks，1970：195）。然而，在萨克斯之前，这对双胞胎也曾是被深入研究和审查的对象。因为，一方面，他们拥有令人难以置信的记忆数字的能力，可以记住任何长度的数字，或者计算 80 000 年跨度内的日期。但是，另一方面，事实证明这些能力也表现出自相矛盾。因为在其他任何计算能力的测试中，"他们表现得非常糟糕，糟糕到让人认为他们的智商只有 60。他们不能准确地做简单的加减运算，甚至不能理解乘法或除法的含义"（Sacks，1970：197）。然而，考虑到那些已知的难题，其算法要么是未知的，要么是极其复杂的，例如，对于确定过去或未来的随机年份的复活节日期，这对双胞胎却能够以惊人的速度和准确性给出答案。

　　萨克斯认为对我们的目的特别有趣的，是所遇到的这对双胞胎之间的一段对话。萨克斯是这样描述的：

　　　　他们似乎被锁定在一个单一的、纯数字的对话中。约翰会说一个数字——一个六位数的数字。迈克尔听到这六位数字，点头、微笑，似乎在细细品味。接着迈克尔又说了另一个六位数的数字，现在是约翰收到了，而且非常赞赏……

　　　　他们在干什么？到底发生了什么事？萨克斯对此一无所知……

　　　　一回到家，我就拿出了幂、因子、对数和素数的表格——这些都是我自己童年中的一段奇特而孤独时期的纪念品和纪念物，那时我也是一个数字迷，一个数字"观察者"，并且对数字有着特殊的热情。我已经有一种预感——现在我证实了这一点。这对双胞胎交换的所有数字，六位数的数字，都是素数。［然而］当然，他们不可能计算它们——他们什么也算不出来。

　　　　　　　　　　　　　　　　　　　　　　　　　　　　　　　（Sacks，1970：201）

第二天，萨克斯带着他那张素数表回来了。

　　　　几分钟后，我决定加入他们的对话，并大胆尝试说出一个数字，一个八位数的素数。他们两个都朝我转过身来，然后突然变得一动不动，脸上都带着强烈的专注和惊奇的神色。他们停顿了很长时间——这是我所知道的他们最长的停顿，肯定持续了半分钟或更长时间——接着，突然两人同时露出了笑容。在经历了一些难以想象的内部测试过程后，他们突然发现我的八位数是素数——这显然是一种极大的乐趣……

　　　　　　　　　　　　　　　　　　　　　　　　　　　　　　　（Sacks，1970：202）

这个新的、更长的素数不仅仅受到双胞胎的赞赏，而且成为这一博弈扩展的基础。

他们稍稍拉开了距离，为我这个新的数字伙伴腾出了空间，我成为他们世界里的第三个人。然后，约翰总是领先，他想了很长一段时间——肯定至少有五分钟，虽然我不敢动，也几乎不敢呼吸——然后，说出了一个九位数的数字；过了差不多的时间，他的双胞胎兄弟迈克尔也回应了一个类似的数字。然后，轮到我了，我偷偷地看了一眼书，加入了一个略显不诚实的"贡献"——我在书中找到了一个十位数的素数。再次出现了长时间的静默，充满了好奇与沉思；然后，约翰经过一番深思熟虑后，给出了一个十二位数的"素数"。我无从验证，也无法做出回应，因为我自己的书——据我所知，这是同类中独一无二的——没有超过十位数的素数。但是迈克尔做到了，虽然花了他五分钟——一个小时后，这对双胞胎交换了二十位数的"素数"，至少我认为是这样，因为我无法验证。

在 1966 年，除非使用一台精密的计算机，否则没有任何简单的方法……对于这种顺序的素数，并没有什么简单的方法——然而这对双胞胎却做到了。

（Sacks，1970：203）

现在，这对双胞胎在这场"素数博弈"中做了什么？人们不能说他们在识别或计算素数。他们都没有能力知道什么是素数，更不用说如何计算素数了。

为了适应这种情况，人们可以做出太多的假设，其中包括这样一个假设：无论这对双胞胎做出什么反应，对他们来说都与数字的素性（primeness）无关。因此，在任何哲学的实质性意义上，并不需要援引任何深刻的或共有的东西来解释所发生的事情。验证"适当性"的主张无非是形成一个在行为上基于如何进行对话博弈的假设。为什么要援引任何共同的东西，就需要规范性呢？[11]

因此，劳斯关于内在的和相互导向的目的论概念，有可能成为另一个关于理解和意义的陈旧且糟糕的概念的替代品。最合理的假设是那对双胞胎和萨克斯毫无共同之处。他不知道他们如何定位自己，也不知道他们是如何定位他的。

但这个案例是否就具有代表性呢？这种情况是否过于特殊，以至于不能用来反驳劳斯所认为的实践及其施为的范式？那么，考虑一个看似不同，但我最终认为密切相关的例子。著名的后现代理论家斯坦利·费什（Stanley Fish）讲述了一个事件（Fish，1980），该事件发生在他连续讲授的两门研讨课上，一门关于文学批评和语言学，另一门关于 17 世纪的英国宗教诗歌。这两个班级没有共同的学生。

费什讲述了他在黑板上列出了一些人名，这些人是他希望文学批评课的学生阅读其作品的作者。费什接着写道："两节课之间的时间里，我只做了一个改动。我在作业周围画了一个框，并在框上方写了'第 43 页'。当第二节课的学生鱼贯而入时，我告诉他们，他们在黑板上看到的是他们一直在学习的一首宗教诗，我请他们解释一下这首诗。他们立刻开始以一种……或多或少可预测的方式执行"（Fish，1980：

323-324）。也就是说，学生们对黑板上的名字进行了多种学术性的、巧妙的解读，把它们解释成一首 17 世纪的英国宗教诗。

费什通过学生们的反应来证明，"承认行动并非由形式特征引发，而是其根源所在。并不是说诗意的存在迫使人们以某种方式关注，而是说对某种方式的关注会导致诗意的出现"（Fish，1980：326）。我用费什的轶事来表明，正如认知失调理论所讲授的那样，人们很容易从字面上按照自己的预期对情境进行解读。

费什案例表明，理解人们在情境中投射的解释性内容，不需要关于规范性的特殊哲学概念。因为观察到的行为很容易用普通的方式说明。只有在假设说明必须建立在诉诸对相互导向的规范判断之偏好的基础上时，回溯论证的幽灵才会显现。但如果这一假设被证明是不可信的（根据萨克斯的说法），或者是社会学的产物（根据费什的说法），那么哲学上的回溯就不会有威胁。换句话说，劳斯需要证明，对于典型的案例来说，存在着比共同取向的表象更多的东西。

事实上，考虑到之前提到的奎因和戴维森对诉诸意义的顾虑，我的建议是双胞胎案例和费什案例实际上是语言实践的例证，也就是说，例示了一种正在进行的实验。但在这里没有必要援引某种特殊的哲学上的对正确或错误的预先识别。在我们生存的世界里，有时候假设他人也像我们一样为自己定位会有所帮助。有时这对我们有利，有时则不然。但无须任何比假设形成和检验更深层次的假设来解释这一过程。即使对于认为自己已经成功交流的人来说，时间也常常揭示出（类似于克里普克的 plus 和 quus）在某些时候理解会发生分歧，有时甚至是根本性的分歧。人们所观察到的一切都是由持续或不持续的对话组成的。

第四节　自然主义的再现

最后，我想通过将这种内在的目的论假设融入约翰·麦克道尔（John McDowell）关于如何理解塞拉斯对"所予神话"批判的担忧中，来勾勒拒绝这种假设的原则性理由，从而得出本章的结论。麦克道尔接受塞拉斯对所予性的批判，但他担心这并未揭示经验是如何作为一种理性约束而不仅仅是一种因果约束而出现的。"真正的解决方法要求我们，在不放弃经验是对思维的理性约束这一主张的情况下避免所予神话"（McDowell，1996：18）。与麦克道尔一样，劳斯希望社会作为对思维的理性约束而出现，但不想将社会实体化。

麦克道尔担心，整体主义将我们的心灵生活定位为"虚无中的无阻旋转"（McDowell，1996：11），不存在关于心灵与世界如何联系的更实质性的解释。因此，劳斯也担心，我们面临这样一种无阻旋转的社会模拟，也就是说，没有考虑到人类互动的出现实际上是如何发生的。如果对需要评估的情况不存在共同的感知，我们如何能够成功地对彼此做出可理解的回应？劳斯认为相互关联是真实的，因此需要说明。通过论证人类生物体与环境之间的规范关系，他将心灵和社会世界融为一体。对世界*和*他人的规范回应成为劳斯的"第二自然"。

当塞拉斯强调如何将任何陈述视为具有认识上的权威性这一问题时，在"经验主义和心灵哲学"这一更大的争论中就会出现一个基本举措。在经验知识的情况中，塞拉斯认为，权威从句子的表征走向句子的类型。塞拉斯在这里考虑到的是在特定"适当的"语境中表征句子的实例，例如，在良好光线下看到绿色时说"这是绿色的"，等等。这种在适当情况下的句子表征具有权威性；它们标志着一种相关的认知类型的存在。

但是，塞拉斯观察到，这种表征本身必须不依赖于任何其他知识才能作为给定之物被赋予权威性。否则，它们就不会像展现的那样发挥作用。因为如果一个假定的回溯终止者本身依赖于一些额外的经验知识，那么正当性回溯的威胁就会再次出现。为了拥有"所予"所声称的认知权威，某些句子必须表征所予的存在，但不预设其他关于必须知道什么的额外前提。这种表征必须是非推断意义上的已知，因此这种表征在这一关键方面是*自我授权的*。但是，要求语句扮演这种权威性角色会产生一种认知悖论：为了使表征具有权威性，它们不能预设其他知识，而表征只有通过预设其他知识才能具有权威性。

我们从这个角度考察一下劳斯对实践的解释。为了使任何施为能够成为一种实践的标志——从而具备接受规范评估的资格——它必须已经能够被相互识别为某种类型的行为。但是，但关于"标志"（tokening）的讨论，无论其多么不确定，只有在*假设*存在一种目的论导向的取向时，才不至于沦为个体创造性想象的产物。否则，就根本不存在任何类似"类型"的东西，也无法将评估与某种集体标准联系起来。目的论的取向构成了这种集体；没有共同的取向，就没有集体。然而，这些例子表明了为什么没有必要假定有一只神秘的、规范的、看不见的手，以某种方式约束和指导人际交往。实验或经验社会学提供了说明所需的一切。

除非导致协调活动的原因没有其他可能的说明，否则没有什么不可言喻的东西仍然存在而需要说明。毫无疑问，人们会评估他人的行为；但这并不能证明这些行为实际上标示了任何实践类型。*就生成规范性而言，没有任何集体性因素能够像某些东西的规范性那样发挥作用*（回想一下 Millikan，2010；另见 Roth，2003）。劳斯对规范性的解释被证明是针对他所提出问题的一种解决方案。实践之所以不可避免地具有规范性，仅仅是因为暗中加入了一个神秘的目的论元素。但对社会事物的说明并不需要按照劳斯所设想的那样去理解实践。

在最近的一篇文章中，迈克尔·威廉姆斯（Michael Williams）提出了类似的道德主张。"作为自然主义者，我们应该对规范持实用主义的态度。我们应该把规范看作是通过我们采取规范态度的方式而进入世界的。"威廉姆斯补充道，这一观点"并不是令人反感的'主观主义'：规范是通过社会共享的评价性实践确立的。它们不受任何人的突发奇想的影响"（Williams，2012：328）。威廉姆斯还指出了关于规范性作用的争论中尚未解决的问题，因此回到了劳斯争论的起点。

> 我的论证并不能完全证明实用主义是一种彻底的自然主义的观点。正如塞拉斯所强调的那样，我们最初如何进入规范维度的问题仍然存在……［但是］关于规范性态度突现的问题是实用主义者作为自然主义者需要回答的唯一问题。另外，规范的社会实践观表明了在哪里寻找必要的说明：在合作行为的进化中。

> （Williams，2012：328-329）

劳斯以回溯的威胁来论证合作行为的进化必须以规范立场为前提。劳斯认为，他对回溯的描述并不是恶性的，因为对于任何特定的实际规范而言，都可以找到一个说明，将这个特定的实际规范与它所处的环境联系起来。但只有形成一种标志类型关系的目的论假设，才能使这种立场表达摆脱自然主义之网。这是因为它将一种集体取向视为任何实际评估的前提和必要条件，这种取向会产生一种对利害关系和评估的共同感知，这种感知也是相互可理解的。对劳斯而言，通过一只审慎的、看不见的手引导个体，集体性是不可能出现的。为了拥有劳斯式的规范性，共同取向必须优先于任何个体策略。

劳斯认为，人类在其环境中产生的一种难以捉摸的目的论，将我们置于一个共享的理由空间中。一种已经存在的共同取向，使这个空间得以构成，并解释了为什么理由会影响我们。这种寻求对环境的集体性和创造性响应的先天倾向，解释了为什么我们在我们所做的评估中有着共同的利害关系，也解释了为什么我们所做的冗长的解释并不表示真空中无阻旋转的社会对应物。借用阿拉斯代尔·麦金太尔（Alasdair MacIntyre）对保罗·费耶拉本德（Paul Feyerabend）的一句妙语（*bon mot*），劳斯担心特纳会成为社会理论的爱默生，即一个试图要让"每个人都成为自己的耶稣"的人（MacIntyre，2006：16）。然而，劳斯并没有提供任何论证能够激发并使他的目的论假设具有说服力。

坚持将行动能力定位为仅从内部发出的叙述是富有吸引力的，因为它有望保留康德试图挽救人类能动性的一些残余。但正如劳斯为维持这一理论所做的英勇努力而揭示的，试图通过想象理由空间必须以某种方式不受彻底自然主义说明的影响，来保护能动性的各种尝试，已经变得毫无希望。劳斯的目的论假设没有提供获得说明力的真正希望。与其满足于一种表面上遮掩的康德主义，通过一些小手段避免完全暴露在科学审视之下，不如直接接受一种纯粹的自然主义。[12]

注　释

1. "作为义务的规则，社会规范带有一种要遵守的规范预期，偏离社会规范的人会受到制裁。规范也被认为比其他规则更重要……"（Peter，2011：218）。

2. 特别是，参见特纳的著作（Turner，1994，2010）及本书中的讨论。特纳本人明确将当前的规范主义狂热，视为对社会世界祛魅之反应的征兆（Turner，2010：5）。对此我表示同意。

3. 我把这两句话归功于乔·劳斯（Joe Rouse）。"我是一名自然主义者。我们总是发现自己已经处于一种环境中，这当然部分是几代生态位构建的结果，并且部分是由我们自己的活动反过来改变的，但它从来不是由我们创造的。我们在其中'成长'（即我们作为生物有机体的发育），并且在这一过程中也改变了它。"（Rouse，私人信件）

4. 正如劳斯也指出的那样，这些类型的回溯论证有多种形式（Rouse，2007a：668）。我不想过分强调与塔尔斯基语义学理论的类比。然而，这一类比生动地表达了劳斯观点的哲学核心，即任何对规范的解释都假定了某些已经做出的规范区分。

5. 我这样表述是受到了劳斯对我的评论的启发。

6. 在将焦点转向实践的过程中，被说明项成为各种类型的社会协调行为的组成部分。在这种情况下，使这些行为成为我们对象的关键在于一种识别的概念，这一概念也必须被理解为，或者说被认为是无法回避的规范性概念。因为实践的本体论预设了一种识别的概念，这个概念"与回应不同，是一种规范性概念；它可能会误认某些东西，使其出错……只有当某种确定的东西被认为是普遍接受的时候，才会存在识别它对错的问题；只有当这种东西决定了正确或错误时，识别的对象才是确定的"（Haugeland，1993：57）。在我阅读这段话时，斜体字的"它"指的是一些活动，例如下文将在实践的标题下讨论的内容。专注于规范作为"创造"特定类型的对象（例如博弈），标志着豪格兰德和劳斯所采取的一种特定的海德格尔式取向。豪格兰德以下列方式来解释这个问题。"'你一眼就能看出来'这句话的真正含义在于：识别本质上是一种技能……更一般地说，如果一个更大的排列模式对其元素的领域是构成性的，并且是熟练的实践者所坚持的，那么它可以引发规范，这些元素本身可以通过这些规范成为认知模式。也就是说，这些元素可以作为其自身识别正确性的标准，从这个意义上说，也可作为对象"（Haugeland，1993：62）。模式在熟练的实践者手中变成对象的模式；但模式识别仍然是一个不可避免的规范性元素，该元素部分属于实践者的技能，尽管这种技能的实践依赖于对世界模式的感知。

7. 回想一下，上文讨论的劳斯对科学活动的描述，由于其"未来"取向，明确包含了目的论元素。

8. 我应该把这种说法归功于乔·劳斯（Joe Rouse）。

9. 正如戴维森以"乱语"为例所进行的著名论证那样，其认为即使在不存在共同结构的情况下，意义仍然占主导地位。特别参见劳斯著作（Rouse，2002：第3章）。

10. "适当的"这一术语，我认为是劳斯最喜欢的规范术语。例如，参见他的评论："根据对这一概念的认识，实践是通过其构成性施为之间的相互作用来维持的，这些施为表达了它们之间的相互问责。根据这种规范的实践概念，一种施为是否属于某种实践，取决于将其视为该实践的正确或错误的施为并对其承担责任是否是适当的。"（Rouse，2007b：3）劳斯还使用该术语来描述布兰顿的某些话语规范的概念（例如，Rouse，2002：195），他后来明确支持布兰顿对这一方面的解释（例如，Rouse，2002：260）。事实上，如果劳斯自己频繁使用诸如"问责"和"责任"之类的术语，并不与任何"适当性"所指的含义联系在一起，或者也不是其大致的同义词，如果任何东西都可以算作"负责任的"或"适当的行动"或"可被问责"，那么我完全无法理解所谓的"规范性"到底意味着什么。

11. 密立根（Millikan，2010）有力地反驳了这样一种观点，即必须援引类似于劳斯的社会目的论观念或适当性观念来解释共同语言。"基本的经验术语是以如下方式习得的，即这种方式不会传递给学习者任何特定的思维方式或识别这些术语外延的方式，而只是在具有多种方式的自然结合的外延上，将某种理解或者其他方式（也许完全是异质的）传递给学习者"（Millikan，2010：44）。或者再说一遍："总而言之，在应用中所达成的一致性，也就是在用许多属性和种类术语表达的判断中所达成的一致性，既与自己一致，也与他人一致，……是一个经验问题，其依赖于自然规律和自然中的聚丛、圆丘和群峰……正是因为这种凝聚才在实践中产生了足够多的一致性，来协调共同感兴趣的项目中这些术语的发言者和听者，从而使这些术语继续流传下去"（Millikan，2010：63-64）。

12. 感谢马克斯·德尔·马尔（Maks Del Mar）、迈克尔·希克斯（Michael Hicks）、马修·马古利斯（Matthew Margulis）、马克·里斯乔德、乔·劳斯和斯蒂芬·特纳对本章早期草稿的评论。

参 考 文 献

Finlay, Stephen. 2010. Recent Work on Normativity. *Analysis*, 70: 331–346.

Fish, Stanley. 1980. How to Recognize a Poem When You See One. In *Is There A Text in This Class?* 322–337. Cambridge, MA: Harvard University Press.

Haugeland, John. 1993. Pattern and Being. In *Dennett and His Critics*, edited by Bo Dahlbom, 53–69. Cambridge, MA: Blackwell.

MacIntyre, Alasdair. 2006. Epistemological Crises, Dramatic Narrative, and the Philosophy of Science. In *The Tasks of Philosophy: Selected Essays*, volume. 1, 3–23. Cambridge: Cambridge University Press.

McDowell, John. 1996. *Mind and World*. Cambridge, MA: Harvard University Press.

Millikan, Ruth Garrett. 2010. On Knowing the Meaning, with a Coda on Swampman. *Mind*, 119: 43–81.

Nozick, Robert. 1981. *Philosophical Explanations*. Cambridge, MA: Harvard University Press.

Peter, Fabienne and Kai Spiekermann. 2011. Rules, Norms, and Commitments. In *The Sage Handbook of The Philosophy of Social Sciences*, edited by I. Jarvie and J. Zamora-Bonilla, 217–239. Thousand Oaks, CA: Sage.

Roth, Paul A. 2003. Why There Is Nothing Rather Than Something: Quine on Behaviorism, Meaning, and Indeterminacy. In *Philosophy, Psychology, and Psychologism*, edited by D. Jacquette, 263–287. Dordrecht, The Netherlands: Kluwer.

Roth, Paul A. 2006. Naturalism without Fears. In *Philosophy of Anthropology and Sociology*, edited by S. Turner and M. Risjord, 683–708. Amsterdam: Elsevier.

Rouse, Joseph. 2002. *How Scientific Practices Matter: Reclaiming Philosophical Naturalism*. Chicago: The University of Chicago Press.

Rouse, Joseph. 2007a. Practice Theory. In *Philosophy of Anthropology and Sociology*, edited by S. Turner and M. Risjord, 639–681. Boston: Elsevier.

Rouse, Joseph. 2007b. Social Practices and Normativity. *Philosophy of the Social Sciences*, 37: 1–11.

Rouse, Joseph. 2009. *Haugeland on Biological and Social Conceptions of Intentionality*. Unpublished paper presented to the International Society for Phenomenological Studies, Pacific Grove, CA. Cited with permission of the author.

Rouse, Joseph. 2013. What Is Conceptually Articulated Understanding? In *Mind, Reason, and Being-in-the-Word: The McDowell-Dreyfus Debate*, edited by J. K. Schear, 250–271. Oxon: Routledge.

Rouse, Joseph. 2014. Temporal Externalism and the Normativity of Linguistic Practice. *Journal of the Philosophy of History*, 8: 20–38.

Sacks, Oliver. 1970. *The Man Who Mistook His Wife for a Hat and Other Clinical Tales*. New York: HarperCollins.

Turner, Stephen. 1994. *The Social Theory of Practices*. Chicago: The University of Chicago Press.

Turner, Stephen. 2005. Normative All the Way Down. *Studies in History and Philosophy of Science*, 36: 419–429.

Turner, Stephen. 2010. Explaining the Normative. Malden, MA: Polity Press.

Williams, Michael. 2012. Pragmatism, Minimalism, Expressivism. *International Journal of Philosophical Studies*, 18: 317–330.

第五章
社会规范主义

雅罗斯拉夫·佩雷格林（Jaroslav Peregrin）

第一节　我们需要规范来解释人类社会吗?

　　规范性（Normativity）是当代哲学讨论中的关键词之一。显然，哲学不仅涉及事实，而且关涉规范（尤其是在伦理学中）；然而，越来越多的当代哲学家主张，即使是在那些表面上规范并非核心关注的哲学领域，例如语言哲学或心灵哲学，也存在各种"规范维度"。

　　然而，并非所有人都赞同这种对规范性的热情。例如，在语言哲学中，"规范主义者"和"反规范主义者"就意义的规范性进行了激烈的讨论。[1]尽管我认为在语言哲学和心灵哲学中这一讨论更为广泛且更加深入，但在对人类社会进行哲学解释与科学解释的语境中，一种类似的关于规范性的讨论已经展开。我们在说明社会如何运行的时候，是应该像自然科学家描述蚂蚁在蚁丘中的行为那样，或者描述原子中粒子的行为那样，仅仅陈述与社会成员的行为有关的事实，还是除此之外需要诉诸某些"规范事实"?

　　斯蒂芬·特纳是当代社会科学哲学的领军人物之一，在其新近著作（Turner, 2010）中，他较为清晰地概括了反规范主义者的主张与论点。他的核心主张是，要为人类社会做出解释，我们无须超越揭示一般因果关系和一般事实的一般社会科学的范畴。他否认我们需要任何科学之外的手段，来揭示存在于因果事实之上的规范事实。因此，在他看来，整个规范主义运动只不过是小题大做。特纳在他的书中主张，"规范事实构成了一般事实世界中的断裂"（Turner, 2010：9）。规范事实并不能纳入"一般说明之流"。简言之，"规范性是一个非自然的、非经验的东西的名称，其被认为是必然的、内在的，并且在某种意义上解释了实际情况（the actual）"

（Turner，2010：5）。

　　近来哲学家对规范性的关注，可能会导致对社会的哲学解释陷入将"规范"（the normative）视为神秘领域的泥沼，这种担忧是可以理解的。然而，我认为，并不是每个强调"规范"（即规则或规范）对于"社会"（the social）而言具有重要性的人都是神秘主义者。因此，虽然我完全同意，在说明社会（或者说无论什么）现象时，我们应该避免任何神秘的事实，还应该避免在一般说明之流中出现断裂，而且我也同意，特纳在他的书中讨论的一些哲学家，可能至少在某种程度上有意或无意地涉及一些可疑性质的事实，但我认为特纳低估了规范性在解释人类社会以及人类作为社会动物方面所能发挥的作用。

　　在下文中，我以特纳对规范主义批判的讨论为出发点，对我所说的社会规范主义（social normativism）做出积极的解释。我将主张，这一立场不仅不与人类社会的科学解释相冲突，而且从根本上讲也是不可或缺的。为了得出这一结论，我将首先以更具区分性的方式，探讨特纳在单一立场上提出的规范主义者的观点；我试图表明，并非所有规范主义者的观点都犯了特纳所指责的过错。

第二节　规范主义被解构了吗？

　　特纳刻画了规范性被要求进入人类现象和社会现象从事说明的方式，并指出这如何与一般科学说明相冲突，如下所述[2]：

> 　　规范事实的背景是一般的，涉及作为一般说明之流的一部分的各种事实。这些事实没有任何约束力、强制力或限制力。所以，这些新的规范事实构成了一般事实世界中的断裂。然而，规范产生于一般事实：意义、义务、理性等，通过行为、学习等而产生，但又具有规范的特殊附加属性：约束性、强制性等。规范一旦建立起来，就会对行为产生影响。它们不会直接导致行为，而是规范地调节行为，具体规定了（specifying）何为正确表述某物的方式，一个人拥有哪些义务，因他人有意义的行动对他人负有什么责任，以及他人对这些行动作出回应的哪些行为是正当的。
>
> （Turner，2010：9）

　　在这种情况下，"规范主义者"（＝声称规范性对于说明社会现象不可或缺的人）很容易与"科学家"（＝提出一般科学及其因果说明就足够了的人）发生冲突。特纳主张，社会科学家能够描述人类社会和人类事务的多样性及其多元性；但他假设，规范主义者会声称，所有这些仍然不能真正描述规范现象，因为这些超越了对偶发事件的任何描述。然而，特纳认为，规范性概念本身（更不用说诸如真理、理性等概念）在很大程度上是我们特定社会的产物，因此它并未被合理地视为对社会的

"超越"。

特纳声称，不同的人类群体有着组织其事务的不同方式，这些方式通常包括什么应该做或不应该做，什么是允许的或什么是禁止的，或者某些行为会产生什么样的影响；这是社会科学可以很好解释的事实。特别是，特纳声称，我们通常可以看到相异共同体遵循某种"折中理论"（Good Bad Theories）——"其意在指明，就某个特定环境中的一组特定的、含糊的目的而言，它们是好的理论；但如果我们考虑将它们视为任何事物的充分说明，或者视为原始说明，这种原始说明借助一点经验的检验和一些小的修正就可以变成真正的说明，在这样一种考虑的意义上，它们就是一种坏的理论"（Turner，2010：43）。（因此，这种理论，虽然以我们的科学标准来看不正确，因此是"错误的"，但它是出于为组织或协调社会而服务的目的，因而是有用的——"好的"。）特纳声称，除了这些之外，不需要任何规范性的概念，特别是不需要任何超越人类群体的规范性，也不需要任何为"绝对"正确性奠定基础的规范性。

顺便提一下，我想指出一个关于特纳在使用"因果机制"和"一般说明之流"这两个概念时存在的问题。特纳在使用这些词时，似乎并不认为它们是狭义上的因果说明——即用自然科学的因果规律进行简单的说明。特别是，即使是特纳最喜欢的社会科学中"好的"说明的例子，用他的"折中理论"来说明，似乎也未能完全符合这个标准。存在于社会中的理论与社会成员的行为之间的因果关系是什么？[3]事实上，用因果术语来说，社会*拥有*理论，这意味着什么？（看来，用纯粹因果术语来描述社会的这种状态，只能用共同体成员的大脑状态来描述；显然，这种非凡的描述超出了我们的理解范围。）[4]

特纳接着考察了他所称的某些规范主义者的"宗教激进主义"（Fundamentalism），这"涉及如下主张：除了我们自己的观点之外，其他所有观点都是错误的，并根据我们自己偏爱的理由，比如对我们自己观点的反思性、自我验证性分析，来为这一主张辩护"（Turner，2010：47）。特纳对此不屑一顾，声称这一主张"依赖于一套基本上都是虚构的手段，如心灵之眼对理性指令敞开的观念"，而且它"未能产生它所承诺的结果，即客观的规范性结论"（Turner，2010：59）。

总的来说，特纳确信，当前的规范主义实际上延续了社会学家所假设的各种集体对象（集体意志、群体意向、客观心灵等）的遗产，特纳认为这些都是虚构的。与此相反，特纳认为：

> 集体主张不是基于……某种原始的、前概念模式下的"群体意识"，而是基于一套关于群体的成熟观念——如果你愿意，可以说是一种关于国家、种族等存在的理论。这些观念都是折中理论。
>
> （Turner，2010：136）

　　我认为，一个完整统一的社会群体拥有"自己的思想"（own mind）这一说法并没有太大的争议；在某种意义上，我们可以说共同体"拥有"某些观点，"向往"某些事物或珍视某些"规范"。同样，出生于共同体（或从外界融入共同体当中）的新成员，要成为该共同体真正不可或缺的成员，必须适应这种"群体思想"，必须以某种方式使他们的个体思想适应于共同体，这也是合理的。一些哲学家最近从心理学中借用的术语是*社会认知*[5]（但在很多语境下，旧术语"文化"也可以使用）。

　　富有争议的是，这种社会认知的地位，以及它与社会个体成员的认知之间的关系。一种极端的观点认为，谈论"社会认知""群体意识"等无非是一种说法（*façon de parler*），可以还原为谈论个体思想：社会层面上的任何变化都只是个体层面上变化的聚合体。另一种极端的观点认为，"社会认知"或"文化"是完全独立于个体层面的东西：不仅不受个体层面所决定，反而是社会层面决定个体层面。（在这两个极端观点之间，有一种中间观点愿意承认社会层面某种程度的自主性，但认为其并非完全独立；在这里，我们可以找到诸如"随附性""突现"等标志性概念。）

　　图比和科斯米德斯（Tooby and Cosmides，1992）很久以前就严厉批判过后一种极端观点，并且该观点一直以来都在遭到类似的批判；而从本质上讲，特纳的批判主要针对的也是这种观点。这些社会科学家认为，本质上具有误导性的，就是将一般实在（由事物、人及其属性和关系组成）视为被某种社会、文化或集体实在层所覆盖，该层不受底层的影响，但对底层产生影响。一个有科学头脑的理论家为什么会对这样的图景感到厌恶是可以理解的；而一些探讨规范的哲学家确实也没有避开这一点。

　　然而，在本章中我想指出的是，强调规范性在人类事务中作用，可能不仅仅是一种陷入这种图景的方式（我同意我们应该抵制这种做法），而且也是一种阐明个体层面和社会层面之间社会实在和社会认知的错综复杂关系的手段。我认为，而且我将论证，正是某种"社会的"规范主义可能会有助于我们牢牢把握这种关系，使我们能够将其解释为一件重要的，不过并非神秘的事。

第三节　各种规范主义

　　我们已经看到了，特纳最基本的担忧是规范性可能会将某种神秘主义带入科学。这种担忧是可以理解的。然而，特纳认为，捍卫这类观点的人——他称之为规范主义者——他们的范围太广了：包括科尔斯加德（Korsgaard）、奥尼尔（O'Neill）、克里普克（Kripke）、大卫·刘易斯（David Lewis）、博戈西（Boghossian）、塞拉斯（Sellars）、麦克道尔（McDowell）、布兰顿（Brandom）、豪格兰德（Haugeland）、劳斯（Rouse）等人；这种包容性必然迫使特纳将"规范主义"视为一种普遍的学说，这与他所列出来的许多学者的观点相去甚远。事实上，正如特纳自己所声称的那样，"规范主义的纯粹多样性蔑视任何试图击败它们甚至使它们彼此一致的尝试"（Turner，2010：67）。但我认为，这只能说明一种事实，即把所有的思想家都召集到一个共同的旗帜下是有问题的。特纳批判的最直接的对象是被他称为"宗教激进主义者"的那些人，也就是那些声称存在"绝对"规范性的人，这种"绝对"规范性是独立于人类群体的任何偶然事实的规范性。

因此，宗教激进主义可以被视为主张存在一些非因果的但又具有因果效应的力。以这种方式来描述，它很可能看起来像一种没有人愿意赞同的学说，但正如特纳在书中所指出的那样，事实上，这种观点至少隐含在一些哲学家的观点中。我们可以同意特纳的观点，即这不是我们应该接受的观点；然而，我的目的是表明，有些规范主义的版本在这个意义上并不是宗教激进主义，因此这些版本值得认真对待。

因此，我们将要捍卫的规范主义的切实可行版本与特纳所拒绝的观点相一致，即拒绝存在任何超越人类群体的社会力量的规范力（normative force），但是，这一版本同意如果我们能够谈论规范力、规范事实或规范说明，那么所有这些都必须以社会事实为基础，而社会事实反过来又建立在有关形成社会的个体的因果事实之上。然而，社会是如此复杂的实体，由其成员之间复杂且受反馈驱动的互动而联系在一起，因此我们可以预期，这些实体的组织将会给我们带来特定的问题，这是我们在其他地方不会遇到的。

首先，考虑以下两种情况。

场景 1：一群人在操场上踢球。没有任何规则。

场景 2：和以前一样，但现在这些人都按照某些规则踢球；这些规则可能是足球的常规规则，也可能是他们在一些以前的比赛中制定的规则。（这些规则不需要写下来，而且可能是开放式的——可能会有一些情况不在规则覆盖范围之内，当这类情况发生时就需要进行协商。）

参加场景 1 中的比赛似乎并不太吸引人；与此相反，参加场景 2 中的比赛要有趣得多。只有在后一种情况下，你才能进球得分，制定进球策略，赢得比赛，当然，也可能输掉比赛。所有这些都使比赛这件事情成为许多人觉得非常愉快的事情。而所有这一切之所以成为可能，是因为与前一种情况不同，在后一种情况下，比赛是由规则控制的，我们可以说，与场景 1 不同，场景 2 具有一种*规范维度*。

现在，规范主义者可能会主张，我们人类的大多数行为都具有这种规范维度；事实上，我们人类物种特有的大多数东西都以某种方式预设了我们生活的各种规范维度。具体来说，正是已有的有意义的对话和我们人类特有的思维方式（通常被称为*理性的*或*概念性思维方式*）由某些规范框架所构成，就像只有在规则框架内你才能进球一样，也只有在某一规则框架内，你才能断言某物是其所是或持有相应的信念。

毋庸置疑，为我们的言谈或理性思考奠定基础的规范框架不能像足球规则那样明确。因此，规范主义者的主张涉及我们可以建立隐含的规范框架，也就是说，这些框架并不是明确商定且成文的规则，而是隐含在我们行为中的规则。（请记住，区分场景 1 和场景 2 的规则并不需要被编入法典，甚至不需要明确地达成一致——它们可能仅仅基于习惯性的同意，将某些比赛方式视为错误的，并据此行事。）

可能没有人会否认规则在人类事务中起到了一些重要的作用；因此，这一事实不太可能成为规范主义者和反规范主义者之间争论的焦点。反规范主义者很大程度上可能会对以下两点提出异议。

（1）人类事务的规范维度是无所不在的。

（2）规范维度的存在会危及自然主义。

让我们先考虑（1）。反规范主义者的主张是，规则在人类事务中的作用并不是真正的核心。反自然主义者可能会否认信念和语言是规范的。从这个角度来看，规范（norms）是人类社会组织的一种相对较新的产物，它们的形成是因为社会成员（明确地或隐含地）达成一致，因此，从人类群体及我们作为其成员的角度来看，规范只是一种较高层次的社会建构，其重要性不过是表面的。

那么，规范主义者为什么会坚持认为，即使是断言或信念也需要一个规范框架，因此规范的维度不仅涉及人类社会生活的某种上层结构而且还涉及其基础呢？对这个问题的详尽回答将会相当复杂的，它将远远超出本章的范围［布兰顿 1994 年出版的著作（Brandom，1994）给出了非常详细的讨论；我已经在许多地方讨论了规范语义学的基础——特别是参见 Peregrin（2012b，2012c，2014）］。但是，从根本上来说，答案是，规范主义者认为没有任何可行的替代方法来解释意义现象和内容现象，而这两种现象对于人类语言和人类思想都是至关重要的——特别是规范主义者认为没有任何可供选择的自然主义的解决方法。

规范主义者确信，基于诸如象征（standing for）或表征（representing）关系的意义（meaning）与意义性（meaningfulness）的传统解释，必然无法对这些基本关系给出一种令人满意的说明（这样传统解释就可以避免"一般说明之流中出现的断裂"）。相反，规范主义者指出，使某种声音成为有意义的表达的机制，与使一块木头成为国际象棋棋子（例如骑士①）的机制具有相同的本质——正是对一系列特定规则的从属，使得一块木头获得了某种角色；同样，也正是对一系列特定规则的从属，使得某种声音获得了某种角色，我们称之为声音的意义。考虑到几乎没有人会质疑国际象棋棋子的存在是非自然主义的，从而认为它是虚幻的，因此，对有意义的表达的类似解释似乎也是毫无问题的。

---

① "骑士"指国际象棋中的棋子，类似于中国象棋中的"马"。——译者注

第四节　弱社会规范主义

我把这种规范主义的版本称为*社会规范主义*，这种规范主义假设除了来源于社会并因此源自社会中个体互动的规范性之外，没有其他种类的规范性。因此，社会规范主义并不是特纳意义上的宗教激进主义；它并未假设任何具有因果效应的非因果力，也未假设任何独立于因果事实的规范事实。

现在让我们转到前文提到的第（2）点，也就是社会规范主义在多大程度上与自然主义相容的问题。反规范主义者会声称，规范的存在就像任何其他更高层次的社会结构的存在一样，比如仪式、体育运动、音乐或金融市场，当然不会发生这种危及自然主义的冲突，因为这些现象都不过是各种个体意向、信念和利益交织的产物，用自然科学的语言进行分析可能很困难，但并非完全不可能。

我并不认为可以理所当然地将我们所讨论的规则的描述层次，还原到更直接的科学讨论的层次（也许是物理学语言？）。想象一下，有人想让你说明什么是足球：你可能会从阐明（一些）足球规则开始（继续谈论这项运动的社会角色、球员及其在比赛中的角色、赢得比赛的策略等）。我们是否可以用某种物理实在（也许是关于球员和／或其他相关人员的神经系统和大脑），来代替关于规则的讨论？显然不行。考虑一下这样一条规则：*除守门员外，任何球员都不能用手触球*。[6] 用物理学术语如何表述这条规则呢？我们或许可以尝试这样说：*无论谁用手触球都将受到处罚*。但该说法一方面并非正确（裁判可能没有注意到），另一方面与预期的还原相去甚远（其中包含*处罚*一词，还需要进一步被还原）。反规范主义者可能会承认，尽管很难想象我们真的能够进行这种还原，但原则上这种还原肯定是可能的。

规范主义者给出的回应可能是，"原则上"这一说法是值得怀疑的，使用它会有接近恶性循环的危险。因为如果我们根本不可能进行还原，那么我们怎么知道它"原则上"是可能的呢？你可能会想到一个"答案"：怎么会不可能呢？当然，这个"答案"本身依赖于我们想要建立的同样主张，即一条非经验的（形而上学的？）原则：一切存在的事物都必须可以这样描述。

但我们先不争论这一"原则上的可能性"（尽管规范主义者为了明确起见可能想记录这样一个事实，即虽然我们不否认"原则上的可能性"，但并不意味着它就是成立的）——我所说的弱社会规范主义仅仅是在强调事实上的不可还原性。[7] 特别是，它基于如下主张：

a. 规则以及我们所说的规范维度，对于我们人类所做的许多事情来说是至关重要的，以至于如果不给予它们应有的关注，就不可能将人类作为社会存在来分析；[8]

b. 尽管可能没有理由拒绝如下主张，即任何关于规则的说法以及什么是正确的说法在原则上都是可还原的，但这种还原并非实在论上的还原，因此规则必须包含在人类社会生活的许多基本说明中。

弱社会规范主义很可能宣布与（特纳式的）反规范主义停止争论。反规范主义者可能会继续声称，所有社会现象根本上都是因果的，而弱社会规范主义者会迅速补充说，尽管从某种意义上讲这是正确的，但实际上没有任何还原是可行的，因此我们需要一种中介语言，这种语言带有规则之类（实际上）不可还原的概念。对于上述两者停止争论的详细阐述，可能会用到"突现""随附性"之类的词语。因此，弱社会规范主义者声称，我们人类已阐释了极其复杂的机制，其功能如此多面、个体间的相互联系又如此紧密，以至于我们已无法尝试将自身描述或者理解为一种机制。（比较一下，通过思考计算机内存中运行程序的"1"和"0"模式，来尝试理解国际象棋程序。请注意，即使短语"程序运行"或"1 和 0 的模式"也可能被视为非自然主义的描述——毕竟，唯一会发生的事情只是电势的涌动……）我认为，有必要以一种并不适用于描述我们世界其他方面的术语来研究社会实在的某些方面。

第五节　强社会规范主义

然而，除了弱社会规范主义之外，我们还可以思考其更强的版本，根据这种版本，规范主义主张更具实质的不可还原性，而不仅仅是事实上的、实践上的不可还原性。强规范主义者坚持认为，在某种意义上，我们为说明某些社会现象而需要提供的某些规范主张，是不可还原为非规范主张的，对非规范主张来说这是一个原则性问题。为了阐明这种意义，我们考虑以下这个例子。

想象一下，当观看一场足球比赛时，我注意到，一个前锋本可以跑向对方的球门并可能进球，但他却停了下来。我问旁边的观众："他为什么没有冲向球门？"他回答说："那会越位！"毫无疑问，这是一个合理的说明。现在，这种说明可以被认为是规范的，而且不仅仅是从一个意义上来说。

这些意义是什么呢？首先，"越位"是一个纯粹的规范问题，因为它只存在于足球规则之中。这是由规则赋予的处于某一位置的球员的一种状态。因此，这与球员是否肥胖、动作敏捷或者奔跑不同。其次，它通过引用球员做出某个行为的*理由*来说明球员的行为（而不是指出其行为的原因）。最后，可能我的同伴所说的话不仅援用了规则和球员的理由，而且还提醒我，我们身处"足球世界"：因此规则对我们有效，我们必须把规则视为理所当然的——球员的行为不仅是可理解的，而且是*正确的*。

例如，在我看来，布兰顿是我定义的社会规范主义者，他坚持认为规范习语（normative idiom）不能还原为陈述性习语。说杀人是不正确的（或者说人们不应该杀人）不能翻译成*在我们的社区里有一条禁止杀人的规则，或者如果你杀了人，你*

会受到惩罚，或者任何类似的表述。因此，只要我们需要在说明中使用这种规范习语，就会使得我们的说明在上述意义上具有不可还原的规范性。那么，我们需要使用这种规范习语吗？

先考虑第一种情况。在提到越位时，我们是否需要使用一些规范主张呢？显然不需要。但如果有人问什么是越位呢？我们可能会描述"越位"这个术语所指的情况（当一名球员接到他队友的传球时，传球瞬间他比球以及倒数第二个防守球员离对方球门线更近……）。这难道不是对这一情形的一种纯粹"自然主义"描述吗？值得注意是，我们的说明必须以所有这些都发生在一场足球*比赛*中这一假设为框架，也就是说，必须以足球规则是有效的这一假设为前提。当我们说（或假设）这些时，我们实际上是在说（或假设）许多事情应不应该做是基于其*正确*与否而言的（例如，场上球员不应该用手触球等）。值得注意是，如果完全相同的情境，甚至在同一块场地上、同一群人之间发生，但没有这个框架（比如说，比赛已经结束，球员们还在球场上，其中一人随意地踢开了球），这就不是越位。

因此，这种对什么是越位的描述，本质上涉及规范习语吗？反规范主义者可能会反对说，虽然在这种情况下，提及规则及其所支配的行为规范（proprieties）可能是有必要或至少是合理的，但我们可以用纯粹非规范的术语来做到这一点。*仅仅提到这一事实就足够了，即共同体遵循这样或那样的规则。*因此，如果我们不考虑用因果术语来具体说明共同体遵循特定规则或者规则对其成员有效的确切含义，那么我们似乎只是陈述了一个事实。

上述有关说明的第二个规范维度，即我们给出*理由*这一事实又是什么呢？理由这一概念是规范的，因为它引用了对理性的人来说应该具有说服力的事实或信念。所有的一切都取决于能否解释清楚这种"应该"（也许作为一种工具性的说明，"应该"可以还原为，*如果不这样做，那么很可能会产生一种不希望出现的结果*）。反规范主义者可能会坚持认为，说某人出于一种理由做某事，这种说法可能被视为某种更长的因果说明的一种简化表述。

这就让我们把上述说明的第三个规范维度作为关键点；事实上，我认为这一点是至关重要的，因为在某种意义上，前两个维度的相关性可以归结为它们隐含地包括第三个维度中的明确内容——一种超越了仅仅是陈述的认可要素。（如果我们仅仅陈述社会成员遵循［他们所说的］规则，某些他们感知为实在的部分是通过坚持这些规则建立的，以及他们根据［他们所说的］理由来决定做什么——所有这一切对社会的任何一种规则的有效性都保持完全中立，那么或许反规范主义可以被证明是合理的。）

现在，除了上文的 a 和 b 之外，我所说的强社会规范主义还具有以下特征：

c. 关于什么是正确的或什么是应该做的讨论，不能还原为非规范的讨论，甚至"在原则上"也不能还原为非规范的讨论。

第六节　规范习语

通常，说明由陈述某些事实的陈述句（declaratives）组成。为什么魔术师能把兔子从他的帽子里拉出来？因为兔子藏在他的长袍里，他用魔杖分散观众注意力的同时把兔子移到帽子里。因此，如果某种说明在不可还原的意义上是规范的，也就是说，除了一般陈述句之外，还包括一些不可还原为陈述句的"规范性陈述"（normatives），那么我们似乎就不得不回到这样一种的假设上，即有一些不可还原为因果事实的"规范事实"。我认为，从某种意义上说，这是正确的；然而，在另一种意义上却并非正确。要理解其中的原因，我们必须更仔细地审视规范性陈述。

可以想象这样一种说明，其未能将规范习语还原为陈述习语，它可能使不可还原性变得微不足道。也许规范的声明构成了一种不同于陈述句的言语行为，因此它们不可翻译成陈述习语是显而易见的——毕竟，谁会怀疑疑问句（interrogatives）和祈使句（imperatives）不能翻译成陈述句呢？

事实上，我认为声称应当做（*ought to be done*）某事或者声称应该做（*should be done*）某事的句子，可以使用在一种不同于纯粹陈述的模式中，这些句子可以用来执行一种与断言不同（尽管有些类似）的言语行为。发布这样一个"规范"，例如，说杀戮是错误的，可能并不（仅仅）意味着陈述一个事实，而且还涉及表达支持（反对），甚至是提出建议。在我看来，这解释了为什么规范性陈述与一般陈述句相似，这些规范性陈述可以说是"将成为"陈述句：它们会在其他人支持的条件下阐明存在的内容。如果我说杀戮是错误的，那么我就是在提议要建立杀戮是错误的观念，如果其他人同意他们的规范态度，那么杀戮确实是错误的。如果我作为一名足球运动员，声称球员不应该用手触球，那么如果其他足球运动员的态度与我的态度产生共鸣，则用手触球确实是错误的行为。

因此，在这种模式中使用的规范性陈述构成了特定的言语行为，其旨在将我们人类事务投射且延伸到未来。但是没有一个单独的说话者能够确定这种延伸的过程；这是一种公共的事务。

因此，单一规范代表着一种已经提交且有待审议的提议，直到它与足够多的其他社会成员的行为产生共鸣，使之被接受，否则它就会在缺乏这种共鸣的情况下逐渐消失。（为什么我们要使用规范性陈述？为什么要使用这种接受/拒绝提议的间接方式，而不是以明确的提议、评估和接受/拒绝的方式来做所有这些？明确的提议、评估和接受已经预设了一个规范框架，因此不能普遍用于建立该框架。）

因此，规范性陈述就是我所说的合作的施为句（*cooperative performatives*）。它们就像奥斯丁式的施为句（Austinian performatives），因为这些句子可以通过宣称而为真，但与奥斯丁式的施为句不同的是，这些句子只有在共同体中得到相当数量的成员支持时才能为真。从纯理论上讲，我们可以设想，所有支持者先会面并就支持达成一致意见，然后提名一位代表，由代表为他们所有人进行一个（奥斯丁式的）宣称；但由于这是不可行的，所以该机制是这样的：个人贡献常常被提出作为合作的陈述句（cooperative declaratives），这种合作的陈述句看起来像是在陈述一个事实，然而，其可能仍然只是处于一种潜在状态。

这就导致了这样一种情况：我们甚至认为规范性陈述与陈述句足够接近，就可以判断其真假。这使规范性陈述与疑问句或祈使句有所不同，更像某种特定类型的陈述句，比如虚拟条件句。虽然像"布拉格人是有礼貌的"这样的句子的真值可能被视为句子与世界之间的简单对应问题，但"如果布拉格人是有礼貌的，那么那里会有更多的游客"这句话的真值则是一个更为复杂的问题。而"布拉格人应该是更有礼貌的"这句话的真值，则是一个更不直接的问题（如此不直接，以至于最好完全将这类句子排除在我们的*陈述性句子*范畴之外）；然而，这类句子仍然被认为具有"适真性"（truth-apt）。这也是能够引起我们的兴趣，并且在某种意义上甚至可以合理地谈论规范事实的原因。

我还应该补充一点，除了我刚才讨论的解读之外，规范性陈述也可能有一种纯粹描述性的解读。这两种解读对应于分别采取的立场，我们可以用一个恰当的隐喻称之为与规范有关的"内部"规则与"外部"规则。置身于规则之外意味着以一种"脱离"的方式将其描述为事实；而身处规则之中意味着参与其中，接受并支持规则。[9]

反规范主义者这时可能会说，只有从外部的角度来描述规则才会引起社会理论家的兴趣，而且，无论如何，只有这种视角才能为科学所用。使情况复杂化的是，人类的思维、言语和行动都预设了一套规则框架。这不可避免地降低了仅从外部处理所有规则的要求。即使有可能脱离任何特定的规则体系，也很难同时脱离所有这样的体系（至少不会回退到非人类的水平）。[10]我们甚至不清楚，是否真的能脱离我们事实上所身处其中的每一个规则体系。

而且我们还应该补充一点，即使脱离所有规则体系是没有问题的，我们仍然有如下理由关注它们"从内部"看是什么样的：我们确实一直生活在这些体系当中，因此要理解人类的困境，这一"内部"就不应该超出我们关注的范围。

第七节　规范主义重建

威尔弗里德·塞拉斯（Willfrid Sellars）是最早的规范主义者之一（虽然不是最重要的规范主义者），他提出了一个著名论断："在描述和说明世界的维度上，科学是衡量万物的尺度，是衡量万物是什么的尺度，是衡量万物不是什么的尺度。"

（Sellars，1956：第九部分，41）就这一点而言，塞拉斯是一位忠实的"科学家"。然而，他认为，除了世界的"科学映像"（即由时空的、因果相互作用的对象所构成的映像）之外，还有一种他称为"常识映像"的东西，它既不能还原为科学映像，又不可或缺。常识映像包含"规范构成"的对象。因此，尽管在科学映像中，"我"作为一个有机体以某种方式行动并与环境相互作用而存在，但只有在常识映像中，我才不仅仅是一个有机体，同时还作为一个有意向地执行行动并为之负责的人而存在。只有常识映像的世界才包含意义、思想、理由等。[11]

我认为，要理解我们人类实在的某些部分，必须假设"内部视角"，但绝不能对其产生误解。我所主张的并不是任何一种集体的"第一人称视角"，类似于内省心灵哲学的倡导者所提倡的第一人称视角（尽管我并不想否认，研究规则遵循者的心理学可能很有趣！）。从内部审视规则，首先意味着从表面价值上审视规则所确立的正确性；其次也要将由规则体系所确立的"规范实在"视为一种没有附加任何条件的实在。

考虑一下对异族社会的仪式研究，其中涉及一些我们倾向于认为在道德上是错误的行为（比如羞辱，甚至虐待儿童）。当然，我们可以完全抑制我们的道德判断来对这种仪式进行研究，也就是说，把土著人的行为视为完全超越任何正确性或非正确性的范畴（类似于我们研究非人类动物物种时的做法）。但这看起来就是错误的：除非我们愿意相信，土著人不值得被视为人，也就是说，不值得被视为对其行为负有道德责任的人（就像我们在大象或狮子的例子中所相信的那样），否则否认他们的身份似乎是在贬低他们，即伤害他们。因此，只有在无法以其他方式解释他们行为的情况下，我们似乎才能接受如下假设：他们的规范与我们的道德规范没有重叠。

或者考虑一下土著人的某些实践，其类似于我们的论证和推理。同样，我们可以完全忽略这种相似性，就像研究蚂蚁在蚁丘周围活动的规律性（regularities）那样研究这些实践。但是，至少暂时将这种仪式作为土著人的推理，看起来应该更自然（似乎更合适），因此在某些方面可能认为是正确的，而在另一些方面则可能认为是不正确的。再者，不这样做似乎是一种排斥土著人的行为——否认他们作为人的身份，即作为完全成熟的人应有的身份。

这表明，置身于某些规则之外并非没有问题。而且适用于个体规则的东西，也适用于规则体系及其所构成的制度——即所谓的"规范实在"，它构成了我们这些规范存在者的生态位。这种"规范实在"完全由规则构成，因为它只有在我们认可建立它的规则时才存在。例如，如果我们不接受国际象棋的规则，棋手所使用的木制棋子只能说是被棋手当作（他们所说的）卒、车、象之类的而已。只有当我们接受国际象棋规则时，我们才可以说这些木制棋子是真正的卒、车或象。[12]

我们人类生活不可避免地被许多规则体系所困扰，我们倾向于将许多东西视为构成我们生活其中的实在，而这些东西是规范的，因为它们是由规范性陈述而不是由陈述句所构成的。从某种意义上说，这并不意味着这些东西不具有足够的实在可触性（thingish）——例如，我认为从某些角度来看，数字几乎是最基本的东西（因为我们会毫不犹豫地赋予它们属性、谈论它们之间的关系等）。然而，从另一种意义上说，这些东西在其实体性（thingishness）[以我们中等规模的普通物品的实体性来衡量]方面确实有所不足：它们的存在与否取决于我们是否忠于我们的规范性陈述，以及我们的规范态度。

这种对象和事实都是*制度性的*对象与事实——它们的存在取决于人们的某些态度。我们的社会实在很大一部分就是这种情况，这一点并不会引起太大的争议。然而，*制度性*和*规范性*之间究竟有什么联系呢？由于我们人类是"目标导向"的动物（也就是说，我们是按照复杂的反馈回路来行事的，这些反馈回路使得我们有可能*追求目标*，并根据目标所导向的目的来不断评估我们的手段），我们构建了所生活其中的实在——在某种程度上这种实在具有制度上的特征——因此，从某种意义上说，实在总是暂时的，可以随时修改。[13]

此外，实在的这种暂时性与我们所构建的任何东西的暂时性有着不同的意义——我所构建的任何东西都有可能被重建、提升或修改。然而，我们的规范实在的提升引起了一种特定的追溯力（retroactivity）：改变关于什么是正确的看法会导致这样一种观点，即规范实在始终是正确的。尽管对于外部观察者而言，我们所做的看起来像是一种构建（*building*），但我们自己却不得不将其视为一种发现（*discovery*）。这样，我们的社会实在只要具有规范维度，那么就具有了一种特殊的性质。

数学是能清楚说明这一点的领域之一。例如，*群*（group）作为数学对象在19世纪被引入数学（由Galois等人提出）。因此，在某种意义上，我们可以说这就是群出现的时刻。然而，群并不是一种能够"出现"的实体——它的存在方式是永恒的，或者更确切地说，它的存在方式是不受时间影响的。因此，我们引入群并假设群并不是一种可以有起源的事物，从这个角度来看，它们的引入更像是一种发现。我的观点是，这在不同程度上影响着任何一种规范实在：我们进行了引入，但这种方式使我们不得不将引入的内容视为对某种形式的预先存在的正确性的发现。因此，我们还可以追溯性地应用这些正确性：我们也可以用它们来衡量引入这些标准之前的历史事件。

关于"实在的社会建构"已经有大量的讨论。[14]目前，人们认为一些规范主义者对这种建构进行了深入的分析：这种可以被称为*制度的*实在（它构成了我们今天所认为的实在的重要部分）是如何形成的，它又是如何得以持续的，以及它在何种意义上与我们的具体实在相一致。显然，这是一个"社会共识"的问题，但这种"共识"究竟是如何起作用的呢？我认为，从规范主义者的思考中得出的答案是，这种共识涉及社会成员之间的交集，要求彼此对自己的行为负责，还要求彼此对规则

（后来可能以书面或口头行为规范的形式明确表达）负责，其中这些规则隐含地支配社会的运行。

第八节　结　　论

"规范主义"是一个相当模糊的概念：认为规范至关重要的哲学流派有很多种。有一种观点认为，规范领域是事实领域之外的独立且有待承认的实在层次——这是特纳和其他社会科学哲学家所拒绝的观点，而我则认为这是恰当的。但是，还有另一种观点，它没有提出任何类似的观点，而是将规范作为理解极其复杂的社会实践的关键，这些实践为制度实在以及社会认知与个体认知之间的相互作用奠定了基础。我认为第二种观点不仅可行，而且是不可避免的。这种观点源于一个事实，即在解释人类社会时，我们不能总是"从外部"出发来对待所有人类社会的规范：我们被嵌入在人类社会的某些规范中，以至于将我们自己限制在"外部视角"的要求会损害我们对社会以及人类在社会中的位置进行解释的能力。这并不意味着规范构成了科学理解难以企及的实在层次；然而，这确实意味着科学理解需要辅之以从内部理解我们社会的规范框架。

特别是，我所说的*规范主义*是这样一种观点，即规范对人类社会至关重要，如果不仔细审视规范如何改变人类居住在世界上的方式，我们就无法对社会做出理解或说明。我所说的*社会规范主义*是基于这样一种信念的规范主义，即所有规范性的来源最终都是社会的，也就是说，不存在超越人类社会的规范（尽管我们不得不把社会的最基本的规范视为超越社会的）。我所说的*弱社会规范主义*坚信，社会规范主义与自然主义是一致的，因为任何社会的规范维度都可以——在原则上，虽然不一定在事实上——以描述的方式表达出来。我所说的*强社会规范主义*则坚信，持有这样一种信念为了解释规范维度，我们有时需要不可还原的规范模式。在本章中，我试图提出一些证据来支持强社会规范主义。[15]

注　　释

1. 例如，参见以兰斯和奥莱利-霍桑（Lance and O'Leary-Hawthorne, 1997）、惠廷（Whitting, 2008）或佩雷格林（Peregrin, 2012a）为代表的规范主义者的立场；以维克福斯（Wikforss, 2001）、哈蒂安加迪（Hattiangadi, 2006, 2007）或格吕尔和维克福斯（Glüer and Wikforss, 2009）为代表的反规范主义者的立场。

2. 对特纳著作更详细的讨论参见我的评论（Peregrin, 2011）。

3. 我们当然可以说，这样的理论为社会成员提供了*理由*，这往往会引导成员按照他们自己的方式行事。但是，即使我们放弃这样一个事实，即我们仍然在掩饰因果关系上相当复杂的问题，也很难放弃如下事实：理由显然还不是原因。关于理由和原因之间关系的持续讨论，参见戴维森（Davidson，1963）、冯赖特（von Wright，1971）、里斯乔德（Risjord，2005）或塞提亚（Setiya，2011）。

4. 类似的情况也可以用来描述本书中亨德森的自然主义态度：例如，他对参与社会群体的基本描述涉及"一系列相似且（几乎足够）协调一致的理解"。但是，从自然主义的角度来说，"理解"又是什么呢？

5. 例如，参见菲斯克和泰勒（Fiske and Taylor，2008）或德·耶格尔和弗洛斯（De Jaegher and Froese，2009）。

6. 注意：我说的是足球，不是美式橄榄球。

7. 亨德森在本书中强调了附随性与他所说的"高度随附性"（superdupervenience）之间的区别，"高度随附于"（superdupervene）某些自然属性，是要"随附于那些自然属性，并且附随性关系本身在自然主义上是可以被说明的"。在我看来，这里还有一个至关重要的区别。说到"附随性关系在自然主义上是可以被说明的"，可能意味着我们能够用自然主义的术语来说明这种关系，或者仅仅意味着没有理由认为——"原则上"——这是不可行的。在后一种情况下，支持可还原性主张的唯一依据是对自然主义的偏见，这使我们在没有相反证据之前，认为一切都可以在自然主义的意义上获得说明。（我并不是说这种先入之见是不合理的——我认为它是合理的，因为自然科学在描述以及说明我们的世界方面是如此成功。）然而，当争论的焦点涉及基础性问题时，这种先入之见很容易使我们把相反证据的缺失视为自然主义的证据。

8. 奥克伦特（Okrent）在本书中强调，作为当代人类，我们所特有的是不仅对工具理性的"应该"（我们能够选择适当的方式来实现我们的目标）很敏感，而且对社会规范的"应当"也很敏感。劳斯在本书中所强调的是，这样的规范环境会引发新的目标，从而完全改变我们的生活方式。

9. 哈特（Hart）曾使用过规则体系内部的隐喻。值得注意的是，正如哈特所强调的，我们不能将规则的内部方面误解为仅仅是对规则的主观体验，"感受对于'约束性'规则的存在既不是必要的也不是充分的"，"应该有一种批判的反思态度来对待某些行为模式，将其作为一个共同的标准，这应该表现为批判（包括自我批判）、对从众的要求以及对这种批判和要求的正当性的承认"（Hart，1961：57）。

10. 这种情况让人想起后塔斯基式（post-Tarskian）的逻辑语言观：我们可以把任何这样的语言当作目标语言，但这只是因为我们总能把另一种语言当作元语言。

11. 更多细节内容参见罗森伯格（Rosenberg，2007）。

12. 本书中的扎勒（Zahle）极具说服力地指出，"社会科学家在通过参与式观察的方式研究规范时，并没有不可或缺地使用一种独特方法"。我认为这是正确的。我认为任何一种描述——无论它是从"外部"还是从"内部"进行的——都必须依赖于同一种众所周知的方法。成为规则的"内部"并不是不同的描述方法的问题，而是某种超越描述的东西，是一种在我们将人视为人时所出现的认可元素。

13. 这是我们人类特有的生态位构建方式——参见注释 12。

14. 从具有代表性的伯杰和卢克曼（Berger and Luckmann, 1966），到塞尔（Searle, 1995）或哈金（Hacking, 1999），再到当代讨论。

15. 本章得到了捷克科学基金（项目号为 13-20785）的资助。

参 考 文 献

Berger, L. B. and Luckmann, T. 1966. *The Social Construction of Reality (A Treatise in the Sociology of Knowledge)*. New York: Doubleday.

Brandom, R. 1994. *Making it Explicit*. Cambridge, MA: Harvard University Press.

Davidson, D. 1963. Actions, Reasons and Causes. *Journal of Philosophy*, 60: 685–700.

De Jaegher, H. and T. Froese. 2009. On the Role of Social Interaction in Individual Agency. *Adaptive Behavior*, 17: 444–460.

Fiske, S. T. and S. E. Taylor. 2008. *Social Cognition: From Brains to Culture*. New York: McGraw-Hill.

Glüer, K. and A. Wikforss. 2009. Against Content Normativity. *Mind*, 118: 31–70.

Hacking, I. 1999. *The Social Construction of What?* Cambridge, MA: Harvard University Press.

Hart, H. L. A. 1961. *The Concept of Law*. Oxford: Oxford University Press.

Hattiangadi, A. 2006. Is Meaning Normative? *Mind & Language*, 21: 220–240.

Hattiangadi, A. 2007. *Oughts and Thoughts (Rule-Following and the Normativity of Content)*. Oxford: Clarendon Press.

Lance, M. N. and J. O'Leary-Hawthorne. 1997. *The Grammar of Meaning*. Cambridge: Cambridge University Press.

Peregrin, J. 2010. The Enigma of Rules. *International Journal of Philosophical Studies*, 18: 377–394.

Peregrin, J. 2011. Review of S. Turner: Explaining the Normative. *ORGANON F*, 18: 405–411.

Peregrin, J. 2012a. The Normative Dimension of Discourse. In *The Cambridge Handbook of Pragmatics*, edited by K. Allan and K. Jaszcolt, 209–225. Cambridge: Cambridge University Press.

Peregrin, J. 2012b. Inferentialism and the Normativity of Meaning. *Philosophia*, 40: 75–77.

Peregrin, J. 2012c. Semantics without Meaning ? In *Prospects of Meaning*, edited by R. Schantz, 479–502. Berlin: de Gruyter.

Peregrin, J. 2014. *Inferentialism: Why Rules Matter*. Basingstoke: Palgrave.

Risjord, M. 2005. Reasons, Causes, and Action Explanation. *Philosophy of the Social Sciences*, 35: 294–306.

Rosenberg, J. F. 2007. *Wilfrid Sellars: Fusing the Images*. Oxford: Oxford University Press.

Searle, J. 1995. *The Construction of Social Reality*. New York: The Free Press.

Sellars, W. 1956. The Myth of the Given: Three Lectures on Empiricism and the Philosophy of Mind. In *The Foundations of Science and the Concepts of Psychology and Psychoanalysis (Minnesota Studies in the Philosophy of Science 1)*, edited by H. Feigl and M. Scriven, 253–329. Minneapolis: University of Minnesota Press.

Setiya, K. 2011. Reasons and Causes. *European Journal of Philosophy*, 19: 129–157.

Tooby, J. and L. Cosmides 1992. The Psychological Foundations of Culture. In *The Adapted Mind: Evolutionary Psychology and the Generation of Culture*, edited by J. Barkow, L. Cosmides and J. Tooby, 19–136. New York: Oxford University Press.

Turner, S. 2010. *Explaining the Normative*. Cambridge: Polity Press.

von Wright, G. H. 1971. *Explanation and Understanding*. London: Routledge.

Whitting, D. 2008. On Epistemic Conceptions of Meaning: Use, Meaning and Normativity. *European Journal of Philosophy*, 17: 416–434.

Wikforss, A. M. 2001. Semantic Normativity. *Philosophical Studies*, 102: 203–226.

第六章
方法论反自然主义、规范和参与式观察

朱莉·扎赫勒（Julie Zahle）

第一节 导 论

方法论自然主义的争论围绕着两个关键问题展开。

一是，社会科学家是否可以始终使用与自然科学相同的方法？

二是，社会科学家是否应该始终使用与自然科学相同的方法？

这一争论中主要有两个立场。自然主义者强调，社会科学家应该始终使用与自然科学相同的方法。其认为，这种要求是合理的，因为社会科学研究完全可以在仅仅依靠自然科学方法的情况下进行。相反，反自然主义者坚持认为，社会科学家有时不得不使用社会科学独有的方法：仅这些方法就能够使关于社会实在某些方面知识的产生成为可能。自然科学方法根本无法胜任这项任务。反自然主义者还认为，由于对这些方面的研究对于充分理解社会实在至关重要，因此社会科学家有时应该使用自然科学中未使用的方法。

在方法论自然主义的争论中，有不同的方式来阐明方法的概念。有时，研究方法被理解为研究者在构建和辩护假设时所使用的标准化程序。另一些时候，方法被认为包括应用各种研究程序的结果或产物，等等。在自然主义者和反自然主义立场者的上述描述中，我关注的是方法的程序性说明，接下来我将继续从这种程序性意义上来理解方法。我关心的问题是，反自然主义者认为社会科学家有时不得不使用不同的方法，也就是自然科学中未使用的方法，这种观点是否正确。更准确地说，本章讨论了这一主张的一个特定版本或变体，即社会科学家在通过参与式观察的方式研究规范时，不可或缺地使用了一种独特的方法。反自然主义者经常强调，研究规范需要使用一种独特的方法（Braybrooke, 1987: 12; Kincaid, 1996: 217）。此

外，他们通常倾向于将参与式观察作为一种研究方法：他们将参与式观察视为收集数据的一种主要方式（Williams，2000：90）。因此，通过专注于使用参与式观察来了解规范，我倾向于支持反自然主义者：如果社会科学家有时不得不使用独特的方法，那么很可能是通过参与式观察来讨论对规范的研究而提出来的。

无论其确切的关注点是什么，对方法论自然主义争论的讨论往往忽视了社会科学实践。人们很少对这方面进行讨论，如果有的话，也是基于对社会科学家实际研究社会实在各个方面之方式的详细分析。我通过对社会科学家在研究规范时使用参与式观察的方式进行解释，与这一传统分道扬镳。本章的第一部分在我简要介绍参与式观察的研究方法后对此进行了分析。然后，在第二部分中，我以此分析为基础讨论反自然主义主张特定版本的正确性。我认为，基于对"方法"的不同理解，社会科学家在通过参与式观察的方式研究规范时，并没有不可或缺地使用一种独特的方法。

然而，在开始这项任务之前，让我就我的讨论所秉持的态度说几句。参与方法论自然主义争论的一个主要动机，是对社会科学科学地位的关注（Little，1991：225）。因此，许多理论家为自然主义立场辩护，因为他们坚信，除非社会科学家使用自然科学方法，否则社会科学将无法成为科学或至少无法成为好的科学。这些理论家遭到反自然主义立场捍卫者的反对，后者坚持认为，从科学角度讲，社会科学是完全值得尊重的。然而，我参与自然主义争论的动机完全不同，因此与任何对社会科学的科学地位的担忧无关。我参与讨论是出于对社会科学方法的一般兴趣。我认为，对争论中的两个关键问题或对其变体的反思是富有价值的，因为这有助于更好地掌握社会科学中正在使用、可能使用以及应该使用的方法。

这种观点对方法论自然主义争论的重要性产生了影响。该争论曾经是社会科学哲学中的核心争论。不过，最近这个问题很少受到人们关注。正如最近一部论文集的编辑们所注意到的，"'社会科学和自然科学之间是否存在着根本性的分歧'这个古老的问题曾经在关于解释的哲学争论中非常盛行，现在已经变得越来越边缘化了"（Steel and Guala，2011：144）。针对这种情况，人们可能会问，我们是否应该完全放弃方法论自然主义的争论？鉴于上述考虑，答案是否定的：通过反思社会科学方法论两个关键问题，我们可以学到一些东西。然而，同时必须承认的是，如果目的是更好地掌握社会科学方法，那么对其他问题的考察也可能同样适用于这个目的。例如，从方法论上讲，思考所谓的定量方法是否比定性方法更可靠以及在分别使用参与式观察和非结构化访谈获得的数据方面是否存在重大差异，这些问题也能带来很多启示。出于这个原因，对社会科学方法论的关注，并没有为那种认为应将方法论自然主义的争论恢复到以前在社会科学哲学中的中心的观点提供任何基础。可以这么说，它只是为部分恢复方法论自然主义的争论提供了依据。我希望下面的讨论能够阐明，参与方法论自然主义争论确实可以获得方法论方面的见解。

第二节　以参与式观察的方式研究规范

参与式观察的研究方法广泛应用于包括人类学、社会学、历史学和文化研究在内的多个学科。在本节中，我将首先介绍研究方法。然后，我将探讨社会科学家如何使用参与式观察来研究规范。需要强调的是，我忽略了与使用参与式观察来了解规范相关的一些问题和难题。我的目的仅仅是提供足够的分析，以作为对如下内容讨论的基础，即社会科学家在使用这一研究方法研究规范时是否不可或缺地使用了一种独特的方法。

参与式观察的研究方法包括两个方面。[1,2] 一方面是参与性部分，指的是在一段较长的时间内社会科学家应该参与到他所研究的生活方式中，同时尽量减少干预。社会科学家可以不同程度地参与到所研究的生活方式中。例如，他可以只是简单地围观，也可以更积极地参与到他所研究的活动当中。无论他的参与程度如何，这位社会 科学家都可能仅仅因为他的在场或无意间的行为，而引发对原本常规事务的改变。尽管如此，他还是应该尽量少干预，因为他的目的不是改变而是了解他所研究的生活方式。最后，社会科学家应该在更长的时间内参与其所研究的生活方式。早期在人类学中，这意味着社会科学家应该与他所研究的个体待在一起至少一年。如今，短期研究也被认为是完全可以接受的。

另一方面是观察部分，指的是社会科学家使用参与式观察法时应该在广义上注意观察正在发生的事情。最重要的是，社会科学家应该记录他所研究的人们是如何生活的。此外，他应该对自己进行观察，以使这些观察能够让他深入了解自己所研究的生活方式。例如，只要这位社会科学家已经深深地融入在某些生活方式中，他就可以利用自己在这些情境中获得的体验，作为了解所研究的生活方式的来源。

布朗尼斯劳·马林诺夫斯基（Bronislaw Malinowski）以对参与式观察的全部意义的描述闻名于世，他被视为这一研究方法的主要创始人之一。马林诺夫斯基指出，参与式观察使社会科学家得以"理解当地人的观点以及与生活的关系，也使社会科学家得以获得对世界的看法"（Malinowski，1922：25；原文斜体）。

参与式观察可以被用来研究个体观点的一个方面是，他们所认为的什么是适当或不适当的行动方式，即他们的行为规范。这些规范的例子包括通过握手问候某人、在超市排队结账、在大家吃完饭之前不离开桌子、进入天主教教堂前捂住自己肩膀，以及为紧随其后的人扶门。当然，关于规范的话题有很多可以讨论的地方。就目前的目的而言，重要的是要强调一个特征，即规范往往是隐性的：个体往往无法当场说明在什么情况下他们认为某些个体以某种方式行动是适当的或不适当的。规范的这一特征是参与式观察在其研究中有用的主要原因之一。正如文献中有时指出的那样，参与式观察可以用来理解个体的隐性知识（参见 Spradley，1980：11；Hastrup and Hervik，1994：3；DeWalt and DeWalt，2002：1）。据此推断，它也可以用来了解个体对规范的隐性知识。但是怎么做呢？遗憾的是，这一点从来没有被以任何系统的方式阐述过。我正是想弥补这一不足之处。根据社会科学家提供的各种零星评论和例子，可以区分四种类型的观察，这些观察表明了个体所遵循的规范。我逐一对这四种类型的观察进行考察。

第 1 类观察：社会科学家会对个体行动进行观察，因为这些行动会受到有能力的评估者的赞同或反对。获得赞同的行动表明如何采取行动是适当的，而遭到反对的行动则表明如何采取行动是不适当的。

这里的观念是，通过关注有能力的评估者评估行动的方式，社会科学家可以指出适当或不适当的行动方式的实例。根据所讨论的行动，共同体的所有、部分或只有少数成年成员可能是有能力的评估者。此外，需要注意的是，有能力的评估者可以通过多种方式展示其对某项行动的评估。例如，有能力的评估者可能会通过微笑、点头或拍手表达赞同，也可能会通过咯咯笑、殴打犯错者或大喊"你这个白痴"来表达反对。

在一篇关于坎东布雷教（Candomblé，一个非裔巴西宗教）的论文中，英格·斯约尔斯列夫（Inger Sjørslev）提供了第 1 类观察的案例（Sjørslev，1987）。作为宗教仪式的一部分，人们会举行一些仪式，在这些仪式中女巫邀请一位被称为奥里萨·奥古姆（Orixa Ogum）的神明（即一位神灵）附体。有一天，斯约尔斯列夫在一个叫米尔顿（Milton）的年轻人的陪伴下参加了一场仪式。仪式进行了没多久，米尔顿就表现出被一位神灵附体的迹象。斯约尔斯列夫讲述道，通常"鼓手们会尊重奥古姆的降临，通过击鼓的节奏来为他伴舞。然而，鼓手们面面相觑，并没有开始击鼓。跳舞的女人们走到一边，站在那里咯咯笑着，不知道该怎么办。我听到有人低声说'这是什么样的奥古姆？'然后又是一阵咯咯笑声"（Sjørslev，1987：11）。斯约尔斯列夫指出，这些反应表明，在仪式中神灵降临的时机非常重要：米尔顿在仪式中如此早的阶段就被神灵附体是不适当的。

第 2 类观察：社会科学家对有能力的执行者的行动进行观察。一个有能力的执行者所采取的行动表明了如何采取行动是适当的。

通过观察到有能力的执行者的行动方式，社会科学家获得了适当行动的例子。与上述情况类似，当涉及某些行动方式时，共同体中的几乎所有成年成员都具备相应的能力，而其他行动方式只有一些或少数人掌握。卡琳·阿斯克（Karin Ask）提供了第 2 类观察的示例，以作为她讨论巴基斯坦荣誉女性的行动是否适当的一部分："工作了一整天后，我和一群妇女和女孩去洗澡。选定的地点位于悬垂在河边一个陡峭的堤岸下。堤顶上有一条路通往市中心、集市区……这些妇女和女孩脱下所有的衣服，一丝不挂地跑到河里，只留下我穿着泳衣站在一旁，尴尬不已"（Ask，1994：

69）。阿斯克对这些妇女和女孩的行动感到非常惊讶，因为男人们可以从路上看到她们。尽管如此，她明确表示，她丝毫不怀疑她们的行动方式是否符合荣誉女性的身份。她认为妇女和女孩有能力判断，荣誉女性在不同情况下应该在多大程度上遮盖自己的身体。

第 3 类观察：社会科学家观察自己的行动是否受到赞同或反对。获得赞同的行动表明了如何采取行动才是适当的；遭到反对的行动表明了如何采取行动是不适当的。

为了进行这种类型的观察，社会科学家的行动必须符合他所研究的个体所遵循的规范范围。在这种情况下，他自己的行动经过有能力的个体的评估后，可以作为适当或不适当行动方式的实例。朱迪思·奥凯利（Judith Okely）在使用她对吉卜赛人实地调查的一个例子（Okely，1992）时，对第 3 类观察的使用进行了评论。她写道，"对群体规则和行为节奏的无知和不熟悉，会带来严重的危机。这些危机也提供了很多信息。在注意到一位年轻的吉普赛女子穿着长裤之后，我很高兴地穿了一条来御寒。但我被斥责了，并被告知裤子是允许的，但必须穿裙子遮住臀部"（Okely，1992：17）。以这种方式，奥凯利自己的着装方式为她提供了，一个关于吉普赛女性如何不适当着装的实例。

第 4 类观察：社会科学家对行动进行观察——既包括他人的行动，也包括他自己的行动——并且他作为一名有能力的评估者，会对这些行动表示赞同或反对。他所赞同或反对的行动，分别表明如何采取行动才是适当的或不适当的。此外，他还观察了自己作为一名有能力的执行者所执行的行动。这类行动表明如何行动才是适当的。

这类观察只能由具备以下能力的社会科学家进行：能够根据行为的适当性对其进行评估，或者能够以适当的方式行事。为了说明第 4 类观察的基本观念，我们考察一下莫里斯·布洛赫（Maurice Bloch）的以下评论："通过实地调查，我也可以快速判断马达加斯加的一片森林是否能成为一个好的临时性农田。事实上，当穿过森林时，我发现我一直在不自觉地进行这种评估。一旦达到这种参与程度，我们就可以尝试理解……［这种］通过内省获得的知识"（Bloch，1991：194）。为此，布洛赫可能会通过记录对马达加斯加森林的判断，为自己简单地提供好的和坏的临时性农田的例子。虽然这不是发现规范的案例，但很明显，社会科学家可能会使用完全相同的方法来发现规范：他可能会记录他认为适当或不适当的行动，或者记录他自己以适当方式执行的行动。

这 4 种类型的观察为社会科学家提供了适当和不适当行动的实例。在此基础上，他构建、检验和调整他的规范假设。[3]这些假设可被视为如下基本方案的变体：在其他条件均同的情况下，在环境 c 中，对于个体 n 来说，个体 I 采取了适当或不适当的行动方式 a。[4]

应该强调的是，社会科学家很少以这种方式展示他们的发现：他们省略了"其他条件均同"从句，也没有明确说明谁认为某种行动方式是适当的，因为这在语境中已经很清楚了，等等。此外，不应该认为社会科学家们所研究的个体必然持有相应的关于如何采取行动是适当或不适当的信念。个体采取某种方式行动是适当的或不适当的说法就是为了表达这一点。

这些考虑足以说明社会科学家如何使用参与式观察来发现规范。它们使我们有可能检验反自然主义者的如下主张，即社会科学家在通过参与式观察的方式研究规范时，不可或缺地使用一种独特的方法。我用寥寥数语来说明我是如何讨论这一论点的。

第三节　设置讨论的场景

在方法论自然主义的争论中，有两类科学受到关注：社会科学和自然科学。这两类科学之间的区别，被认为在讨论社会科学是否可以、是否应该始终使用与自然科学相同的方法之前就已经确定并独立存在的。此外，通常会认同这样一种观点，即社会科学是研究社会世界或社会实在的科学，而自然科学则研究自然世界或自然实在（参见 Gorton，2010）。就目前的目的而言，我也采纳了这一观点，并且与争论中的参与者一样，我的观点是：我不详细探讨如何根据这一标准更精确地对具体的科学进行分类。

在对方法的概念使用上，人们所达成的一致性意见要少得多：当争论中的参与者声称，社会科学家有时会不可或缺地使用一种独特方法时，他们可能想到的是一种不同的方法。争论的这一特点反映在以下讨论中：在这里，我考察了反自然主义者在辩护其立场时如何具体说明方法概念的各种提议。反自然主义有三个主要流派，即理解或移情传统、现象学传统和维特根斯坦传统（参见 Skinner，1988：79）。我并不试图涵盖在这些反自然主义流派中对"方法"进行阐释的所有方式。相反，我考察了对"方法"的各种理解，以及相应的对反自然主义立场进行辩护的方式，我认为，无论是根据我通过参与式观察的方式对规范进行研究的分析，还是鉴于目前关于方法论自然主义的争论，考虑这两点都是自然而然的事情。

澄清了这一点后，设想反自然主义者已经详细说明了他心目中的具体方法，他认为社会科学家在通过参与式观察的方式研究规范时，不可或缺地使用了一种独特的方法。有几种策略可以用于挑战他的立场。

第一，有人可能会说，社会科学家在通过参与式观察的方式研究规范时，并没有使用所讨论的独特方法。因此，声称该方法是不可或缺的这一反自然主义者主张，被社会科学家实际开展工作的方式所掩盖：没有这种方法，他们似乎也做得很好。第二，可以坚持认为，尽管该方法被社会科学家所使用，并被视为一种独特的方法，但它并非不可或缺的：也可以采用自然科学中使用的替代方法。第三，可以表明所讨论的方法也用于自然科学；它并非社会科学所独有的。第四，有人可能会认为，反自然主义者提出的方法并不是一个真正充分的有关方法的案例：如果采用这种对方法的理解的方式，争论就会变得微不足道，或者以其他方式变得无趣。第五，有人可能会说，反自然主义者提出的方法在某种程度上是有缺陷的，不利于产生关于社会实在的知识。不言而喻，后两种策略需要进一步论证，才能令人满意地反驳反自然主义者的主张。

在最近的争论中，第三种策略颇受欢迎：反自然主义者因依赖于对自然科学中使用的方法的错误描述而被指责，结果导致许多方法被错误地视为是社会科学所独有的。[5]正如罗素·基特（Russell Keat）所说，"许多反对自然科学和社会科学方法论统一的论点，都是基于前者的观点，而人们已经越来越多地成功挑战了这一观点"（Keat，1983：271）。在下面的讨论中，我混合使用了第二种、第三种和第四种策略。我认为，从各种对方法的理解来看，反自然主义者并没有成功地表明，社会科学家在通过参与式观察的方式研究规范时，不可或缺地使用了一种独特的方法。

第四节　反自然主义论题的辩护

一、参与式观察的数据收集方法

参与式观察对规范的研究分析，可以非常直接地作为为反自然主义论题辩护的起点。反自然主义者可以简单地指出，参与式观察不仅可以被描述为一种研究方法，还可以被描述为一种数据收集方法。因此，他可能会大胆地说，当社会科学家通过参与式观察的方式研究规范时，他们对这种方法的使用，例证了该方法对社会科学来说既是不可或缺的又是独有的。

但参与式观察真的是社会科学独有的方法吗？上文提到这种方法适用于人类。然而，将该研究方法应用于动物类研究似乎也完全可能。我们可以考虑一下在自然栖息地研究大猩猩的动物行为学家。

动物行为学家每天都来观察这些大猩猩，它们慢慢地习惯了他，他可以坐得离它们很近，并与它们进行一些互动。将这位动物行为学家描述为进行参与式观察是合理的。诚然，他参与大猩猩的生活方式非常有限，但这并不意味着他没有资格使用这种方法：人们普遍认为，这种方法的使用与不同的参与程度是相容的，包括非常有限的参与程度。[6]因为动物行为学是一门研究自然世界的自然科学，因此，参与式观察并非社会科学独有的方法。

对这一结论的一种可能的回应，是寻找一种方法对分别适用于人类和动物的参与式观察的使用进行区分：如果能够明确一种仅适用于人类的参与式观察版本，那么反自然主义者的论点可以通过诉诸这种方法的特定版本来进行重构从而得以保留。虽然这很可能是可行的，但该项提议却遇到了另一个问题，即由此使得争论因此变得微不足道了。丹尼尔·利特尔（Daniel Little）观察到"很明显，研究方法、经验程序、定量方法等在不同学科之间存在很大差异——甚至在自然科学之间也是如此"（Little，1991：223）。或者，至少可以明确的是，如果以足够详细的方式描述这些方法，情况可能就是这样。因此，人们普遍认为，如果反自然主义者诉诸这种具体的方法，那么他显然是正确的，但也只是提出了一个相当乏味的观点。方法论自然主义的争论围绕着更高层次的一般性方法展开，这些方法跨越或包含各种专业的数据收集方法。

二、重生成性移情的方法

反自然主义者可能会向反自然主义传统寻求帮助。反自然主义的一个重要方面是诉诸移情或理解的方法。卡斯顿·斯托伯（Karsten Stueber）是这一传统的当代有影响力的捍卫者，他认为社会科学家有时不得不使用一种独特的重生成性移情（reenactive empathy）的方法（Stueber，2012）。[7]反自然主义者可能会借鉴斯托伯的观点：也许可以表明，通过参与式观察的方式研究规范的社会科学家，不可或缺地使用了独特的重生成性移情的方法。

斯托伯的关注点是理性行动。斯托伯认为，对个体理性行动的令人满意的说明，指向了引起他行动的信念、愿望等。此外，这还表明，个体有理由以他的方式行动：根据他的信念、愿望等，该行动是对他的处境的理性反应。但是，社会科学家又是如何确定某些信念、愿望等是否使个体以特定的方式行动而具有理性呢？斯托伯认为，社会科学家依靠一种隐含的理论来达到这种效果是难以置信的。相反，他指出，"我们唯一的选择是激活我所说的重生成性移情的能力：我们通过换位思考，想象他所面临的情境，并试图在我们心中重新生成他的思维过程，从而将他人的行动理解为一种理性上令人信服的行动，因为我们可以将他的想法理解为采取行动的理由"（Stueber，2012：28）。以这种方式来说明理性行动时，重生成性移情的方法是不可或缺的。而且，它又是独特的，因为是社会科学而非自然科学将说明理性行动作为其任务之一。

乍一看，这些考虑如何对进行第1类至第4类观察的参与式社会科学家产生影响，以构建和检验他关于规范的假设，尚不明显。然而，考虑一下斯托伯的评论："除非我们也能理解行动者有警告其他人的*理由*，否则我们就有理由质疑，如何可能将某种行动（如行动者挥手）解释为该行动者试图警告另一个人的行动。而如果我的考虑……到目前为止都是正确的，那么要理解这些理由就涉及我们的移情能力"（Stueber，2010：199）。斯托伯并未进一步探讨这一观念，但是，根据他更普遍的观点，可以这样阐述它：为了辩护个体对个体行动的解释是有一定意义的，社会科学家必须理解个体执行具有这种意义的行动的理由，这就要求社会科学家，除其他方法外，使用独特的重生成性移情的方法。

考虑到这一点，我们回到进行第 1 类至第 4 类观察的参与式社会科学家那里。显然，进行这些观察与将行动解释为具有某种意义是一致的：在进行第 1 类和第 3 类观察时，社会科学家将行动解释为表达赞同或反对，在进行所有四种类型的观察时，社会科学家将具有某种意义的行动解释为适当或不适当行动的实例。为了说明人们必须掌握个体用于执行具有特定意义的行动的理由，我们来考察如下情形，即社会科学家观察到艾米（Amy）在做某事时被本（Ben）打了一下。这位社会科学家倾向于认为他刚刚做了第 1 类观察：本是一位有能力的评估者，他打艾米是他在表达对艾米行动的反对，而不是试图拍打落在艾米下巴上的苍蝇。这位社会科学家现在问自己，本是否有理由反对艾米的行动。为了确定这一点，他必须基于各种理由将某些信念和愿望归于本，同时也要换位思考以确保这些信念和愿望使本有理由反对艾米的行动。如果这些理由使本反对艾米的行动是合理的，那么他可能认为自己有理由认为本打艾米确实是在表达反对，因此他有部分理由坚持认为自己进行了第 1 类观察。[8] 如果所有这些都是正确的，那么反自然主义者的观点是成立的：通过参与式观察研究规范的社会科学家在进行第 1 类至第 4 类观察时，不可或缺地使用了独特的重生成性移情方法。

我想对这一主张提出质疑，同时将重点放在将行动解释为对赞同或反对的表达上。按照这一目标，首先考虑查尔斯·泰勒（Charles Taylor）的观察是很有启发性的，其认为"在适当的场合中，在纸条上某人名字旁边画个叉并将其放入一个盒子里，被视为为此人投票"（Taylor，1985c：32）。这个例子说明了一个更普遍的观点，即在某些情况下，正如泰勒所说，按照惯例，做出某些身体动作被视为执行具有某种意义的行动。这种观念会延续到表达赞同或反对的行动中。在某些情况下，左右摇头或举起食指说话，按照惯例被视为表达反对，正如点头或拍手按照惯例被视为表达赞同一样。[9] 既然如此，社会科学家并不需要理会个体的理由，因此，在将他们的行动解释为表达赞同或反对时，他不必使用重生成性移情的方法。在利用他关于相关惯例的知识的同时，他只需关注他们的身体动作及其行动发生的情境。在此基础上，他能够将他们的行动理解为表达赞同或反对。此外，通过这种方式，他并没有使用社会科学独有的方法：自然科学家也根据这方面的相关惯例对各种事件进行分类或解释。因此，重生成性移情的方法的使用并非不可或缺：一种在自然科学中也使用的替代方法是可行的。

单凭这一论证是不够的。原因是刚才概述的程序不能用于社会科学家不熟悉表达赞同或反对的惯例的情况，也不能用于个体以不符合惯例的方式表达赞同或反对的情形当中。在这两种情况下，可能会有人提出，社会科学家在解释个体的行动时需要掌握个体的理由，这意味着他必须使用重生成性移情的方法。因此，可以进一步说，前面的考虑最多只能表明，该方法的使用仅限于这两种情况——而并非其使用是多余的。

　　针对这条推理路线，值得注意的是斯托伯所强调的一点，即为了使用重生成性移情的方法，社会科学家必须对行动个体、行动发生的情境等具备相当多的知识（参见 Stueber，2010；195 页及之后的内容）。我认为，只要社会科学家具备了相当多的知识，他就可以通过某些方式将行动理解为一种对赞同或反对的表达，而不需要找出其中深层次的理由。要了解这一点，我们需要回到那位社会学家那里，其假设本打艾米是一种对反对的表达。为了支持这种解释，这位社会科学家可以考虑这种解释是如何与他对观察到的其他事件的理解相一致的。例如，假设他听到打人事件的目击者用"本认为艾米做得太过分了"和"艾米不应该那样做"的字眼做出评论；他注意到，艾米在被本打后停止了自己的行动，并显得懊悔；他注意到，本打人伴随着他所认为的表达反对的另一种方式，如跺脚和皱眉；他还观察到其他打人的行动，并同样认为这些行动是对反对的表达。根据这些观察结果，这位社会科学家可以合理地得出结论，本打艾米是一种对反对的表达。

　　这位社会科学家可能会在他认为个体以非惯例的方式表达赞同或反对的情况下，进行类似的观察。例如，如果他假设，苏珊（Susan）通过握紧又松开自己的手来表达对艾米莉（Emily）行动的赞同，那么她可能会考察这种解释如何与如下内容相一致：他观察到的苏珊的朋友们对苏珊的手部动作的反应、艾米莉对苏珊的手部动作的反应、苏珊在其他可能表达赞同情况下的行动，等等。如果这些观察结果与他对苏珊表达赞同的理解相一致，那么这位社会科学家可以合理地坚持这种解释。现在可能需要注意的是，自然科学家有时也会使用这种替代方式：有时，他们还通过指出某一事件如何与他们对其他事件的理解相一致，从而支持他们对某一事件的解释。例如，动物行为学家可能会将大猩猩的行为解释为具有攻击性，并通过展示这种行为如何符合他对观察到的其他事件的理解来证明这一提议的合理性。

　　鉴于这些考虑，可以得出结论，当社会科学家解释行动时，作为他进行第 1 类至第 4 类观察的一部分，他也不必掌握个体行动的理由。言下之意，他不需要使用独特的重生成性移情方法。换言之，社会科学家在通过参与式观察的方式研究规范时，*不可或缺*地使用独特的重生成性移情方法的提议可能会被抛弃。[10]

三、内省的方法

　　继续关注社会科学家所做的观察，反自然主义者可能会提出，第 4 类观察有一些特殊之处：当社会科学家的观察要求他注意到自己作为有能力的评估者或执行者身份时，他有时不得不采用内省的方法。例如，他可以对自己有能力评估的一项行动进行观察。只要他没有外在地表达他对这个行动的评价，他就必须用内省来决定他是赞同还是反对这一行动。进一步来说，内省的使用是社会科学所独有的，反自然主义者已经为他的论点提供了辩护。

这个提议的问题在于，如果这真的是内省的全部使用，那么自然科学家也会使用它。例如，自然科学家可能会进行一项实验，只有那些呈现正确颜色的液体样本才能继续成为研究的一部分。在这项实验里，自然科学家很可能会内省他对液体颜色的评估，并在此基础上决定丢弃哪些样本。

四、规范慎思的方法

最后一个需要考察的观点是基于沃尔夫冈·斯波恩（Wolfgang Spohn）最近对以下观点的辩护，即我将之称为规范慎思的方法，这是从历时性角度研究规范的一种独特且不可或缺的方法（Spohn，2011）。反自然主义者可能会认为，斯波恩的考虑有时适用于使用参与式观察来研究规范的社会科学家。

斯波恩在其论文中，区分了两种可能被用于规范的视角（Spohn，2011：244）。一方面，可以从第三人称的外部视角来考察规范。因此，规范是经验研究的对象。另一方面，可以从第一人称的内部视角来看待规范。此时，对规范的评估是通过询问它们是否应该被采纳来进行的，为了回答这个问题，就有必要进行规范慎思。斯波恩的主张是，有时当社会科学家研究规范时，他们不仅要采取外部视角，而且要采取内部视角。更具体地说，他认为，当社会科学家关注共同体内的规范或规范概念如何随着时间的推移而发生变化时，就需要采用这种方法。

斯波恩的论证可以重构如下。当从历时性的角度考虑规范时，它们的发展有时可能被解释为方式的变化或历史偶然性事件的结果（Spohn，2011：247-248）。此外，有时不得不将规范随时间的变化，视为个体旨在"发现并做恰当之事"的结果（Spohn，2011：248；原文为斜体）。在后一种情况下，必须采用一种理想化的理论，即作为他们努力的结果，个体越来越接近某种理想情况，在这种情况下，他们已发现并正在做恰当之事。事实上，这种理想的形成总是有偏差的，因此有必要用说明偏离理想状态的误差理论来补充这一理想化的理论。这些反思可以总结为，随着时间的推移，规范的变化有时必须被设想为对某个特定理想的"一段错误和逐步逼近的历史"（Spohn，2011：248）。

但是，社会科学家如何确定共同体在观念上趋向实现这种理想呢？斯波恩明确表示，理想是无法实现的，这是一种"规范的虚构"（Spohn，2011）。出于这个原因，他同意，这可能不是从第三人称的外部视角来假设的：经验研究可能不会被用来发现一些尚未实现的东西。相反，必须采用第一人称内部视角：为了明确这种理想，社会科学家必须进行规范慎思。由于在自然科学中从来不需要这种规范慎思，因此它的使用不仅是不可或缺的，而且是社会科学所独有的。

这些观点可能适用于通过参与式观察的方式研究规范的社会科学家。受斯波恩的启发，反自然主义者可能会说，到目前为止，本章中的分析例示了规范的第三人称外部视角方法：它表明了社会科学家如何在经验上研究他所研究的个体实际遵循的规范。有时，反自然主义者可能会进一步指出，社会科学家也可能希望从历时性的角度来理解这些规范。当社会科学家收集到有关共同体内过去规范的数据时，他有时可能会意识到需要使用理想化的理论：他必须将规范表征为，随着时间的推移朝着理想状态的方向变化，在这一理想状态中这种恰当的规范得到实施。为了提出这种恰当的规范，社会科学家必须使用独特的规范慎思方法。

这条推理路线至少有两个问题。其中的一个问题是，有不同的方式来完成所指定的无法实现的理想之任务。要理解这一点，我们可以想象一位社会科学家对发展有关两性关系的规范感兴趣。他发现，随着时间的推移，他所研究的共同体内的规范，已经在有利于两性之间更平等关系的方向上发生了很大变化。在这种情况下，他通过简单地夸大或从这种趋势中推断出一种理想：这一理想即为个体实施规范的理想，其反映了两性关系应该完全平等的观点。只要这种替代的处理方式是可行的，那么当社会科学家假设一个无法实现的理想时，规范慎思的使用就并非不可或缺的。

刚才提到的反对意见认为，社会科学家必须提供一个理想化的理论。斯波恩认为这一观点源自或者符合如下观察，即规范的形成有时必须被视为个体旨在"发现并做恰当之事"的结果（Spohn，2011：248）。我认为，这一点最合理的解读是，有时规范的变化不得不被视为个体在达成和实施关于何为恰当的新结论时对这些问题进行反思的结果。然而，这种观察结果与社会科学家记录这些变化并试图重建激发这些变化的考虑因素是完全相容的。没有必要将某些变化视为对理想的接近，而将其他变化视为必须通过误差理论加以解释的偏差。换言之，社会科学家完全可以不提供理想化的理论，并且，这意味着，不会出现可能声称需要进行规范慎思的情况。[11]

这些反思的结果是，通过参与式观察来研究共同体内规范的社会科学家，以及希望从历史角度考虑这些规范的社会科学家，不必采用独特的规范慎思方法。因此，为反自然主义者的论点辩护的最后一次尝试可能会被驳回。

第五节　结论性考察

在本章的第一部分，我介绍了参与式观察的研究方法，以及社会科学家使用参与式观察研究规范的方式。在第二部分中，我论证了在关于"方法"的各种细节上，反自然主义者那种认为社会科学家在通过参与式观察的方式研究规范时不得不使用独特的方法是错误的。最后，让我简要考察如下问题：反自然主义者如何回应这一结论。

最明显的回应可能是，反自然主义者可能会尝试提出一种对方法的额外理解，这是一种我未考虑过的理解。此外，他可能会认为，社会科学家在通过参与式观察的方式发现规范时，似乎不可或缺地使用了一种独特的方法。另一种选择是，反自然主义者放弃了对规范或参与式观察的关注。因此，他可能会试图证实，当涉及规范以外的社会实在的其他方面，和／或参与式观察以外的其他研究方法的使用时，社会科学家不得不使用不同于自然科学的方法。最后，反自然主义者可能会改变他的关注点，并考虑社会科学家是否应该，而不是可以使用与自然科学所使用的相同的方法：在可能使用独特方法和可能使用自然科学中也使用的方法的同样情形中，他可能会试图证明应该使用独特的方法。

　　事实上，该讨论留下了反自然主义者可能试图为其立场辩护的方式，但这丝毫未削弱其重要性。反自然主义者倾向于认为，规范的研究需要使用一种独特的方法，就像他们倾向于采用参与式观察一样。因此，值得深思的是，在"方法"的不同细节上，反自然主义者的主张是不正确的：在通过参与式观察研究规范时，不必使用独特的方法。更重要的是，在得出这一结论的过程中，我们从不同的角度对各种方法进行了相当详细的考察。因此，对这些方法有了更好的理解，这意味着该讨论是朝着更好地理解社会科学所使用、可能使用和应该使用的方法的方向迈出的一步。正如我在本章导论中所认为的，正是出于这一目的，我们应该进行方法论自然主义的争论。[12]

注　释

　　1. 以下描述借鉴了关于参与式观察使用的各种手册。这类手册大多始于 20 世纪 80 年代，至今仍在广泛出版。这类手册的例子有阿加（Agar，1980）、斯普拉德利（Spradley，1980）、乔根森（Jorgensen，1989）、贝利（Bailey，1996）、戴维斯（Davies，1999）、德瓦尔特和德瓦尔特（DeWalt and DeWalt，2002）以及哈默斯利和阿特金森（Hammersley and Atkinson，2003）。

　　2. 本节内容借鉴了扎赫勒的两篇论文（Zahle，2012，2013）。

　　3. 应该承认，进行这四种类型的观察绝非易事。例如，在进行第 1 类和第 3 类观察时，社会科学家必须确定评估者确实是有能力的；在进行第 2 类观察时，他必须确定执行者实际上是有能力的；在进行第 4 类观察时，他必须有充分的理由认为自己是一名有能力的评估者或执行者，等等。我在我的论文（Zahle，2012）中讨论了其中的一些困难。

　　4. 显然，在其他条件均同概括的检验方面存在一些难题。有关在社会科学语境中对这个问题的讨论，例如请参见金凯德（Kincaid，1996；63 页及之后的内容）。

　　5. 应当明确指出，第三种策略已适用于广泛理解的方法当中，也就是说，不仅适用于程序意义上的方法。这类批判的例子是克利福德格尔茨（Clifford Geertz）在他的著作（Geertz，2000）中讨论了泰勒对自然科学的描述，该描述是泰勒在其著作（Taylor，1985a，1985b）中为反自然主义立场辩护的一部分。

　　6. 在关于参与式观察的文献中，区分不同的参与程度是很常见的。三种经常被提到的分类见戈尔德（Gold，1969）、斯普拉德利（Spradley，1980；59页及之后的内容）和内尔森（Nelson，1986：8）。

7. 准确地说，斯托伯在其著作（Stueber，2012）中声称，重生成性移情的方法在人文科学中是不可或缺的。斯波恩在其论文（Spohn，2011）中也关注到了人文科学，下文将对此进行讨论。下文中，我将介绍他们应用于社会科学的观点；这对他们观点的批判性讨论没有影响。

8. 他这样想只有部分理由，因为他还必须确保本确实是一名有能力的评估者，并且本的行动是因为艾米的行动不适当而表示反对，而不是因为艾米的行动无效。

9. 同样，在某些情况下，言说某些事情也被视为表达赞同和反对。为了简单起见，我在下面的讨论中，不考虑这些表达赞同和反对的口头方式。

10. 值得注意的是，我并没有对重生成性移情方法是否需要在其他语境中使用表明立场。正因如此，我也没有参与到使用重生成性移情或模拟的捍卫者与理论捍卫者之间的争论当中。

11. 也许有人会反对说我误读了斯波恩的观点：有时，规范的变化不得不被视为个体旨在发现和做恰当之事的结果，这种主张应该被视为个体有时必须被理解为旨在发现和做社会科学家指定的恰当之事。这一提议也可能会被拒绝：如前所述，总是可以在不考虑规范的变化是否接近或偏离某种理想的视角下来理解这些变化。

12. 我要感谢扬·费伊（Jan Faye）、大卫·亨德森（David Henderson）、马克·里斯乔德和斯托伯的有益评论。此外，我在 2012 年赫拉德茨-克拉洛韦大学举行的"社会科学中的自然主义和规范性"会议上，在 2012 年赫尔辛基大学芬兰社会科学哲学卓越中心，还有在 2013 年维也纳大学展示本章的各个版本时，从听众那里也受益匪浅。

参 考 文 献

Agar, Michael H. 1980. *The Professional Stranger. An Informal Introduction to Ethnography*. Orlando: Academic Press.

Ask, Karin. 1994. Veiled Experiences: Exploring Female Practices of Seclusion. In *Social Experience and Anthropological Knowledge*, edited by K. Hastrup and P. Hervik, 65–77. London: Routledge.

Bailey, Carol A. 1996. *A Guide to Field Research*. Thousand Oaks: Pine Forge Press.

Bloch, Maurice. 1991. Language, Anthropology, and Cognitive Science. *Man*, 26(2): 183–198.

Braybrooke, David. 1987. *Philosophy of Social Science*. Englewood Cliffs: Prentice Hall.

Davies, Charlotte A. 1999. *Reflexive Ethnography*. London: Routledge.

DeWalt, Kathleen M. and DeWalt, Billie R. 2002. *Participant Observation. A Guide for Fieldworkers*. Lanham: Altamira Press.

Geertz, Clifford. 2000. The Strange Estrangement: Charles Taylor and the Natural Sciences. In *Available Light*, 143–159. Princeton: Princeton University Press.

Gold, Raymond L. 1969. Roles in Sociological Field Observation. In *Issues in Participant Observation*, edited by G. J. McCall and J. L. Simmons, 30–39. Reading, MA: Addison-Wesley Publishing Company.

Gorton, William A. 2010. The Philosophy of Social Science. In *The Internet Encyclopedia of Philosophy*, edited by J. Fieser and B. Dowden. ISSN 2161–0002, http://www.iep.utm.edu/.

Hammersley, Martyn and Paul Atkinson. 2003. *Ethnography*. London: Routledge.

Hastrup, Kirsten and Peter Hervik. 1994. Introduction. In *Social Experience and Anthropological Knowledge*, edited by K. Hastrup and P. Hervik, 1–13. London: Routledge.

Jorgensen, Danny L. 1989. *Participant Observation*. Newbury Park, CA: Sage Publications.

Keat, Russell. 1983. Positivism, Naturalism, and Anti-naturalism in the Social Sciences. *Journal for the Theory of Social Behavior*, 1(1): 3–17.

Kincaid, Harold. 1996. *Philosophical Foundations of the Social Sciences*. Cambridge: Cambridge University Press.

Little, Daniel. 1991. *Varieties of Social Explanation*. Boulder: Westview Press.

Malinowski, Bronislaw. 1922. *Argonauts of the Western Pacific*. London: George Routledge and Sons.

Nelson, Richard K. 1986. *Hunters of the Northern Forest*. Chicago: University of Chicago Press.

Okely, Judith. 1992. Anthropology and Autobiography. Participatory Experience and Embodied Knowledge. In *Anthropology and Autobiography*, edited by J. Okely and H. Callaway, 1–29. London: Routledge.

Sjørslev, Inger. 1987. Untimely Gods and French Perfume. Ritual, Rules, and Deviance in the Brazilian Candomblé. *Folk*, 29: 5–23.

Skinner, Quentin. 1988. Social Meaning and the Explanation of Social Action. In *Meaning and Context: Quentin Skinner and His Critics*, edited by J. Tully, 79–96. Princeton: Princeton University Press.

Spohn, Wolfgang. 2011. Normativity Is the Key to the Difference between the Human and the Natural Sciences. In *Explanation, Prediction, and Confirmation, The Philosophy of Science in a European Perspective*, vol. 2, edited by D. Dieks, W. J. Gonzales, S. Hartmann, Th. Uebel and M. Weber, 241–251. Dordrecht: Springer.

Spradley, James P. 1980. *Participant Observation*. Fort Worth: Harcourt Brace Jovanovich College Publishers.

Steel, Daniel and Francesco Guala. 2011. Interpretation. In *The Philosophy of Social Science Reader*, edited by D. Steel and F. Guala, 143–147. London: Routledge.

Stueber, Karsten R. 2010. *Rediscovering Empathy*. Cambridge, MA: The MIT Press.

Stueber, Karsten R. 2012. Understanding Versus Explanation? How to Think About the Distinction between the Human and the Natural Sciences. *Inquiry*, 55(1): 17–32.

Taylor, Charles. 1985a. *Human Agency and Language*. Cambridge: Cambridge University Press.

Taylor, Charles. 1985b. *Philosophy and the Human Sciences*. Cambridge: Cambridge University Press.

Taylor, Charles. 1985c. Interpretation and the Sciences of Man. In *Philosophy and the Human Sciences*, 15–57. Cambridge: Cambridge University Press.

Williams, Malcolm. 2000. *Science and Social Science*. London: Routledge.

Zahle, Julie. 2012. Practical Knowledge and Participant Observation. *Inquiry*, 5(1): 50–65.

Zahle, Julie. 2013. Participant Observation and Objectivity in Anthropology. In *New Challenges to Philosophy of Science. The Philosophy of Science in a European Perspective*, vol. 4, edited by H. Andersen, D. Dieks, W. J. Gonzales, T. Uebel and G. Wheeler, 365–376. Dordrecht: Springer.

第七章
行为者、理由与规范性的本质

卡斯顿·斯托伯（Karsten Stueber）

第一节　导　　论

　　*表面看来，社会领域是一个完全渗透着各种规则和规范的领域。我们似乎每天*都在隐含地或明确地诉诸这些规则与规范，来教育我们的孩子如何行动，并向我们的同事、朋友和至亲推荐适当的行动方案。更广泛地说，评价行为的恰当与不恰当、理性与非理性、合法与非法、得体与不雅、正义与非正义或者勇敢与懦弱，就要涉及规则与规范，这里仅列举了几个我们通常提到的规范性区分。即使是所谓的道德情绪（moral emotions），如罪恶感、羞愧、怨恨、侮辱、钦佩或骄傲，也只能根据我们在情绪上与之相适应的规范标准来加以理解。正因为如此，我们通常将社会领域中的行为说成是受规则和规范指导的，并建议研究社会领域的社会科学家恰当地说明、理解所研究的社会的那些普遍规范。

　　更重要的是，规范和规则的领域似乎也是话语建构的，也就是说，关于规范的观点和信念以及根据规范对特定行为的规范评价，被认为与关于自然世界的信念相似，因为我们可以就规范进行争论，并要求提供可供主体间理解的理由和证据，以证明其客观上是正确或错误的。我们当然承认规范概念的连续性，但我们还是要区分两种规范：一种是在相当有限的社会实践和文化实践中才具有有效性的社会规范和惯例，另一种是在几乎普遍范围内都具有有效性的规范，比如理性规范和道德规范（Southwood，2010；Southwood 和 Eriksson，2011）。但不论这一问题如何，我们认为，所有规范问题都具有与主观体验问题截然不同的认知状态（epistemic status），人们无法对主观体验进行有意义的争论，只能礼貌地交换各自的观点。但如果情况确实如此，那么我们似乎也应该接受规范事实作为规范观点的真理制定者，因为只有根据这样的真理制定者，我们才能充分理解规范的客观性。鉴于规范陈述范围的多样性，其中一些规范事实不得不被视为仅限于特定环境的具体社会事实，而其他事实则具有更普遍的存在。

然而，现代科学告诉我们，除非我们思考世界的一般范畴在某种意义上在如下范畴的帮助下而得到证实，即这些范畴在经过了严格经验检验的科学理论语境中发挥了说明作用，否则我们就不能认为，我们理解事物的普通大众方案反映了世界的潜在本体论结构。更具体地说，有人认为（最近特纳有力地指出；Turner, 2010），在社会领域的科学探索语境中，诉诸不可还原的规范事实并没有起到任何说明作用。相反，通过诉诸个人或社会群体的复杂倾向，可以完成说明任务。当然即使在这种语境中，人们也可以继续使用社会规范的说法，除非人们意识到这样一个事实，即此类说法仅仅是涉及事态的简写，比如自然主义可接受的复杂倾向模式之类的事态（参见 Henderson, 2005），或者除非可以表明我们对社会规范的说法可以根据这种自然化的术语来重新定义（对于这方面的尝试参见 Bicchieri, 2006）。[1] 世界只是"所有既定事实的总和"，而没有任何既定事实在某种需要进一步确定的意义上从本质上对我们提出任何要求。

然而，缺乏规范性的世界似乎与不得不决定如何行动的理性行为者，在极为特殊的情况下所遇到的世界完全不同。规范似乎总是从第一人称视角和慎思视角重新确立自身，我们不得不在不同的行动方案中做出选择，我们不得不向自己和他人证明我们的选择是正当的（特别参见 Korsgaard, 1996）。从这个角度看，世界似乎确实对我们提出了要求，而且似乎确实存在能够使事情在客观上正确或错误的方式。事实上，似乎只有根据规范性区分以及我们所参与的游戏规则，我们才能理解我们正在做的事情的本质。在社会科学哲学的历史中，这种直觉常常通过如下提议来表达：仅仅采用自然科学的第三人称说明视角，从根本上不足以使我们从一开始就描绘出我们想要以非规范倾向从自然主义上给予说明的社会实在（参见 Taylor, 1985）。在社会领域中，除非人们首先阐明了行为者用来理解其能动性并将自己视为下棋者、守法公民或世界中的道德行为者的规范和规则，否则社会领域中就没有什么是可以说明的。因此，社会世界是一个不得不首先使用理解的方法论来逐渐接近的世界。维特根斯坦的支持者们通过强调理解语言的类比（Winch, 1958）指出了类似的观点，并强调社会世界的实在性要求我们沉浸于社会实践，才能真正感到社会游戏及其规则约束的复杂性。人们以"不可还原但并非无法说明的方式"把这些实践构想为规范的，其规范性只能从相互问责的实践参与者的视角来理解（关于这方面的讨论，参见 Rouse, 2007；Brandom, 1994）。[2]

从某种意义上说，上述考虑表达了一个典型的哲学难题。一方面，鉴于第一人称视角的不可避免性，我们不能完全否定规范性的实在性；另一方面，作为倾向于相信说明性的科学观点在本体论上具有优先性的优秀哲学自然主义者，我们似乎只能在一种问心有愧的情况下才能这样做。因此，我们要么必须表明并解释为什么第一人称视角是虚幻的，要么必须提供一种更好的哲学解释，以使人们能够理解与自然世界（第三人称科学视角所揭示的世界）相关的规范的实在性。特纳在他最近对规范性进行说明的尝试中，或者更确切地说在他通过说明消除规范性的尝试中，选择了第一条路径。然而，特纳超越了这种哲学僵局，他根据认知科学的新观点指出，对于理解这一概念来说特别是移情理解，被解释学哲学家用来辩护社会领域规范性的不可避免性，而理解这一概念完全可以用非规范的术语来构想（参见 Turner，2010，特别是 175–185）。

在下文中我将清楚地说明我在这方面与特纳分道扬镳。我确实认为，维特根斯坦式的尝试在解释规范性方面挖掘得不够深入，或者过早停止了挖掘（参见Wittgenstein，1953，第 217 节），但我也认为，在社会领域以及实际社会科学研究中，特别是人类学中，特纳的"移情理解"这一概念并没有对人际理解的复杂性做出相应的解释。我要论证的是，虽然规范性本身（在某种需要进一步说明的意义上）并不诉诸因果说明属性，它是一个与我们的因果说明实践密不可分的概念，这里的因果说明实践是根据行为者的行动理由来对行动进行说明的。在我看来，事实在任何意义上来说本质上都不是规范的。相反，只有从行为者的视角，尝试通过模拟彼此的想法作为行动的理由来相互理解对方，事实才能与规范相关，才能成为行动的规范理由。在以这种方式协商人们能动性的主体间可理解性时，我们致力于一种类似公正的旁观者视角的东西，从而致力于这样一种观点，即存在规范性理由，其有效性独立于个体的主观视角。

我认为我对规范性的解释，与元伦理学中的建构主义方案（参见 Korsgaard，1996）相契合，因为我认为在哲学上有必要进一步阐明规范性理由的本质与实在性，即使这样的阐明不足以进行还原性分析。[3] 此外，我对规范性实在性的阐明和辩护将诉诸，至少是我所看到的隐含于亚当·斯密（Adam Smith）的《道德情操论》中的考虑，而非隐含在康德那里的考虑。通过这种方式，我将要揭示的是，客观规范性作为一种真实特征，存在于人类行为者根据他们的经验心理对彼此自然而然所采取的态度中。因此，我们可以承认规范属性的实在性，而无须规范属性具有因果的说明属性。

第二节　如何构想规范理由的实在性

在开始我对规范性的建构性解释之前，有必要更详细地阐明我将用于探讨规范性主题的概念框架。由于我认为能动性与规范性这两个概念密切相关，因此我将按照元伦理学文献中的常见做法，根据规范性理由的概念来处理规范性问题。因此，规范事实是指那些为行为者提供支持或反对某种行动的客观考虑的事实（在这方面也参见 Scanlon，2014）。杀戮是错误的这一道德事实——如果你允许我暂时使用这个术语——是一种规范事实，因为这一道德事实为我们提供了一种客观上反对杀戮的道德考虑，而用刀叉进食的社会规范是一种规范，因为这种社会规范在某些情况下为我们提供了一种认同用刀叉进食的考虑。以同样的方式，我们可以谈论审慎规范、逻辑规范、法律规范等。然而，在这一语境中我们必须保持谨慎。规范性理由未必是行为者主观上认为的支持其行动所考虑的理由。例如，行为者可能不知道池塘上结的冰层很薄，因此，他们可能没有认识到薄冰客观上意味着他们不应该在冰上行走。正是出于这个原因，人们通常会将行为者行动的动机性理由与规范性理由区分开来。动机性理由被视为与行为者的心理状态（信念、愿望、意向等）是一致的，而规范性理由则被设想为世界的客观特征，根据这些特征，行为者的行动可以被客观地证实、批判或纠正。

到目前为止，我所说的一切都不应被视为在哲学上特别具有争议性。规范性理由的概念似乎隐含在我们的日常体验中，例如，我们可能需要接受纠正，我们意识到自己没有按照规范要求的应当采取的行动而行动，或者实际上存在着反对我们行动的考虑，而我们却忽视或误解了这些考虑。然而，当我们想要为我们的直觉提供本体论基础，并试图将我们的规范主张的真理制定者从实在论的意义上设想为实在性的内在特征时，问题就会立即出现。而且，实在性会被赋予一些相当奇特的特征或事实（Mackie，1977），这些特征或事实内在地为我们提供了规范性理由，根据这些理由，我们行为就可以被评价为适当或不适当的，等等。或者遵循史蒂文森（Stevenson，1937）的建议和类比，从实在论上理解规范属性意味着将这些属性类比为磁铁。就像磁铁会产生磁场并因此吸引某些金属一样，规范事实也具有内在的能力，能在其规范领域内使行为者产生目标取向。例如，残忍为行为者提供了使其不从事残忍行为的规范性理由。未能对世界的这些特征做出回应的理性行为者在客观上是错误的，或者，如果人们倾向于把理由回应性看作理性能动性的一种基本能力，那么他们显然是非理性的。[4]

在某种程度上，我并不反对这种表达方式。我认为这是我们唯一的表达方式，我们可以用这种方式来理解我们主体间的慎思方式，而且这种方式还是一种如何就我们的行动彼此问责的方式（另可参见 Enoch，2011）。我还认为，主要通过指出如下事实来反对规范性的实在论理解是错误的，即在提供对世界尤其是社会世界的因果说明解释时，人们并没有诉诸规范属性，而为了达到这个目的，至多需要诉诸规范态度（或心理倾向）。规范属性对实现这些目的确实没有什么帮助，但正如传统上实在论者指出的那样，在这方面规范属性并不比逻辑或数学属性更糟。[5] 例如，有效性属性是那些论证所具有的真实属性。当且仅当某一论证不可能前提为真结论为假时，该论证才具有有效性属性。此外，无论我们是否希望该论证有效，抑或是否相信它有效等，它所具有的这种属性独立于我们的任何态度而存在。类似的评论也适用于中心逻辑范畴，比如一个集合具有一致性，无论两个陈述是否矛盾，甚至一个特定的陈述是否为真或假。仅仅因为这些属性不能描述因果力（有效性确实不会创造任何奇迹，也不能被我们的感觉器官感知，也无法用我们的脚踢来踢去）而否认它们的存在，似乎表明了一种有问题的、错误的或至少是隐含的对所谓的埃利亚原则（Eleatic principle）的依赖。根据埃利亚原则，我们应该接受实体、事实或属性的实在性，当且仅当这种实在性"对世界的因果／经济秩序做出某种贡献"（Armstrong，2004：37），或者在我们对各种现象的因果说明解释直接诉诸这种实在性。然而，即使数学属性在这一意义上没有任何因果力，我们也无法在没有数学运算的情况下对自然世界提供科学的因果说明解释（参见 Colyvan，1998；他也赞成特殊类型的数学解释）。类似的评论适用于逻辑属性，这些属性以抽象和非因果的方式，描述了我们提供因果解释以及说明性解释所涉及的活动的各个方面。因此，如果坚持认为，只有科学所诉诸的属性才是真实的，才能解释世界和天空是如何运动的，那就大错特错了。确实存在一些属性，它们不一定会移动任何东西。接受这些属性的存在不仅仅是一种盲目信仰。相反，它们的存在得到了证实，因为它们反映了活动结构的特征，这些特征与我们对世界提供的因果说明解释有着密切的内在联系。

上述评论不足以确定本质上为理性行为者提供了规范性理由的事实的实在性。这些评论只是表明，埃利亚原则不能成为事实和属性获得某些本体论上认可的唯一标准。以有效性或一致性为例。仅仅因为某一论证是有效的或某一信念集是一致的断言可以在客观上为真或为假的这一事实，并不能将有效性或一致性确立为规范属性，这从本质上为我们提供了构建有效论证的理由。的确，坚持主张只构建有效的论证或只形成一致的信念集，似乎有点学究气，而且似乎还表明了一种令人厌烦的品性。也许它甚至还表达了对逻辑清教主义或拜物主义的无益承诺。更重要的是，正如关于人类理性和推理缺陷的争论所表明的那样，对于我们这些认知能力相当有限的生物来说，为什么应该将一致性或有效性视为规范性理由，并不明确（参见Stueber，2006，第2章）。归根结底，规范性理由就是诸多考虑，根据这些考虑，可以批判或最终证实行为者的主观考虑。因此，规范性理由是一种必须冠以行为者视角的考虑，同时还是一种以行为者也可能认可的方式挑战或证实行为者行动的可理解性的考虑。否则，规范性理由和行为者之间的关系似乎就必须被设想为类似于棒球规则适用于足球运动员的行动的关系。棒球规则并不是评价足球运动员的恰当标准。在这种情况下，诉诸棒球规则将对足球运动员构成一种外部强制要求，从足球运动员的视角来看，对这种强制要求理应予以拒绝。

因此，任何规范性理由的哲学解释，都不得不阐明或提供一些有意义的见解，说明行为者在何种条件下将规范性理由视为规范标准。只有通过这种方式，我们才能从哲学上解释规范性在我们生活中的核心作用。正是出于这个原因，关于规则和规范的柏拉图主义实在论，在过去几十年中从未成为社会科学哲学中的现实选择。

仅仅假设规则和规范存在于第三领域，并不能解决如下问题：为什么我们应该根据存在于似乎与我们的人类实践无关的领域中的实体来进行规范性判断。[6]

相反，人们普遍遵循维特根斯坦的观点，认为规范性是我们语言和社会实践的一个内在的、不可还原的特征。规范性的实在性必须得到承认，因为在某些实践中，行为者在反思时承认规范和规则作为标准，根据这些标准人们对实践进行评价，并根据这些标准对之给予指正（关于这方面的讨论参见 Stueber，1994，2005）。归根结底，根据我们对彼此的态度，规范必须被视为具有客观地位。更具体地说，对于布兰顿而言，我们不得不把规范设想成一种态度，即"把我们自己和彼此视为具有承诺"，并根据这种承诺让彼此负责的态度：一种只能通过具有主体间有效性的规范和规则，从哲学上反思性地理解的实践（Brandom，1994：626）。

然而，上述论证在试图确立规范性的客观性时显得过于草率。虽然规范的实在论者和柏拉图主义者似乎乐于将规范性在我们生活中的中心地位，仅仅视为一种偶然的心理事实，而这与将事实的本质解释为规范性理由无关，对此，维特根斯坦的支持者们似乎认为，他们仅仅通过断言规范性在我们社会实践中的中心地位从而避免了柏拉图实在论的陷阱，但没有充分解释为什么会这样的理由。鉴于社会实践的多样性，人们也不禁怀疑，客观的规范性理由的概念，是否不仅仅是将一种观点或实践强加给另一种观点或实践。以布兰顿的如下陈述为例，"矛盾、正确推理、正确判断都是规范概念，而非自然概念"（Brandom，1994：12）。我不想在这种情况下对正确性概念发表评论，但是要说矛盾本质上是一个规范概念似乎并不正确。准确地说，"矛盾"主要是一个逻辑概念，其描述了两个陈述之间的关系，所以两个陈述不能同时为真。不矛盾原则是否是另外一种客观标准，该标准能否为评价一个人的推理行为提供规范性理由，尚需要论证。

维特根斯坦式的对规范性的实践解释，并不能充分平息虚无主义者和取消主义者的担忧，对他们来说，在实践中诉诸客观规范标准只不过是一种表达方式，因为最终社会实在和社会互动可以依据个体倾向模式来充分说明。虽然我拒绝把埃利亚原则作为给予本体论上认可的唯一标准，但我仍然坚持这样的观点：只能对某种意义上与我们的说明实践相关联的属性给予本体论上的认可。迄今为止，没有任何一种立场表明，从第一人称的视角对彼此负责的这一事实，本质上也与我们对彼此所采取的说明性立场有关。在下文中，我将通过论证客观规范性的概念是行为者的一个突现特征来证明这一点，其中行为者从根本上认为彼此具有类似心理，并试图通过模拟他人视角来理解彼此。

第三节　从说明性的大众心理学实践中定位规范领域

为了进一步阐述我的观点，最好从承认特纳近来对我所提出的策略的挑战开始，以避免人们指责我是在做徒劳无益的事情。特纳承认，在理解其他行为者时，我们必须认为他们的行动是可理解的，也就是说，我们必须把他们理解为出于某些理由而行动的理性行为者。然而，特纳认为，这种关于解释本质的见解，由于受到可理解性和理性的标准的指导，不应从不可还原的实在性的规范方面来理解；而且，正如布兰顿所指出的，这个方面也不是其"因果秩序"的一部分（Brandom，1994：626）。[7] 更确切地说，可理解性可以从特纳所支持的"祛魅"和自然化的视角，被解释为遵循他人思想的能力，"一种具有特殊神经元大脑的生物的能力，也许在这种情况中是镜像神经元或镜像系统，而不是灵魂参与于形式，或被铭刻的石板"（Turner，2010：168）。

与斯蒂芬·斯蒂奇（Stephen Stich）（Stich，1990，1994）一样，特纳并不认为理性规范会限制我们对他人的理解。相反，我们有能力将他人视为与我们自己相似，也有能力模拟他们的想法，这种能力使我们发现他们是可理解的。斯蒂奇也以对混合理论之理论（a hybrid theory-theory）立场的辩护而闻名，他对理性作为解释约束的拒绝，主要是基于对人类普遍存在的推理缺陷的深刻见解，但与斯蒂奇不同的是，特纳在这种情况中完全认同模拟论，更具体地说，特纳似乎将镜像神经元的发现设想为模拟的证据，以证明模拟是理解其他行为者的默认方法。当然，作为把模拟和移情作为人际理解的默认方法的支持者（参见 Stueber，2006），我非常赞同特纳的立场。然而，正如我将要论证的，认为模拟是人际理解的核心并不会导致对规范性的摒弃。相反，它允许我们以一种方式来构想客观规范性理由的适当来源，同时使我们能够理解为什么客观规范性理由是行为者所拥有的客观理由。

那么，为什么人们可以从人际理解中模拟的中心地位得出如此不同的结论呢？首先，重要的是，需要理解镜像神经元所支持的理解范围相当有限。关于镜像神经元是否完全可以被理解为一种模拟形式，或者镜像神经元的主要功能是否是一种认知功能，从而使我们能够对他人正在做什么有所了解，这一问题在新近的哲学和认知科学文献中展开了相当激烈的争论。当我观察你的行为时，我可能会在神经生物学层面上自然而然地与你产生共鸣，这一事实似乎并不是换位思考（perspective taking）的例证，该事实也并不必然意味着我能够理解你在做什么或你在感受什么。这可能只是意味着，每当我观察到你感到悲伤时，我也会有某种感觉，而不必在概念层面上认识到你和我所感到的是一种悲伤的感觉。对杏仁核特定区域的刺激只会使我们感到恐惧，但不会使我们在自我反思上以及概念上意识到我们感到恐惧的事实。否则，我们将不得不假设每个能够感受到恐惧的生物（动物和婴儿）也都有恐惧的概念。

尽管如此，我很乐于赞成，镜像神经元研究证实了像维特根斯坦和胡塞尔等许多不同哲学家的主张，即人类之间对彼此所持有的主要立场以及具有发展性的基本立场，与他们对其他无生命物体所持有的理论立场与客观立场截然不同。更具体地说，镜像神经元可以被理解为，允许我们以非概念性的方式把他人的身体动作理解为像自己的身体动作一样的具有目标导向性的动作，还可以理解为表达自己在感觉上所熟悉的内在状态或情绪（更多细节参见 Stueber，2012a，2012b）。然而，行为者不仅仅是这样的存在，其动作是由内部事件引起的，其动作以目标为导向，指向外部世界中的对象。相反，行为者是人，其根据他们对情形的构想以及他们的目标，来制定、慎思行动计划，并且其行动是有理由的，这些理由从他们自己的主观视角辩护其所选择的行动方案。正是出于这个原因，镜像神经元系统提供的对其他行为者的可理解性是相当有限的；这种可理解性最多涉及熟练的身体动作领域，还涉及识别我们面部表情和身体姿势中表达的情绪。[8] 正是由于这个原因，一些模拟理论家区分了低层模拟与高层模拟、镜像和建设性移情，或者区分了基本移情与重生成性移情（Goldman，2006；Stueber，2006）。对他们来说，只有独立于镜像神经元系统的、在认知上更高级的富于想象力的换位思考形式，才能让我们借助我们自己的认知系统，通过模拟另一个行为者的信念和愿望，来理解其行动的理由。此外，只有当我们能够将另一个人的信念和愿望理解为其行动的理由时（通过重生成性移情的形式），我们才会相信对其行为的大众心理学说明。

以上所有的断言肯定会受到各种各样的质疑。[9] 但是，即使到目前为止人们同意这些断言，我们也应该承认，上述关于我们如何理解他人行动可理解性的解释，并不涉及我们正在寻找的某种意义上的任何规范性。它似乎是在应对从主观角度算作理由的考虑，但这些考虑不一定是客观的规范性理由。然而，当我们考虑最初似乎不可能，至少在没有一些想象力的努力下，将他人的行动理解为可理解的行动的情况时，事情就变得更为复杂了。例如，我们可能无法完全理解并真正感到困惑的是（假设我们体验到他人在其他方面与我们是具有类似心理的人），为什么有人会因为仅仅受到轻微的侮辱就勃然大怒，或者为什么有人迫切希望知道他的后院有多少草叶，这可能是一个考虑因素，在任何情况下都可以作为计算草叶的理由。从解释者的视角来看，这些困惑构成了说明性难题，这些难题需要解释性的求解方案。就本文的目的而言，重要的是认识到，此类困惑不仅仅是解释性难题。我们不得不使自己想起一些哲学家的见解，比如像大卫·休谟，特别是亚当·斯密，他们把"人类的心灵是彼此的镜子"（Hume，[1739] 1978：365）这一事实理解为创造人类社会凝聚力的心理中心，同时还理解为我们作为理性行为者的自我概念的基础。以一种移情的方式和重生成性的方式，来理解我们认为是具有类似心理的人，而且我们自己也对这些人的想法和感受感同身受，这种理解确实会对我们自己如何看待自己的想法和情绪产生影响。

斯密还将我们彼此感同身受的能力，以及重生成另一个人的思想和情绪的能力，与我们认同另一个人的行为或情绪的倾向联系了起来。斯密对这一见解赋予了一种特殊的情感主义解释，他主张，我们之所以将某种考虑或感受视为是适当的，不仅在于我们"以与他相同的方式［通过积极地同情他］受到影响时，还在于我们必须［也］感知到他和我们之间的情感的和谐与共鸣"（Smith，[1759] 1982：78），。对这种和谐的感知，据说与"一种愉悦和令人愉快的情绪"有关，而这种情感"正是赞许情感的真正组成部分"（Smith，[1759] 1982：46）。斯密在整个《道德情操论》中始终都与道德情感主义的立场保持一致，并将与同情（而不是理性）相关的情感视为我们道德判断和道德概念的来源。但是，最终在斯密的理论中，他对我们心理状态之间的共鸣所带来的感知愉悦，对于评价另一个人行为的道德品质究竟有多重要，这一点并不十分清楚。例如，在讨论美德（merit）这一概念的语境中，斯密明确表示，能够赋予行动以美德的，是我将自己置于他人的角度，并考虑行为者针对该人的行动是否会让我感到感激【或者，正如我（指作者本人）所说的那样，是否会构成让我感到感激的理由】，无论这个人自己是否会感到感激。[10] 更重要的是，我们甚至不清楚，基于对心理共鸣的感知所产生这种愉悦表达为何具有任何规范力，也就是说，为什么我们应该把这一表达看作评价我们行为的相关标准。我们当然可能在心理上容易受到这些情感的表达的影响，但这本身并不足以赋予这些情感以规范地位。

　　鉴于重生成（reenactment）这一概念主要与理由有关，我想就相互理解对行为者自我概念的重要性提出一个略有不同的看法。作为理性和自我反思的行为者，确实意味着，我们是能够为我们的行动提供理由的人，并且能够从我们的视角根据对我们行动辩护的考虑将行动置于我们所处的环境当中。正是在这个意义上，我们可以对自己的行动负责，这些行动不仅是由我们引起的，而且还是我们所做的。我将把这种特征视为能动性的构成性特征之一（参见 Velleman，2009）。此外，当我们体验到与他人具有类似心理，并在日常生活中以这种方式与他人互动时，我们确实将他人视为出于与我们相似考虑而行动的存在。更确切地说，我们把我们的考虑看作具有类似心理的某人可以重生成的想法，而且至少在他的想象中这些想法可以被视为行动的理由。从这个意义上说，我们的行动的可理解性（这对于我们作为行为者的自我概念来说至关重要）就不仅仅是一个主观的或唯我论的概念。它通常是一种主体间概念，因为我们行动本身的可理解性可以反映在其他人的心灵当中。而正是那些关于我们对行动考虑的主体间可及性与相互可及性的期望，在相互理解破裂时便随之落空。

　　因此，解释者对"我只是不明白，你为什么要（或为什么会）这么做"的形式感到困惑，解释者的这一困惑可能会对另一个人的可理解性提出挑战，因为它表明他没有理由（即使从他的主观角度来看）对自己的行为负责。以这种方式，我们重生成他人理由的失败尝试，会挑战并削弱了他人能动性的基础，然而，这一挑战可以通过以下方式予以反驳：要么声称解释者的视角不充分，要么指出其存在偏见。因此，解释者及其解释对象双方都有理由克服彼此的困惑。从解释者的视角来看，这将允许他或她恢复一种认知平衡，从行为者的视角来看，这将允许他恢复自己的能动性的核心期望。解释者之所以未能将对他人的考虑，重生成为他或她的行动理由，往往是因为这样做的尝试有主观上的偏见，因为他的所有信念、愿望或价值都投射到了他人身上。通常情况下，解释者能够通过考虑他自己和另一个人之间的相关差异，重生成另一个人对行动的考虑并将那些考虑理解为他或她的理由。在这里我不想详述这一研究主题所涉及的困难（特别是在存在巨大文化差异的情况下）。就我的目的而言，只要我能够找到我们心理态度的差异，富有想象力地接受我未与你共有的态度，并从你的视角模拟你的想法、慎思你遇到的情形时，将你未与我共有的态度隔离开来，那么我就能够成功地重生成你的理由。然而，在任何情况下，都不需要我完全成为你或任何其他我试图理解的人。相反，移情理解得以继续进行，原因在于，引用科林伍德（R. G. Collingwood）的话来说，其他人的想法"*被封存在当前想法的语境中，通过反驳移情理解，这种语境将其限制在一个不同于其他人想法的层面上*"（Collingwood，1939：114）。在重生成另一个人的想法时，通过对我们之间的相关差异保持敏感，我同时意识到这样一个事实，即我自己也会以不同的方式进行慎思。

然而，就我将考虑重生成为行动的理由而言，当我假设性地反思行动的各种方案并决定采取哪种行动时，那些想法至少具有了我的考虑和慎思的地位。例如，我可能想知道给我的妻子或孩子买什么礼物最好，在慎思各种选择时，我对他们的各种兴趣、偏好和需求作出了假设。最后，我不得不确定一个选择，因为我认识到，我的各种考虑总体上似乎倾向于该选择。从某种意义上说，它们比倾向于其他选择的考虑"更强大"；出于某种原因，它们是我应该采纳的考虑因素。因此，我所采纳的作为我确定一种选择的理由的那些考虑，根据使我倾向于它们而不是其他行动理由的那些考虑，获得了它们作为这种理由的地位。当我以一种重生成性的方式来把握另一个人的理由时，这会给我自己理解自己行动的方式施加了类似的压力。似乎如果我想象性地采用另一个人的不同背景假设，那么他的考虑完全可以理解为行动的理由，也就是理解为我在那些情况下采取行动的理由。但这样的重生成可能会引发这样一个问题，即我在重生成中隔离的态度（这种隔离使我能够理解他的理由）是否需要重新考虑、是否应该放弃，这是一个需要理性回应的问题。就我在至少两个不同的人的考虑中进行协商而言，我在这种语境中所诉诸的考虑，必须被设想为不仅仅具有主观的有效性或力量。此外，必须将那些理由得以可理解的视角视为，超越我自己的主观视角的存在。它必须被视为一种公正的视角，因为在这种视角中，我们双方都在努力使我们的行动理由被证实为主体间适当的行动理由。

因此，对某种类似公正的旁观者视角的承诺，与我们自己喜欢的看待世界之方式所产生的挑战密切相关，而这些挑战来自我们发现彼此行动是可理解的模拟实践中。他人的视角让我面临挑战（可以说是内在的），我需要诉诸考虑来解决在特定情形中以客观和公正的方式行动的理由是什么的问题。[11]事实上，所采用的视角是否公正、是否无偏见的问题，与所诉诸的理由是否是真正规范性理由的问题，有着内在的联系，其中规范性理由是每个理性且具有类似心理的行为者采取行动的理由。询问所声称的理由是否真的客观，就是在询问所采用的视角是否真的公正。正是在这种语境下，关于我们移情能力中的偏见或我们认知能力的其他缺陷的问题，对于公正的旁观者视角来说是至关重要的。在我看来，正如斯密已强调过的，对公正视角本质的反思，必须被视为公正旁观者视角本身一个必不可少的部分。

　　关于我们对公正视角概念之承诺的性质和来源的上述考虑，不仅构成了哲学上的思辨，还反映了 20 世纪 70 年代社会科学哲学中热烈讨论的关于原始的理性的论述的本质（另见 Risjord，2000）。正因如此，上述哲学反思应该诉诸将自身视为自然主义者的哲学家，因为这是一个反映社会科学实际实践的视角。具体来说，关于阿赞德人巫术实践的讨论表明了，对他人的理由的重生成如何能够迫使人们采取一种更"客观的立场"，以证实人们自己的视角。此外，这一讨论还表明，采用这种被认为更公正的立场，其本身如何会被质疑为有偏见。众所周知，埃文斯-普里查德（Evans-Pritchard，1937）发现阿赞德人巫术实践在某种意义上是完全可以被理解的。然而，就他能够理解阿赞德人的情况而言，他也觉得有必要要客观地评价阿赞德人的视角，认为阿赞德人巫术实践没有客观的规范性理由。正是在这个阶段，温奇介入并认为，西方科学视角不是评价阿赞德人行动理由的适当视角（有关争论参见 Wilson，1970；Winch，1964）。无论人们如何看待这场特殊的讨论，都应该清楚的是，规范性理由的概念并非哲学上的发明。相反，它反映了我们解释实践的一个核心特征，这取决于我们发现彼此可理解的那种重生成性能力和移情能力。我们的解释实践迫使我们变得更加自我反思，正因为如此，如果我们不致力于诸如公正的旁观者视角之类的概念，以构想出我们所拥有的规范性理由，那么那些解释实践就是我们无法理解的实践。

第四节　结　　论

　　我对规范性作为行为者所拥有的客观规范性理由的辩护，并不是通过表明规范性理由的概念本身是一个因果说明性概念来进行的。事实上，我会认为这是一个无望的事业，我也不会完全接受将埃利亚原则作为对本体论上认可的必要标准。然而，我通过表明规范性与我们的说明性的大众心理学实践息息相关，从而尝试找到规范性的来源，其中说明性的大众心理学实践试图根据从行为者各自的视角为其行动辩护的考虑来理解行为者。这种说明性的实践涉及我们的移情能力与重生成性能力，因此本质上与慎思的第一人称视角有关。

　　它还致力于一种公正的旁观者视角的观点，至少我是这么认为的。在这个维度中，鉴于在重生成其他人的观点时所遇到的挑战，我们必须对从不同视角提出的行动理由进行协商，这是我们试图保护能动性的可理解性的一部分。

因此，规范性理由并非奇怪的事实或奇怪的属性。相反，它们是各式各样相当普遍的事实和属性，从公正的旁观者的视角可以将其理解为，为采取某种态度作辩护的考虑。也正是在这一语境中，我们可以理解诸如真理、矛盾或有效性之类的属性为何具有规范属性，因为那些对采取某种信念等的考虑都诉诸这些属性。由于本文的主要目的是维护客观规范性的概念并定位其来源，因此我没有区分不同程度的规范性和不同类型的规范性理由。这应该作为另一篇论文的主题。然而，我想说的是，如果到目前为止人们同意本文的论证，那么很可能我们需要在具有普遍有效性的规范性理由与具有局部有效性的规范性理由之间做出区分。在我看来，传统上被视为理性规范和道德规范的规范之所以具有普遍有效性，是因为将公正的旁观者视角作为协商不同观点的维度，这一观念使我们也致力于某些类型的行为、推理及其他，同时该观念还要求我们在某种意义上重视与我们类似的心理。然而，局部的社会规范的规范力，可以被理解为这样一个事实，即存在于特定社会中的倾向模式，是从公正的旁观者视角来讲的作为有利于行动、选择、愿望等的考虑。

但正如我所指出的，这是一个复杂的论题，需要在别处进行更详细的解释。最后我所强调的是，在我看来，规范性的实在性在某种意义上是依赖于立场的。一个事实作为一种客观的规范性理由的构成条件在于，它能够从公正的旁观者的视角被理解为，为一种行动或对世界采取的某种态度而辩护的考虑。然而，依赖于立场并不意味着规范性就缺乏真实性。它只意味着规范性和它所依赖的立场一样真实、自然。但是，行为者（作为具有特定大脑组织的自然有机体）为了理解作为可理解的行为者的行为而彼此采取的立场，并非通过说明就能被消除的某种东西，也并非我们可以自由协商的某种东西。这种立场是自然界的一部分，即使它在自然科学中没有对应的立场。但是，如果自然主义声称，某些事物只有在可以还原为自然科学的词汇时才是真实的，那这种主张对自然主义而言未免太过于苛刻了。[12]

注　释

1. 在当代元伦理学语境中，类似的论证策略被用来反对道德实在论或伦理实在论。例如，参见布莱克伯恩（Blackburn，1993）与新近斯特里特（Street，2006）的相关论述。

2. 我一直对这些维特根斯坦式的考虑颇为赞同。参见示例（Stueber，1994）。我依据一套复杂的自我监控倾向来分析规则遵循（Stueber，2005）。然而，正如我在本文中所认为的那样，为了保护规范性免受特纳的取消主义的挑战，我们不得不再深入一点。关于理解的概念是否适合区分自然科学和人文科学的讨论，请参见（Stueber，2012c）。

3. 在本文中，我将主要讨论在社会科学哲学语境中所提出的对规范性的实在性的挑战。

关于我在元伦理学语境中对规范性概念的看法，请参阅我即将发表的关于"史密斯建构主义"的文章。

4. 在这方面，请参见帕菲特（Parfit）和斯坎伦（Scanlon），他们都是关于规范性理由的实在论者。帕菲特选择了后一种方式来表达我们未能认识到规范性理由，而斯坎伦则选择了前者。参见（Scanlon，1998）和（Parfit，2011，第1卷，特别是第119-125页）。

5. 例如，参见罗思"这个命题中所表达的道德秩序与几何公理或算术公理中所表达的空间或数值结构一样，是宇宙（而且我们可以补充说，这是任何存在道德行为者的可能宇宙的一部分）普遍性的一部分"（Ross，[1930] 2002：29-30）。有关道德实在论者和理性主义者对数学类比的有趣批判，请参见（McGrath，2014）。

6. 在我看来，在当代元伦理学实在论复兴的语境中，实在论的支持者并不认为有必要讨论这个话题，这是一个普遍令人费解的问题（例如参见 Shafer-Landau，2003：212）。这种规范事实的实在论概念似乎类似于维特根斯坦所说的著名的盒子里的甲虫（Wittgenstein，1953，第293节）。该概念被揭示为语法错觉的本体论物化，因为假定的对象在理解我们对规范性理由的关注方面并未起到任何作用[克里斯蒂娜·科尔斯加德（Christine Korsgaard）1996年在元伦理学语境中强有力地提出了这一点]。诚然，在当代语境下，也有人试图将规范事实还原为自然主义上不那么引起异议的实体。虽然我在这里没有足够的篇幅为这一主张进行辩护，但归根结底，我对这种自然主义的还原是否能够保留这些事实的规范特征表示怀疑。

7. 特纳还认为，他的立场与戴维森的解释概念相一致。不过，本章并不对戴维森的解释给予详细阐释。值得注意的是，我在这方面并不完全同意特纳的观点。或者，如果这确实是戴维森的想法，那么我尊重但不同意特纳和戴维森的观点。

8. 有关镜像神经元研究的综述，请参见（Rizzolatti 和 Sinigaglia，2008）。虽然我同意他们的这一主张，即镜像神经元确实为我们提供了非概念性的理解，但我倾向于怀疑他们的如下主张，即镜像神经元也为我们提供了对更广泛的行动序列的理解。

9. 诚然，在所谓的心灵理论争论中，重生成性移情对于理解能动性的可理解性而言是否具有认识上的中心地位是一个富有争议的领域。然而，由于在这方面我与特纳的意见并没有分歧，因此我认为在这一语境中出现争议也是理所当然的。关于我这方面的积极论证，请参见（Stueber，2006，2008）。在这里，我的兴趣在于引出规范性理由概念的哲学阐释的含义。

10. "当我说别人获得了某种恩惠时，不论受惠者对此有何感受，如果我把这件事带到自己的内心，我感到自己内心的感激之情油然而生，我必定会赞许施恩者的行为，并认为该行为是值得称赞的……因此，这里并不需要实际的情感共鸣"（Smith，[1759] 1982：78）。

11. 正如亚当·斯密所说，公正的旁观者视角确实是"内心那个人"这样一种视角。它不是一种对我们来说永恒的视角。相反，它在内部被诉诸，以便在重生成他人的想法后解决内部的张力。

12. 在由马克·里斯乔德在阿米卡洛拉瀑布州立公园组织的一次研讨会上，本书的大多数撰稿人对初稿的讨论使本文受益匪浅。非常感谢他们的评论。在这样轻松的环境中举行研讨会，确实是研习哲学的最佳方式。此外，我要感谢朱莉·扎勒（未能参加研讨会）对本文的评论。

参 考 文 献

Armstrong, D. M. 2004. *Truth and Truthmakers*. Cambridge: Cambridge University Press.

Bicchieri, C. 2006. *The Grammar of Society: The Nature and Dynamics of Social Norms*. New York: Cambridge University Press.

Blackburn, S. 1993. *Essays on Quasi-Realism*. Oxford: Oxford University Press.

Brandom, R. 1994. *Making It Explicit: Reasoning, Representing, and Discursive Commitment*. Cambridge, MA: Harvard University Press.

Collingwood, R. G. 1939. *An Autobiography*. Oxford: Oxford University Press.

Colyvan, M. 1998. Can the Eleatic Principle Be Justified? *Canadian Journal of Philosophy*, 28: 313–336.

Enoch, D. 2011. *Taking Morality Seriously*. New York: Oxford University Press.

Evans-Pritchard, E. 1937. *Witchcraft, Oracles, and Magic among the Azande*. Oxford: Oxford University Press.

Goldman, A. 2006. *Simulating Minds: The Philosophy, Psychology, and Neuroscience of Mindreading*. Oxford: Oxford University Press.

Henderson, D. 2005. Norms, Invariance, and Explanatory Relevance. *Philosophy of the Social Sciences*, 40: 30–58.

Hume, D. 1978. *A Treatise of Human Nature*. Oxford: Clarendon Press. Original edition, 1739. Korsgaard, C. 1996. *The Sources of Normativity*. Cambridge: Cambridge University Press.

Mackie, J. L. 1977. *Ethics: Inventing Right and Wrong*. London: Penguin Books.

McGrath, S. 2014. Relax? Don't Do It! Why Moral Realism Won't Come Cheap. In *Oxford Studies in Metaethics*, volume 9, edited by R. Shafer-Landau, 186–214. Oxford: Oxford University Press.

Parfit, D. 2011. *On What Matters*, 2 volumes. Oxford: Oxford University Press. Risjord, M. 2000. *Woodcutters and Witchcraft*. Albany, NY: SUNY Press.

Rizzolatti, G. and C. Sinigaglia. 2008. *Mirrors in the Brain? How our Minds Share Actions and Emotions*. Oxford: Oxford University Press.

Ross, W. D. 2002. *The Right and the Good*. Oxford: Clarendon Press. Original edition, 1930. Rouse, J. 2007. Social Practices and the Normative. *Philosophy of the Social Sciences*, 37: 46–56. Scanlon, T. 1998. *What We Owe To Each Other*. Cambridge, Mass: Harvard University Press.

Scanlon, T. M. 2014. *Being Realistic about Reasons*. Oxford: Oxford University Press. Shafer-Landau, R. 2003. *Moral Realism: A Defense*. Oxford: Oxford University Press.

Smith, A. 1982. *The Theory of Moral Sentiments*. Indianapolis: Liberty Classics. Original edition, 1759.

Southwood, N. 2010. The Authority of Social Norms. In *New Waves in Meta-Ethics*, edited by M. Brady, 234–248. New York: Palgrave MacMillan.

Southwood, N. 2011. The Moral/Conventional Distinction. *Mind*, 120: 761–802.

Southwood, N. and L. Eriksson. 2011. *Norms and Conventions. Philosophical Explorations*, 14: 195–217.

Stevenson, C. L. 1937. The Emotive Meaning of Ethical Terms. *Mind*, 46: 14–31. Stich, S. 1990. *The Fragmentation of Reason*. Cambridge, MA: MIT Press.

Stich, S. 1994. Could Man Be an Irrational Animal? Some Notes on the Epistemology of Rationality. In *Naturalizing Epistemology*, edited by H. Kornblith, 337–357. Cambridge, MA: MIT Press.

Street, S. 2006. A Darwinian Dilemma for Realist Theories of Value. *Philosophical Studies*, 127: 109–166.

Stueber, K. 1994. Practice, Indeterminacy, and Private Language: Wittgenstein's Dissolution of Scepticism. *Philosophical Investigations*, 17: 14–36.

Stueber, K. 2005. How to Think about Rules and Rule-Following. *Philosophy of the Social Sciences*, 35: 307–323.

Stueber, K. 2006. *Rediscovering Empathy: Agency, Folk psychology, and the Human Sciences*. Cambridge, MA: MIT Press.

Stueber, K. 2008. Reasons, Generalizations, Empathy, and Narratives: The Epistemic Structure of Action Explanation. *History and Theory*, 47: 31–43.

Stueber, K. 2012a. Varieties of Empathy, Neuroscience, and the Narrativist Challenge to the Contemporary Theory of Mind Debate. *Emotion Review*, 4: 55–63.

Stueber, K. 2012b. Understanding vs. Explanation? How to Think about the Difference between the Human and the Natural Sciences. *Inquiry*, 55（1）: 17–32.

Taylor, C. 1985. Interpretation and the Sciences of Man. In *Philosophical Papers*, volume 2, 15–57. Cambridge: Cambridge University Press.

Turner, S. 2010. *Explaining the Normative*. Oxford: Polity Press.

Velleman, D. 2009. *How We Get Along*. Cambridge: Cambridge University Press. Wilson, B. (ed.) 1970. *Rationality*. New York: Harper and Row.

Winch, P. 1958. *The Idea of a Social Science and Its Relation to Philosophy*. London: Routledge and Kegan Paul.

Winch, P. 1964. Understanding a Primitive Society. *American Philosophical Quarterly*, 1: 307–324. Wittgenstein, L. 1953. Philosophical Investigations. Translated by G. E. M. *Anscombe*. New York: Macmillan Publishing Company.

第八章
移情、类似心理与孤独症

珍妮特·迪尼沙克（Janette Dinishak）

第一节 导 论

关于人际理解的研究，在其许多研究语境与传统中，人们会遇到这样一种观点，即对人类行为的理解、说明和规范评价的程度甚至可能性，都取决于某种程度的类似心理（like-mindedness）。这一观念不仅在哲学家（例如戴维森和维特根斯坦）的思想中出现，而且还存在于两种理解社会认知本质的主要进路中：理论论（theory-theory）和模拟论（simulation theory）。在人际理解所需的各种相似性和相似度方面，尽管这些理论在许多维度上有所不同，但类似心理通常以个体或群体之间共有的信念、愿望、价值和承诺为特征。在本章中，我解释了最近关于孤独症者[1]情感的、感官的、知觉的和认知的非典型性研究，是如何凸显类似心理的各种形式的（例如，行为表达的共性、对外界刺激的敏感性以及知觉加工），这些形式在当代人际理解的讨论中很大程度上被人们忽略了。孤独症者与非孤独症者可能在感官、知觉和动作方面存在差异，这些差异使他们对物质世界和社会世界的看法以及身处其中的存在方式存在普遍差异。本章的中心思想是，由这项研究所揭示的孤独症者与非孤独症者中的非类似心理的各种形式，呈现出一种非常现实的可能性，即无孤独症的个体无法将某些孤独症受试者的行动理解为出于理由的行动，或者如果这种理解是可行的，那么它只能通过主流人际理解理论中通常未强调的其他方式实现。

这一观念在很多方面都具有至关重要的意义。正如我们将要看到的，它对于孤独症本身具有重要性，不仅有助于我们理解孤独症者，而且对科学和哲学研究孤独症的方法论，有着重要意义。它还要求我们纠正一个具有理论和实践重要性的系统性难题：哲学家和其他理论家几乎总是从孤独症者的局限性出发，来对孤独症者和非孤独症者之间的人际理解障碍进行概念化和研究。人们对识别和阐明非孤独症者理解孤独症者能力的限制关注甚少。[2] 相比之下，我的研究重点是*非孤独症者*的局限性。孤独症研究所揭示的孤独症者和非孤独症者的非类似心理的形式也提出了更为普遍的问题。孤独症的案例的结论是否更广泛地适用于其他形式的人类多样性？对非类似心理的其他人理解的局限性在实践与理论上有何危险？在孤独症案例的反思中所揭示出的问题，应该如何影响未来对其他类型的非类似心理的研究以及对类似心理的适当观念的探讨？

　　本章结构如下：在第二节中，我简要阐述了一个具有影响力的观点，即人际理解依赖于类似心理。在第三节中，我介绍了最近关于孤独症者和非孤独症者之间一些潜在的重要差异的经验研究。在第四节中，我探讨了这样一种可能性，即非孤独症者对孤独症者的理解，存在比许多人所意识到的更大的局限性。我以模拟论为视角，来探索这些潜在挑战，尤为关注对行动理由的理解。在第五节和第六节中，我检视了这种可能性的影响。在第五节中，我不但提出了一些关于孤独症研究方法论的紧迫问题，而且还提出了一些我们的文化在重新思考与孤独症者的互动时需要面对的更广泛的问题。最后，在第六节中，我简要反思了一些讨论中所提出的更广泛的问题，这些问题涉及类似心理的适当观念、更普遍的人际理解理论以及认知谦逊的价值。

第二节　人际理解与类似心理

　　人际理解包括种类、感觉、层次、程度和阶段。人们拥有一系列语境敏感的能力以实现基本形式与复杂形式的人际理解。其中有些能力是可以通过内省意识到的，而另一些则不然。有些能力是无意识进行的，不需要有意识的努力；而另一些则涉及有意识的努力构建。人际理解的一个核心组成部分是"心理化"或"读心"，即将心理状态归因于他人的能力。对读心进行说明的两种主要进路被称为"理论论"（Churchland，1979；Dennett，1987；Gopnik and Meltzoff，1997）和"模拟论"（Gordon，1986；Davies，1994；Heal，1998；Goldman，2006）。[3] 两者都认为需要某种程度的类似心理才能成功地运用人们的读心能力。

　　理论论家通过拥有和使用一种"心智理论"，来说明归因于心理状态的人类能力，其中"心智理论"概括了人类的心理状态和行为，通常是如何被联系在一起的。该理论使人们得以从可观察到的行为中推断出心理状态。例如，如果人们看到某个人跳来跳去，并抓着他自己的脚，大喊"噢！"，那么，人们能够利用自己对这个人的行为观察以及对人类行为的概括，包括相关的心理行为相关性，来推断出自己所观察到的这个人正处于痛苦之中。

　　类似心理在模拟论中发挥着更为明确的核心作用。模拟是一种以自我为中心的方法。人们使用自己的心智作为模拟他人心智的模型。为了详细说明类似心理在模拟论中的作用，我将重点关注斯托伯（Stueber, 2006）和古德曼（Goldman, 2011）对移情或模拟的解释。[4] 古德曼和斯托伯区分了两种移情或模拟。斯托伯（Stueber, 2006）将基本移情描述为一种由镜像神经元支持的非反思性理解形式，该形式使理解他人的目标导向行为和情绪状态成为可能。基本移情是他人感受和行动的低层次可理解性。第二种移情，即"重生成性移情"，是一种认知上复杂的"内部模仿"形式，它使人们更深刻地理解复杂社会语境中其他行为者的可理解性。在"重生成性移情"中，"我们尝试去理解行为者是如何与他们所设想的环境的需求进行互动并作出回应的"（Stueber, 2006：201）。当重生成性移情成功时，人们就会理解他人行动和感受的理由、他们对处境的看法和对环境的立场。这种形式的移情是重生成性的（reenactive），因为它需要富有想象力的换位思考。解释者模拟被解释者的心智。也就是说，人们对被解释者采取一种"虚拟"的立场，并通过想象自己与被解释者具有相同的愿望、信念、目标、对处境的看法等，然后推理自己在那种处境下会做什么以及会有怎样的感受，从而再现被解释者的思维过程。同样，古德曼（Goldman, 2011）区分了移情的两条"途径"。镜像途径是一种低层次的，很大程度上是无意识的，由观察所引发的对行动计划、感觉（如触摸和疼痛）和情感（如厌恶）的"心理模拟"形式。通常情况下，这种镜像形式发生在意识体验的阈值以下。重建性移情是一种高层次的、有意识的、更为努力的途径。人们采用移情目标（the empathetic target）的视角，对对方的处境进行反思，富于想象地构建事物在现在、过去或将来是如何为对方而"逐渐发生"的，并想象如果自己处于对方的位置，会有什么样的感受、会做些什么样的事情。

虽然重生成在某些情况下可能颇费精力，但通常来说，在很多情况下它是相对轻松的。我们会毫不犹豫地接受这样的说明：某人停在酒吧是因为他想喝啤酒，并且相信酒吧出售啤酒，这些都是对他行为的完全可理解的理由。我们明白这些考虑是如何在我们自己的头脑中重生成的，也明白这些考虑是如何支持他的行动的。我们很容易接受使他的行动是可理解的这样一种说明，但这可能会掩盖了一个事实：我们发现行为是可以理解的，这依赖于一个类似心理的隐含假设。也就是说，我们假设他与人们共有相关的信念、愿望、价值和承诺。例如，如果我们转而假设，他认为喝一杯啤酒对人们的健康有严重的负面影响，那么我们就无法理解他的行动。相反，我们会认为，如果一个人有这样的信念，那么去酒吧就不是他应该做的事情。

简言之，类似心理使移情和模拟成为可能，并给予其限制。[5] 高层次模拟涉及使用自身作为模型，来说明、预测、理解他人的心理状态，以及这些状态和他们心理的其他方面如何有助于他们的行动（过去的、现在的和未来的）。成功的模拟需要移情者的认知系统与目标认知系统之间相匹配。移情者和目标越是具有类似心理，移情作为实现人际理解的方法就越成功。具有类似心理并将他人视为具有类似心理，促进了成功的模拟。对类似心理的识别有助于我们确定哪些信念、愿望、承诺、价值等要包含在模拟中，以及哪些应隔离在模拟之外。当移情者和目标具有类似心理，并且移情者感知到他们确实如此，移情者就可以在模拟的初始阶段更多地依赖以自我为中心的默认假设。出于成功模拟的目的，人们需要对以自我为中心的起点做出较少的调整（即补充个性化信息和隔离人们自己的真实状态）。

第三节　非类似心理：最近对孤独症者和非孤独症者的研究

对与孤独症相关的非典型感官的、知觉的以及动作的特征的经验发现和第一手描述表明，孤独症者和典型个体在许多重要方面并非具有类似心理。在最近关于模拟的讨论中，所使用的"类似心理"的概念（即共有的信念、价值和承诺），并没有考虑到更基本的"非类似心理"形式，尽管我们将在第四节中看到，这些形式与评估模拟是否成为以及如何成为人际理解的途径有关，这里的人际理解指的是在许多重要方面具有非类似心理的人之间的人际理解。

一、与孤独症相关的感官、知觉和动作上的差异

孤独症被描述为一种神经发育疾病，其诊断依据是行为标准，用于确定列在《心理障碍诊断和统计手册》（第五版）中孤独症谱系障碍条目下的某些症状：社交困难（如很少或完全没有眼神交流）、语言上的挑战（如误解语言的语用用法）以及限制性、重复性或刻板的活动（如旋转物体）。近几十年来，孤独症研究取得了迅速发展，但关于这种病症的无可争议的事实却很少。尽管我们在孤独症可能的环境诱因和生物学基础方面有了一些线索，但尚不清楚其病因。此外，孤独症的认知与行为方面的表型仍在研究当中。

孤独症者的自传记述以及经验研究的数据表明，许多孤独症者体验了许多不同的感官、知觉、动作和认知上的差异，这些差异是多种多样的，有时还是特殊的。许多孤独症者使用神经多样性的概念，通过与"神经典型者"的比较，来把握他们在世界上存在方式的基本差异。神经多样性是一种引人深思的观点，认为人类某些形式的非典型神经"连接模式"，如孤独症、注意力缺陷多动障碍、妥瑞氏综合征和精神分裂症，可能是积极的变异形式（Blume，1998）。神经多样性运动的支持者将其应用于孤独症，他们提出了这样一个观点，即孤独症（至少在它的一些表现形式中）是孤独症者的一个不可消除的方面，是一种应该得到尊重、支持甚至赞美的存在方式，而不是被消除。

下面我将简要描述一些报告中的在感官敏感性、动作、知觉加工和本体感觉方面的差异。在这样做之前，我有几点要提醒大家注意。第一，我挑选出来供讨论的

各种差异只是报告中的一个样本。第二，我并不是说所有，也不是说只有孤独症者才会体验这些不同种类的差异。与第三点相关的是，孤独症是一种高度异质性的疾病，在个体之间以及同一个体内表现出多种多样的方式。孤独症的异质性让人们对孤独症谱系障碍是否为一个有效的、统一的诊断类别产生了严重的怀疑。从与孤独症相关的差异的具体个人描述和研究中，人们能够在多大程度上进行概括，这一点也不清楚。第三，这些差异对孤独症者的发育和日常社交能力的影响尚不完全清楚。

二、感官敏感性

许多孤独症者对外来刺激的敏感性要么增强（高敏感性），要么减弱（低敏感性）。据报道，这些敏感性存在于各种感官模式（即视觉、触觉、味觉、听觉、嗅觉）中，通常是独特的，在同一个体中这些敏感性可能从低敏感性到高敏感性各不相同（Baranek et al.，2014），并可能导致对同一刺激不同的反应。在高敏感性的情况下，博格达西纳（Bogdashina）认为，一些孤独症者能够感知其他人无法感知的刺激："例如，一个孩子可能会听到隔壁房间微波炉工作的声音（并受到干扰）"（Bogdashina，2010：177）。马特是一名孤独症患者，他在某些声音的反应中会感到疼痛和焦虑。他报告说："我上小学的时候，有一次妈妈带我去免下车的洗车店洗车，当时我十分害怕。洗车的刷子声听起来就像是强烈的机枪声，但我无法很好地表达出来以说明为什么我会如此不安"（引自 Robledo et al.，2012：4）。再举一个例子，对一些孤独症者来说，特定的食物气味、味道、质地或衣服质地可能让他们感到极度痛苦或愉悦。对于孤独症儿童父母来说，尤其令人不安的是他们的孩子对疼痛的敏感性可能会下降，如果孩子受伤，这可能会很危险。一位母亲解释了她患有孤独症的女儿是如何在两周的时间里拔掉四颗门牙的："［我可以］肯定地说，至少有三颗门牙，最多只是轻微松动……她在激动地宣布自己做了什么之前，不会发出任何声音"（Sheahan and DeOrnellas，2011，92）。

三、本体感受

本体感觉是一种身体意识的形式，它有助于人们在没有视觉帮助的情况下确定身体在空间中的动作和位置。孤独症者道恩·普林斯-休斯（Dawn Prince-Hughes）报告说，她会"穿过"或"看穿"其他人，因为她"不知道［她的］身体从哪里开始又是在哪里结束"（Prince-Hughes，2004：29）。受损的本体感觉可能会导致难以调节通常无意识的和毫不费力的动作。例如，如果要求在这方面有困难的孤独症者举一下手，他们可能需要检查自己的手是否举起，因为他们无法简单地感觉到自己的手被举起来了。而且，他们可能对自己的面部表情没有身体意识。患有本体感觉困难的孤独症者，可能会站得离别人"太近"，前后摇晃，或者倚靠在家具上。一些孤独症者报告说，拍打自己的双手有助于他们在空间中定位自己身体的位置。提托·穆霍帕德海伊（Tito Mukhopadhyay），一位通过打字进行交流的言语极少的孤独症者，他注意到身体意识方面的困难导致了他的指向困难："……我对自己的身体几乎没有感觉。因此，为了学习移动右手的技巧，我需要控制肩膀的球窝关节，然后控制肘部的铰链关节，最后折叠其他手指，并保持食指伸出。"（引自 Biklen et al.，2005：133）一些孤独症者将自己描述为，感觉自己与自己的身体相脱离。以唐娜·威廉姆斯（Donna Williams）为例：

> 我在三到五岁的时候，我的身体开始向我发出信号……[它] 开始让我感受到它的存在，就像在不断提醒我听它的声音并回应它。一开始，我对这种外来入侵置若罔闻，因为对那些让人感觉失去控制的事物，下意识地避开是自然且本能的反应。后来，我试图摆脱这种感觉到的身体连通性的陷阱，首先在精神上摆脱它，然后在身体上尝试把它从内心的窒息感中拉出来，用手拍它，用拳打它，然后尝试在身体上逃离它，但那该死的东西一直追着我。就我而言，我的身体可以作为一种感官工具被接受，但作为一个有着自身竞争意志的身体，它就像一只碰巧出现在那里的水蛭，不会接受暗示，也无法摆脱。这是我第一个已知的敌人。
>
> （Williams，1999：53；引自 McGeer，2001：125）

四、开始、停止和合并动作

有些孤独症者在开始、停止、转换或合并肢体动作时会遇到很多困难，而观察者无法立即识别这些动作。例如，他们可能会在谈话中走开，一直坐着直到被提示起身，反复触摸物体，或者在被叫到时转身离开。尽管这些动作通常是非意志性的，但观察者通常将其解释为意志性的和无意义的"孤独症行为"，或者是传达避免互动愿望的交际行为，或者是这些解释的某种组合（Donnellan et al.，2012）。小查尔斯·马特尔·黑尔（Charles Martel Hale Jr.）是一名孤独症成年人，他描述了自己无法以适当的方式行动或做出回应时的挫败感："……有时我知道我不是在微笑，而是在皱眉。这给我带来了极大的痛苦，使我看起来好像我不明白，而实际上，我正试图以适当的方式做出回应"（Hale and Hale，1999：32；引自 Donnellan et al.，2006）。

五、知觉加工

许多研究已表明，孤独症者在某些知觉领域的表现优于对照组，尤其是当知觉任务需要注意细节、部位、特定特征和局部信息时。例如，在视觉搜索（Joseph et al.，2009）、区块设计测试（Shah and Frith，1993）和嵌入图形任务（Mottron et al.，2006）方面，孤独症者的表现始终优于非孤独症者。孤独症者也不太容易受到某些视觉错觉的影响（Happé，1996）。孤独症者在这些任务上的出色表现，被认为是因为其局部处理能力更强。虽然典型个体按默认方式专注于整体信息，但孤独症者似乎按默认方式专注于局部信息，不会无意识地关注和理解他们所感知的格式塔或"要点"。目前尚不清楚孤独症者在局部加工方面的优势是否以整体加工能力的薄弱为代价。一些理论家假设，孤独症者和对照组一样具有整体处理能力，但这并不是他们默认的或首选的处理方式。[6]

孤独症中所报告的感官、动作和知觉等方面的各种差异表明，孤独症者感知和感觉世界的方式可能不同，但更根本的是，他们感知和感觉世界的内容也可能不同。他们所看到的、他们的行动方式、他们的目标和关注，以及他们如何回应与非孤独症者所遇到的相同种类的刺激，造就了他们在这个世界上的感受、视角和存在方式，而这些感受、视角和存在方式对于那些没有这些差异的人来说又是非典型的、陌生的。

第四节　人际理解与非类似心理

众所周知，孤独症者和非孤独症者之间的社交互动会受到限制。有关孤独症者社交困难的科学和哲学研究的一个引导性问题，是孤独症者如何以及在多大程度上能够理解他人的心理状态。标准的孤独症解释，是通过归因于孤独症者的社会认知缺陷来说明孤独症者在社交互动中的困难。例如，理论论者假设，孤独症患者在"心智理论"方面存在缺陷。模拟论者假设，孤独症者在假装、想象、模仿和换位思考方面存在障碍。这两种进路都将孤独症者作为缺乏移情能力的人类的一个例证。对孤独症者和非孤独症者之间人际理解的限制，几乎完全是从孤独症者的局限性角度进行概念化和研究的。很少有人关注识别和阐明非孤独症者理解孤独症者能力的局限性。例如，尽管迈尔斯、巴伦-科恩和惠勒莱特承认"孤独症者可能缺乏非孤独症者的心智理论。正如非孤独症者可能缺乏孤独症者的心智理论一样。每一方都对另一方视而不见"（Myers et al.，2004：57 脚注 17），这一点被归入脚注。恩尼特也顺便指出，在孤独症者和非孤独症者之间重生成性移情的失败"是双向的"（Kennett，2011：191 脚注 10）。与孤独症者和非孤独症者之间受限的人际理解标准解释相比，我研究的重点是，描述非孤独症者局限性的特征。

在此，我研究了一种可能性，即非孤独症者理解孤独症者，存在着比许多人意识到的更大的局限性。我认为，这项研究所揭示的孤独症者和非孤独症者之间的非类似心理形式，呈现了一种非常现实的可能性，即很有可能存在一些孤独症受试者的行动和理由是非孤独症者无法理解的——非孤独症者无法理解孤独症受试者的行动理由，甚至根本无法理解孤独症者是出于某种理由而行动的。我特别关注了非孤独症者是否可以通过模拟的方式掌握孤独症者的个体能动性，这就提出了孤独症者的理由和行动对非孤独症者的可用性的问题。我不排除如下可能性，即非孤独症者可以通过其他途径掌握孤独症者的个体能动性。

一、通过模拟的方式理解行为者的行动理由

斯托伯（Stueber，2006，2012a，2012b）认为，重生成性移情在理解个体能动性中发挥着不可消除的认知作用，而个体能动性具有整体性和语境依赖性。要理解个体行动的理由，人们需要"内在地"理解个体行为者的特定信念和愿望如何成为在特定语境中以及特定场合下促使其行动的理由的一部分。模拟能够提供这种内在理解。它从一种参与的个人视角使另一个人的行动变得可理解。在模拟过程中，人们想象自己在这些情况下会相信什么、想要什么、感觉如何、思考什么，以及在给定心理状态的处境下会做些什么。通过将自己置于他人处境之中，想象对方所面临的特定情境，在自己的心智中重生成对方的想法，同时着眼于理解对方在那种情境中，其愿望和信念是如何"与行为者的其他信念、愿望、行动计划、价值以及其所承诺遵守的行为准则相契合的"（Stueber，2012b：69），人们开始意识到，行为者的行动在那种情况下如何在理性上令人信服。斯托伯（Stueber，2006）通过分析古德曼（Goldman，[1989]1995）列举的一个例子来阐明如何理解理性行为者的个体性。想象一下有个人刚刚错过了一班火车，火车在她到达站台前一分钟离开。再将这种情况与另一个人错过火车两小时相比，我们从直觉上能够理解，那位错过火车仅一分钟的人会更加懊恼，而且我们明白为什么这种反应在这种情况下是恰当的。通过重生成性移情，我们能够理解那位刚刚错过火车的人有更多的理由感到恼火，因为只要她跑得快一点，或者没有在路上停下来买报纸，她很可能就会赶上火车。

二、模拟论者所讨论的模拟的限制

模拟理论家认为，在一般情况下，即使是高层次模拟也几乎会不知不觉无意识地进行。然而，在某些情况下，高层次模拟作为一种解释策略可能是费力的、刻意的、富有挑战性的。重生成性移情的尝试可能会失败。斯托伯（Stueber，2006）描述了在模拟匹配阶段所遇到的"双重危险"：投射主义和非投射主义。投射主义涉及未能认识到自己和目标人物之间的相关差异，这导致将目标人物视为与自己过于相似，从而使得隔离失败，在这种情况中，人们"只是把自己集中持有的信念和态度投射到另一个人身上"（Stueber，2006：205）。[7] 例如，在解释一个人喝啤酒的行为时，尽管知道对方并不持有"喝啤酒在道德上是错误的"这一信念，但人们可能无法忽略自己对此信念的持有。非投射主义则与投射主义恰恰相反。它涉及将他人视为与自己并不足够相似，因为自身受到其他人和外来文化的先入之见和偏见的影响。例如，将目标人物视为属于一种更原始的文化，因此认为该目标人物无法进行某些方式的思考（Stueber，2006：205）。

尽管这些成功模拟的障碍可能发生在日常生活中，但当我们在不熟悉且不够明确的语境中解释行动时，例如，在解释者与被解释者之间存在巨大历史或文化差距的情况下，[8] 我们更容易受到这些障碍的影响。在这种情况下，解释者必须在模拟的初始匹配阶段补充有关历史的、文化的、个人的差异的知识，这些差异会影响目标人物的"推理和论证实践、价值以及对世界的情绪适应性等"（Stueber，2011：170）。这一信息使解释者得以确定在模拟中添加哪些假想的信念和愿望，以及确定他们自己哪些真实的状态需要从模拟中隔离出来，以便能够成功地从目标人物的视角进行思考。

除了有关历史的、文化的和个人的差异的知识外，解释者可能需要借助心理学研究来补充模拟，例如，当我们试图理解处于不同发展阶段的个体时。斯托伯（Stueber，2011）考察了这一点如何适用于对青少年的理解。青少年往往认为，他们父母的建议和普遍接受的行为规则不如同龄人的意见那么重要。为了理解他们，人们必须隔离"正常成年人会认为重要的考虑因素"（Stueber，2011：171），并将模拟的重点置于我们所知道的青少年可能会认为重要的方面（如同龄人的意见）。

这里所概述的有关移情的限制表明，当移情者和目标人物在相关方面并不具有类似心理时，模拟会变得更加困难。移情者和目标人物的信念、价值、承诺等越不相同，富于想象的重构就越具有挑战性和难度，人们也就越不能在没有对自己的认知系统进行实质性"重组"的情况下将自己的心智作为模型，而越要求隔离自己的信念、愿望、承诺和价值，模拟过程中出现错误和偏见的"机会"就越多。

三、模拟孤独症者心智的其他潜在限制

模拟论者所引用的来阐明成功模拟之障碍的那些实例，涉及对信念、价值、承诺方面差异的认识和调整。然而，正如我们在第三节所看到的，对与孤独症相关的在感官、动作和知觉上的差异的反思表明，孤独症者和非孤独症者之间存在其他形式的非类似心理。在非孤独症者与孤独症者的移情互动中，这种扩展的"非类似心理"概念还带来了哪些其他限制呢？我在此提出，非孤独症者模拟孤独症者心智的能力，可能存在比许多人所意识到的更大的限制。特别是，我认为，存在一种非常现实的可能性，即通过模拟的方式，非孤独症者可能无法获得孤独症者的行动理由。如果孤独症者和非孤独症者之间的非类似心理，意味着非孤独症者不能模拟孤独症者的心智，而理解个体能动性又需要模拟，那么非孤独症者就不能将孤独症者视为是出于理由而行动的。非孤独症者可能无法"理解"孤独症者所从事的是意向行动。

被贴上孤独症者的标签。我首先描述了模拟孤独症者时的一个潜在错误，尽管我只能在这里顺便指出，但该错误值得进一步研究。它涉及一种可能性，即通过诊断标签的视角对一个人进行解释会破坏那个人的能动性。正如一位被诊断出患有边缘性人格障碍的女性所说，"从我得到那个诊断的那一刻起，人们就不再认为我所做

之事是有理由的了"（Herman，1992：128；引自 Ussher，2011：74）。这位女性的描述所带来的危险是，如果从诊断的角度来看，某个人的思想、言论、行为、感受和经历可能仅仅被理解为她的精神疾病的无意义症状。这种危险比特定条件下与特定刻板印象和偏见相关的危险更为普遍，而且这种危险并不仅限于非专家解释者的语境。医学专业人员如何概念化身体疾病和心理疾病之间的关系，会影响他们如何看待精神病患者的言语、行为、感受和体验，同时还会影响他们如何干预心理疾病。人类学家坦娅·鲁尔曼（Tanya Luhrmann）在她对听见声音（即听觉幻觉）的生物医学观察的反思中阐明了这一观点：

> 在新的生物精神病学中……听见声音（即听觉幻觉）被视为精神病的症状，就像喉咙痛是流感的症状一样。喉咙痛本身并没有"意义"，它们（即喉咙痛）只是尚需治疗和解决的问题的症状。所以，声音也是如此……在生物医学的精神病学中，心理健康专业人员关心的是患者是否听到声音，而不是声音所表达的内容。目标是消除声音，就像消除发烧一样。
>
> （Luhrmann，2012：52）

回到孤独症，如果某个人已被认为是孤独症者，那么人们可能将他的行为视为仅仅是一种无意义的疾病症状。当人们感知和解释某个人的行为时，对其行为的描述很难将孤独症者置于"理由空间"之中。例如，孤独症者的拍手通常被解释为一种无意义的症状，需要通过行为干预来消除，而不是理解为出于某种理由而采取的行动。

科勒现象和孤独症。格式塔心理学家沃尔夫冈·科勒（Wolfgang Köhler）对我们与他人关系的基本特征进行了富有启发性的描述，这一描述使我们更接近于这样一种考虑，即植根于感官的、知觉的和动作的差异的非类似心理形式，会如何威胁非孤独症者"理解"孤独症者心理意识（mentality）或规范性的某些特征的能力："不仅是所谓的表达性动作，而且人类的实际行为，在许多情况下，都是他们内心生活的美好写照"（Köhler 1929，250）。通常，在日常生活的各种情况下，人类行为"描绘"了人类的思想、感受和意向，这样人们就可以通过关注他人的面部表情、身体动作、姿势和手势中表现出来的这些心理生活的方面，来感知另一个人的思想、感受和意向是什么。科勒把这些在非理论上和非推理上相互理解的现象称为"人类的共同属性和共同实践"（Köhler，1929：266）。为了阐明这一点，科勒描述了一位主管，他对下属很友好，但必须下达一个不友好的命令。人们可以从主管的表达行为中看到主管下达命令时的犹豫不决（Köhler，1929：234）。

重要的是，正如哈金（Hacking）所观察到的，科勒所说的那种现象并非某些孤独症者和非孤独症者之间的共同属性和共同实践：

大多数人无法通过重度孤独症者的行为，来理解他们的感受，以及他们想要什么或在想什么。更令人不安的是，无法看到他们在做什么：他们的意向毫无意义。对于重度孤独症者来说，他们似乎甚至没有太多的意向。他们被认为是……瘦弱的孩子，长大后都是瘦弱的男女，缺乏丰富的情感生活。大多数人包括许多父母和许多临床医生，似乎都是这么认为的。

（Hacking，2009a：1471）

孤独症者和非孤独症者之间缺乏科勒现象，导致缺乏共同的规范或标准，使非孤独症者难以够理解孤独症者的行为。因此，在试图理解孤独症者的行为时，使用建立在科勒现象基础上的解释框架存在严重的风险。使用典型个体的行为规范作为标准——通过该标准来确定孤独症者的行为是否有意义，以及如何"有意义"，或者是否以及如何是一种合理的回应或可理解的表达——可能会导致人们将孤独症者的行为解释为无意义的、无知觉的或不合理的。这将意味着这样一种解读方式：只有在非孤独症者很容易理解孤独症者的动作和行为的含义时，这些动作和行为才是有意义的。正如一位孤独症者所言：

我们移动，我们行动……但是，我们的动作和行动没有可识别的目标，因此人们认为我们缺乏智力，仅拥有最基本的意识阶段。我们的情绪回应同样被认为是毫无意义的而被丢弃，因为对于同样的事情，我们的反应和大多数人不同。大多数人甚至可能不会注意到的环境中的事物，会让我们感到恐惧或烦躁，但由于这些压力因素没有引起大多数人的注意，人们便认为我们是在无缘无故地发脾气。因此，我们的动作、行为甚至是我们的情绪回应以及交流的尝试，都被认为是毫无意义的而被丢弃，同时人们还认为我们的意识或智力不及大多数人。

（Lindsay，2009）

孤独症者行为的意义对于非孤独症者来说往往并不明显，但从这一事实来看，这并不意味着他们的行为毫无意义。

模拟孤独症者的心智有特定限制吗？在第四节中我们看到，为了纠正解释者和被解释者在信念、愿望、承诺和价值上的差异，解释者必须"重组"其认知系统，以便更好地匹配被解释者的认知系统。但是，在模拟过程中隔离自己的真实心理状态，能够纠正上述感官的、知觉的和动作的差异所造成的各种形式的非类似心理吗？该问题的一个方面是，非孤独症者在多大程度上可以隔离他们认知系统中与孤独症冲突的相关"部分"。为了更好地理解这一方面，我们来考察一下与孤独症相关的感官的、知觉的和动作的差异可能产生的深远影响。在特定物理的或社会的环境中采取行动的可能性，取决于个体从他的环境中所获得的信息。而这反过来又取决于个体的能力和特征以及他与环境的互动（Hellendoorn，2014）。正如唐纳伦（Donnellan）、希尔（Hill）和利里（Leary）所强调的，具有感官、知觉和动作的非典型性的人与典型个体有着不同的发展轨迹，这会对个体的体验和互动产生普遍影响：

> 在发展的过程中，如果个体从婴儿期就开始以特殊的方式移动和回应，他们将在一个独特的框架内体验所有的互动，而这个框架肯定与所谓的典型框架不同。这种互动的累积效应将是这样一种效应：在这种效应中，关系的所有方面包括如何对其进行建立和维持，都有可能明显偏离更广泛的文化共识和关系运作方式的预期规则。

（Donnellan et al.，2012：3）

根据这一思路，与正常发育的个体相比，在发展过程中，孤独症者的思维方式存在着普遍差异。假设人们通过模拟尝试来理解个体的思想、感受和行动，其中该个体是沿着这一非典型轨迹而成长的。为了在模拟的匹配阶段实现同构，人们不得不以某种方式阻止和抑制自己对世界看法的普遍方面，包括人们对自己的物理环境和社会环境的基本取向，还包括人们在这些环境中回应和移动的方式。然而，隔离似乎是完成这项任务的微不足道的工具。令人怀疑的是，这些不同心理的形式是否可以通过对特定信念、愿望、承诺和价值的逐步添加或删除来进行纠正。即使这些差异可以通过隔离人们认知系统中与之发生相关冲突的部分来加以应对，但人们仍然会质疑，在隔离后是否"留下"了足够的或正确的类似心理，来将人们自己用作一种模型，富有想象力地从具有非类似心理的他人视角出发，以便人们的模拟使孤独症者的行动变得可理解，并且在理性上也令人们自己信服。

现在出现了以下问题：如果非孤独症者无法通过模拟的方式理解孤独症者行动的理由，这种情况有何意义呢？这在一定程度上取决于是否有模拟以外的其他方式，可以让非孤独症者理解孤独症者的个体能动性。[9] 模拟论者会怎么认为呢？模拟论者声称，模拟是我们理解他人心智的默认方法，但是，根据他们对"默认方法"的理解，模拟似乎并不是社会认知的全部。它既不是一种详尽无遗的方法，也不是一种互斥的方法。相反，将模拟称为默认方法是说它是典型个体首选的自发式方法（Goldman and Shanto，待出版）。然而，当在理性行为者的个体性中谈到对理性行为者的理解时，斯托伯（Stueber，2006，2012a，2012b）提出了一个强烈的主张：我们只有通过重生成性的移情才能理解个体的能动性。

假设非孤独症者不能通过模拟来理解孤独症者的个体能动性。那么，考虑到孤独症者和非孤独症者之间的这些非类似心理的形式，社会认知的其他解释能适应这种理解吗？大多数人际理解理论似乎都依赖于类似心理的条件。回想一下戴维森（Davidson，1973）的彻底解释（radical interpretation）和善意原则。戴维森声称，只有当我们自己和我们想要解释的人具有很多共同点时，解释才是有可能的，而心理状态归因是解释的一个部分。例如，假设我的朋友认为她的手有关节炎是因为她的手肿了。要将这种信念归因于她，她和我需要共有许多其他信念，比如关节炎是一种发生在人类身上的疾病，肿胀是关节炎的症状，人们的手可能患上关节炎，等等。或者回想一下维特根斯坦（Wittgenstein，1958[1953]，2009）关于典型环境的背景、对训练的共有反应以及作为语言游戏的先决条件的共有相似性和共有行为的论述。不过，现在说没有或不可能有其他此类解释还为时过早。但在我们了解更多之前，仍然存在一种现实的可能性，即可能存在许多孤独症者的心理特征，这些特征是非孤独症者无法理解的。

第五节　方法论后果

如果孤独症者的某些心理特征（如他们行动的理由），非孤独症者无论通过何种方式都无法理解，那么这种情况有何意义呢？这一问题引发了各种各样相互关联的问题：这种可能性会如何影响我们理解孤独症者的方式呢？特别是，我们应该如何看待这样一种可能性，即孤独症者的心理意识和规范性可能比我们"所见"的更多？当心理意识/规范性存在时，我们却得出没有心理特性/规范性的结论，这可能带来哪些有害后果呢？对于孤独症者差异的可理解性限制，我们可以通过哪些方式给予回应呢？这些可能的回应伴随着哪些风险呢？我无法在这里解决所有上述问题。我专注于描述关于我们如何回应这种可能性的一些相关风险。

对于非孤独症者无论通过何种方式，都无法理解孤独症者的某些心理特征的情况，一种回应是对他们的差异过于敏感，从而陷入有害的"他者化"形式中，将孤独症者视为"完全的他者"。他者化的概念在不同的语境（如人类学、批判的种族研究、残疾研究、女性主义研究、教育）中以不同的方式使用。我使用"他者化"来描述一个过程，该过程涉及对个体或群体差异的一种承认，这种承认将那些受到他者化的个体或群体区分开来，但主要是以有害的方式进行的。他者化并非囊括（或至少容忍）那些被认为不同的人，而是一种策略，即放大或强调个体或群体表征中的差异，从而排除相似之处，并以负面的方式看待这些差异，将其视为某种缺陷，即缺乏那些被认为是理想的，甚至是成为人类所必需的特征或特性。他者的差异高度可见，但只是作为一个问题而存在。从这个意义上说，他者化可能导致一种去人性化的形式，从而否定他者的知识、理性、意向性、能力、主观性和话语权。例如，在科学和文化表征中，孤独症者常常被描述为完全陌生的、机械般的或异类般的存在，或者被描述为真实自我缺失、被孤独症隐藏或"绑架"的人。[10]

去人性化会产生许多有害的后果。它被用来为那些被视为他者的人所受到的压迫、排斥和边缘化做辩护。在不同的文化和历史时代，我们一次又一次地观察到这些有害的影响。最近的社会心理学研究（Epley et al.，2013；Waytz et al.，2014）表明，还存在更温和、更微妙、更被动的去人性化形式，但影响不太明显。去人性化可能在身体互动层面上表现出来，比如通过削弱人们将去人性化的他人行为视为表达他人情感状态的能力，以及人们直观地把握他人意向和行动的能力（Gallagher and Varga，2014）。这些认知缺陷可能会导致解释者错误地得出结论，认为心理意识和规范性不存在，而实际上它们是存在的。

对于非孤独症者无论通过何种方式，都无法理解孤独症者的某些心理特征的情况，另一种回应是忽略或试图消除与孤独症者非类似心理形式相关的差异。梅迪纳对促成种族差异消除的元态度的反思有助于描述这一现象："对差异的盲目性通常源于一种盲目的元态度，根据这种态度，只有当他人的差异被消除或变得无关紧要时，也就是说，只有当他们被视为*与自己相似*时"（Medina，2013：151），其他人才会以"同类"的身份出现在自己的视线之内。依赖于抹平解释者和被解释者之间差异来达成人际理解的模拟和其他途径，都面临着这种风险。正如我们所看到的，模拟是一种以自我为中心的方法，以自己的第一人称体验为出发点。人们必须识别出自己和目标人物之间的相关差异，目的是以消除自己和目标人物之间差异的方式"重组"自己的认知系统。

然而，通过忽略或消除彼此的差异来寻求理解对方存在哪些风险呢？根据梅迪纳（Medina，2013）的说法，这有助于形成斯佩尔曼（Spelman）所说的自返式感知（boomerang perception）："我看向你，却最终回到了自己。"（Spelman，1988：12）我能看到你的人性的唯一方式，就是把你看作我的写照。换句话说，我并未看到你独特的人性。梅迪纳认为这种态度导致了一种元无知的形式：

> 不仅是对特定他人的一种错误态度，而是一种具有限制性的总体性态度，该态度限制了个体对他者的认知方式，因此消极地影响了人们对特定他人的态度，同时还限制了人们对差异的敏感性以及人们对差异理解的能力。这种态度（不仅仅是对人性的公然否认）使人们对人类差异视而不见，成为获取社会知识的障碍。
>
> （Medina，2013：151）

将这些考虑应用到孤独症的案例中，将孤独症者视为"与我们相似"这一态度或建议的背后可能怀有善意，但无论在某些情况下这种态度多么善意，它仍然存在严重的风险。通过试图消除差异，我们可能会无意中助长和维持某种无知，从而无法理解孤独症者的想法、感受、言论和举动的特殊性。我们甚至可能限制自己学习他们差异的能力。关于理解个体能动性的特定问题，以及将孤独症者视为"理由空间"中的意向行为者的特定问题，当我们解释他们并与他们互动时，我们应始终意识到这样一种可能性，即孤独症者的心理意识和规范性可能比我们"所见"的更多。

　　另一个密切相关的风险是，试图完全通过我们默认的人际解释框架的视角，来理解孤独症者。将我们对孤独症者体验的理解建模在典型的人类体验基础上，并将孤独症者的观点简单地概念化为"标准"观点的无创造性版本，这些只会在把握孤独症者对人、物体、环境、互动、情境等的体验内容方面走得更远。因此，我们需要一种能够容纳孤独症者视角的框架，使我们能够在概念上将孤独症者理解为其拥有自己对世界的看法，而不仅仅将其视为对典型个体所感知的内容的缺失。正如神经多样性运动的支持者所主张的，孤独症的某些方面所涉及的是，不同寻常但并非有缺陷的存在于世界的方式、体验世界的方式以及认识世界的方式。正如成年孤独症者阿曼达·巴格斯（Amanda Baggs）所言，"这是关于什么是存在的，而非是关于什么是缺失的……这是关于这样一个事实：我们中的被纯粹视为失去了某些东西、本质上是"贫瘠荒地"的人，并没有因为自身的存在而被拒之于丰富的生活之外。我们所体验的丰富生活不是其他人所体验的丰富生活的廉价浪漫复制品"（Baggs，2010；引自 Nicolaidis，2012：504）。

第六节　结　论

　　最后，我简要反思一下，我们在讨论中所提出的问题会如何影响未来对孤独症的研究，以及如何影响对非类似心理的其他人更普遍的理解。首先，鉴于长期以来对非类似心理的其他人进行谴责、排斥、边缘化、压迫、去人性化（侵略性的、公开性的或被动的、微妙的）压制的历史，我们必须加深对这些做法及与其相关风险的理解，同时还要加深对这些风险如何影响社会认知的理解。[11] 其次，上述风险不仅出现在实践领域与社会领域，而且发生在学术研究和写作当中——研究人员如何概念化和呈现他们的主题。对孤独症差异的认识应该促使我们更加谨慎、更加自觉，在方法上更加谦逊。我们应该警惕地关注我们的理论和实践是否以及如何为孤独症者的人格留出空间。我们对孤独症的科学研究依赖于我们将这些因素铭记在心，这同样适用于我们对社会认知的理论理解，以及对孤独症者生活的理解。最后，虽然孤独症是一个案例研究，但通过对孤独症者不同心理形式的反思，以及对神经多样性运动所呼吁的要更多地承认认知差异和人类多样性的反思，我们得出的经验教训却是普遍的。关于孤独症的问题涉及各种不同的差异。在人类多样性的范围内，可能还有其他相关形式的差异未被发现。因此，人们可能会发现，即使在自身的文化内部，处于对非类似心理的他人进行解释的情况，也比我们在社会认知理论以及日常生活中与他人互动时通常所考虑的要频繁得多。[12]

注　释

1. 有些人相较于孤独症者更喜欢使用"患有孤独症的人"（person with autism），因为这种说法把人置于孤独症之前。另一些人更喜欢使用"孤独症人士"来表示孤独症与人密不可分（Sinclair，1999）。我将使用这两种表达方式，以承认个体可能选择不同的方式来谈论自身。我还将交替使用"非孤独症者"和"典型个体"。

2. 哈金的论文（Hacking，2009a，2009b，2009c）是重要的例外。另见迪尼沙克和阿赫塔尔（Akhtar，2013）关于孤独症描述中常用的"心盲"隐喻如何导致这种片面性的讨论。

3. 理论论和模拟论曾一度被认为是仅有的两条进路，并且被视为是相互排斥的。越来越多的人一致认为，需要一些理论进路的组合来对读心进行说明，因为许多人现在认为读心可以更好地理解为一系列相互关联的过程和能力，而非单一的事物。同样，理论论和模拟论的混合体，以及这些主导进路的各种"第三种"替代方案，目前正处于发展之中。受现象学和解释学传统启发的解释尤为具有生成性（例如，参见 Gallagher and Hutto，2008；Hutto，2008；Zahavi，2001，2010；Zahavi andOvergaard，2012）。

4. 在对人际理解和社会认知两者的解释中，"移情"和"模拟"有多种不同的使用方式。正如古德曼所观察到的，"'移情'这个术语……并不意味着每个人所说的都是相同的东西。似乎也没有一种单一的、统一的现象能够特别值得贴上这个标签"（Goldman，2011：31）。可以说"模拟"这个术语也是如此。在当代哲学讨论中，这两个概念常常是等同的。出于本章的目的，我将遵循斯托伯和古德曼的观点，交替使用"移情"和"模拟"这两个概念。

5. 此外，移情可能是一种使我们变得更加具有类似心理的机制，尤其是在移情使移情者和移情目标感同身受（feeling with）的情况下。参见索伦森在这方面的讨论（Sorensen，1998）。

6. 这方面的讨论，参见科尔德温等（Koldewyn et al.，2013）。类似地，虽然理论论者假设孤独症者在推理他人心智方面存在缺陷，虽然模拟论者假设孤独症者在换位思考、想象和假装方面存在缺陷，但社会动机理论者假设孤独症者的社交困难源于缺乏与他人心智联系的动机，而非源于他们缺乏这样做的能力（Epley et al.，2013；Chevallier et al.，2012）。

7. 古德曼（Goldman，2011）指出了高层次模拟中两种类似的错误：疏失（omission）和过失（commission）。

8. 加拉格尔（Gallagher）认为，模拟论者即使在我们自己的文化中也面临着他所说的多元化问题，因为模拟具体而严格地依赖于人们自己的第一人称体验："如果我们依赖于我们自己先前的体验来感觉另一个人在特定情况下的想法，那么问题就在于我们是否真的理解了他人，或者仅仅是在投射我们自己。"（Gallagher，2012：370）

9. 一个相关的问题是，是否由于无法通过模拟方式理解孤独症者的某些心理特征，就意味着孤独症者无法通过其他途径获得对所述特征的某种或某种程度的体验式的"内部"理解。这将取决于模拟论者是否会认为模拟是通往体验式"内部"理解的唯一途径。如果是这样的话，那么在这条推理的路线上，似乎孤独症者的某些心理特征从一种参与的、个人的视角看是不可理解的，许多社会认知理论家认为这一视角的价值（如认知的、实用的、情感的价值）不同于更为超然而客观的视角的价值，比如第三人称的观察视角。

10. 参见司马科勒（Smukler，2005）、布罗德里克和奈曼（Broderick and Ne'eman，2008）、哈金（Hacking，2009a，2009b，2009c）、达菲和多尔纳（Duffy and Dorner，2011）以及萨雷特（Sarrett，2011）对这些和其他孤独症隐喻的深入分析。

11. 最近在批判性社会认识论方面的研究，可以进一步加深我们对这些有害现象的原因和后果的反思。康登（Congdon）这样描述批判社会认识论："[它] 通过在一种明确的认识论层面上，对不公正的社会形态进行分析，重点关注某些形式的知识被排除在公共交流之外的方式，以及某些潜在认识者（knowers）的认知权威如何被否认或削弱，这不仅仅是偶然认知失败的结果，而且在结构上与不公正的条件本身有关"（Congdon，2015：76）。

12. 我非常感谢乔纳森·埃利斯（Jonathan Ellis）、丽贝卡·约翰斯顿（Rebekah Johnston）、卡拉·理查德森（Kara Richardson）和马克·里斯乔德对本章早期版本的有益讨论和批判性评论。

参 考 文 献

Baggs, A. 2010. Cultural Commentary: Up in the Clouds and Down in the Valley: My Richness and Yours. *Disability Studies Quarterly,* 30(1), http://dsq-sds.org/ article/view/1052/1238.

Baranek, Grace, Lauren Little, Diane Parham, Karla Ausderau and Maura Sabatos-DeVito. 2014. Sensory Features in Autism Spectrum Disorders. In *Handbook of Autism and Pervasive Developmental Disorders*, 4th edition, 378–408.

Biklen, Douglas with Richard Attfield, Larry Bissonnette, Lucy Blackman, Jamie Burke, Alberto Frugone, Tito Rajarshi Mukhopadhyay and Sue Rubin. 2005. *Autism and the Myth of the Person Alone*. New York/London: New York University Press.

Blume, Harvey. September 30, 1998. Neurodiversity: On the Neurological Underpinnings of Geekdom. *The Atlantic*. Accessed June 30, 2015. http://www.the atlantic.com/magazine/archive/1998/09/neurodiversity/305909/.

Bogdashina, Olga. 2010. *Autism and the Edges of the Known World: Sensitivities, Language and Constructed Reality*. London: Jessica Kingsley Publishers.

Broderick, Alicia A. and Ari Ne'eman. 2008. Autism as Metaphor: Narrative and Counter-narrative. *International Journal of Inclusive Education,* 12(5–6): 459–476.

Chevallier, Coralie, Gregor Kohls, Vanessa Troiani, Edward S. Brodkin and Robert T. Schultz. 2012.

The Social Motivation Theory of Autism. *Trends in Cognitive Sciences,* 16: 231–239.

Churchland, Paul. 1979. *Scientific Realism and the Plasticity of Mind.* Cambridge: Cambridge University Press.

Congdon, Matthew. 2015. Epistemic Injustice in the Space of Reasons. *Episteme,* 12(1): 75–93.

Davidson, Donald. 1973. Radical Interpretation. *Dialectica*, 27: 314–328.

Davies, Martin. 1994. The Mental Simulation Debate. In *Objectivity, Simulation and the Unity of Consciousness*, edited by Christopher Peacocke, 99–127. Oxford: Oxford University Press.

Dennett, Daniel. 1987. *The Intentional Stance*. Cambridge, MA: MIT Press.

Dinishak, Janette and Nameera Akhtar. 2013. A Critical Examination of Mindblindness as a Metaphor for Autism. *Child Development Perspectives*, 7: 110–114.

Donnellan, Anne M., David A. Hill and Martha R. Leary. 2012. Rethinking Autism: Implications of Sensory and Movement Differences for Understanding and Support. *Frontiers in Integrative Neuroscience*, 6, Article 124.

Donnellan, Anne M., Martha R. Leary and Jodi P. Robledo. 2006. I Can't Get Started: Stress and the Role of Movement Differences in People with Autism. In *Stress and Coping in Autism*, edited by M. Grace Baron, June Groden, Gerald. Groden, and Lewis P. Lipsitt, 204–245. New York: Oxford University Press.

Duffy, John and Rebecca Dorner. 2011. The Pathos of "Mindblindness": Autism, Science, and Sadness in "Theory of Mind" Narratives. *Journal of Literary & Cultural Disability Studies,* 5: 201–216.

Epley, Nicholas, Juliana Schroeder and Adam Waytz. 2013. Motivated Mind Perception: Treating Pets as People and People as Animals. In *Objectification and (De) Humanization: 60th Nebraska Symposium on Motivation*, edited by Sarah J. Gervais, 127–152. New York: Springer.

Gallagher, Shaun. 2012. Empathy, Simulation, and Narrative. *Science in Context* 25(3): 355–381.

Gallagher, Shaun and Daniel Hutto. 2008. Understanding Others through Primary Interaction and Narrative Practice. In *The Shared Mind: Perspectives on Intersubjectivity*, edited by Jordan Zlatev, Timothy P. Racine, Chris Sinha and Esa Itkonen, 17–38. Amsterdam/Philadelphia: John Benjamins Publishing Company.

Gallagher, Shaun and Somogy Varga. 2014. Social Constraints on the Direct Perception of Emotions and Intentions. *Topoi*, 33: 185–199.

Goldman, Alvin I. 1995. Interpretation Psychologized. In *Folk Psychology*, edited by Martin Davies and Tony Stone, 74–99. Oxford: Blackwell. (First published in Mind and Language 4 [1989]: 161–185.)

Goldman, Alvin I. 2006. *Simulating Minds: The Philosophy, Psychology, and Neuroscience of Mindreading*. Oxford: Oxford University Press.

Goldman, Alvin I. 2011. Two Routes to Empathy: Insights from Cognitive Neuroscience. In *Empathy: Philosophical and Psychological Perspectives*, edited by Amy Coplan and Peter Goldie, 31–44. Oxford: Oxford University Press.

Goldman, Alvin I. and Karen Shanton. (in press). The Case for Simulation Theory. In *Handbook of "Theory of Mind"*, edited by A. Leslie and T. German. New York: Psychology Press.

Gopnik, Alison and Andrew N. Meltzoff. 1997. *Words, Thoughts and Theories*. Cambridge, MA: MIT Press.

Gordon, Robert. 1986. Folk Psychology as Simulation. *Mind and Language*, 1: 158–171.

Hacking, Ian. 2009a. Autistic Autobiography. *Philosophical Transactions of the Royal Society, Biological Sciences*, 364(1522): 1467–1473.

Hacking, Ian. 2009b. How We Have Been Learning to Talk About Autism: A Role for Stories. *Metaphilosophy*, 40(3–4): 499–516.

Hacking, Ian. 2009c. Humans, Aliens and Autism. *Daedalus*, 138(3): 44–59.

Hale, Mary Jane and Charles M. Jr. Hale. 1999. *I Had No Means to Shout!* Bloomington, IN: 1st Books.

Happé, Francesca, G. E. 1996. Studying Weak Central Coherence at Low Levels: Children with Autism Do Not Succumb to Visual Illusions. A Research Note. *Journal of Child Psychology and Psychiatry*, 37: 873–877.

Heal, Jane. 1998. Co-Cognition and Off-Line Simulation: Two Ways of Understanding the Simulation Approach. *Mind and Language*, 13(4): 477–498.

Hellendoorn, Annika. 2014. Understanding Social Engagement in Autism: Being Different in Perceiving and Sharing Affordances. *Frontiers in Psychology* 5 Article 850.

Herman, Judith L. 1992. *Trauma and Recovery: The Aftermath of Violence—From Domestic Abuse to Political Terror*. New York: Basic Books.

Hutto, Daniel. 2008. *Folk Psychological Narratives: The Sociocultural Basis of Understanding Reasons*. Cambridge Mass: MIT Press.

Joseph, Robert M., Brandon Keehn, Christine Connolly, Jeremy M. Wolfe and Todd S. Horowitz. 2009. Why is Visual Search Superior in Autism Spectrum Disorder? *Developmental Science*, 12(6): 1083–1096.

Kennett, Jeanette. 2011. Imagining Reasons. *The Southern Journal of Philosophy*, Spindel Supplement, 49: 181–192.

Köhler, Wolfgang. 1929. *Gestalt Psychology*. New York: Horace Liveright.

Koldewyn, Kami, Yuhong J. Jiang, Sarah Weigelt and Nancy Kanwisher. 2013. Global/Local Processing in Autism: Not a Disability, but a Disinclination. *Journal of Autism and Developmental Disorders*, 43: 2329–2340.

Lindsay. February 7, 2009. Attributions of Consciousness. [Web log comment]. Accessed June 30, 2015. http://directionlessbones.wordpress.com/2009/02/06/attributions-of-consciousness/.

Luhrmann, Tanya. 2012. Living with Voices. *American Scholar*, Summer: 49–60.

McGeer, Victoria. 2001. Psycho-practice, Psycho-theory and the Contrastive Case of Autism: How Practices of Mind Become Second-Nature. *Journal of Consciousness Studies*, 8(5–7): 109–132.

Medina, José. 2013. *The Epistemology of Resistance: Gender and Racial Oppression, Epistemic Injustice, and Resistant Imaginations*. Oxford: Oxford University Press.

Mottron, Laurent, Michelle Dawson, Isabelle Souliéres, Benedicte Hubert and Jake Burack. 2006. Enhanced Perceptual Functioning in Autism: An Update, and Eight Principles of Perception. *Journal of Autism and Developmental Disorders*, 36: 27–43.

Myers, Peter with Simon Baron-Cohen and Sally Wheelwright. 2004. *An Exact Mind: An Artist with Asperger Syndrome*. London: Jessica Kingsley Publishers.

Nicolaidis, Christina. 2012. What Can Physicians Learn From the Neurodiversity Movement? Virtual Mentor: American Medical Association. *Journal of Ethics*, 14(6): 503–510.

Prince-Hughes, Dawn. 2004. *Songs of the Gorilla Nation: My Journey through Autism*. New York: Three Rivers Press.

Robledo, Jodi P., Anne M. Donnellan and Karen Strandt-Conroy. 2012. An Exploration of Sensory and Movement Differences from the Perspective of Individuals with Autism. *Frontiers in Integrative Neuroscience*, 6: Article 107.

Sarrett, Jennifer C. 2011. Trapped Children: Popular Images of Children with Autism in the 1960s and 2000s. *Journal of Medical Humanities*, 32: 141–153.

Shah, Amitta and Uta Frith. 1993. Why Do Autistic Individuals Show Superior Performance on the Block Design Task? *Journal of Child Psychology*, 34(8): 1351–1364.

Sheahan, Bobbi and Kathy DeOrnellas. 2011. *What I Wish I'd Known about Raising a Child with Autism: A Mom and a Psychologist Offer Heartfelt Guidance for the First Five Years*. Arlington, TX: Future Horizons.

Sinclair, Jim .1999. *Why I Dislike "Person-First" Language*. Accessed June 30, 2015. http://autismmythbusters.com/general-public/autistic-vs-peoplewith-autism/ jim-sinclair-why-i-dislike-person-first-language/.

Smukler, David. 2005. Unauthorized Minds: How 'Theory of Mind' Theory Misrepresents Autism. *Mental Retardation*, 43(1): 11–24.

Sorensen, Roy A. 1998. Self-Strengthening Empathy. *Philosophy and Phenomenological Research*, 58(1): 75–98.

Spelman, Elizabeth. 1988. *Inessential Woman: Problems of Exclusion in Feminist Thought*. Boston: Beacon Press.

Stueber, Karsten R. 2006. *Rediscovering Empathy: Agency, Folk Psychology, and the Human Sciences*. Cambridge, MA: MIT Press.

Stueber, Karsten R. 2011. Imagination, Empathy, and Moral Deliberation: The Case of Imaginative Resistance. *The Southern Journal of Philosophy, Spindel Supplement*, 49: 156–180.

Stueber, Karsten R. 2012a. Varieties of Empathy, Neuroscience and the Narrativist Challenge to the Contemporary Theory of Mind Debate. *Emotion Review*, 4: 55–63.

Stueber, Karsten R. 2012b. Empathy Versus Narrative: What Exactly Is the Debate About? Response to My Critics. *Emotion Review*, 4: 68–69.

Ussher, Jane M. 2011. *The Madness of Women: Myth and Experience*. New York: Routledge.

Waytz, Adam, Juliana Schroeder and Nicholas Epley. 2014. The Lesser Minds Problem. In *Humanness and Dehumanization*, edited by Paul G. Bain, Jeroen Vaes and Jacques Phillippe Leyens, 49–67. New York: Psychology Press.

Williams, Donna. 1999. *Autism and Sensing: The Unlost Instinct*. London: Jessica Kingsley Publishers.

Wittgenstein, Ludwig. 1958. *The Blue and Brown Books*. New York: Harper & Row.

Wittgenstein, Ludwig. 2009. *Philosophical Investigations*, 4th edition. Translated by G. E. M. Anscombe, P.M. S. Hacker and J. Schulte. Oxford: Wiley-Blackwell. Original edition, 1953.

Zahavi, Daniel. 2001. Beyond Empathy: Phenomenological Approaches to Intersubjectivity. *Journal of Consciousness Studies*, 8: 151–167.

Zahavi, Daniel. 2010. Empathy, Embodiment and Interpersonal Understanding: From Lipps to Schutz. *Inquiry*, 53: 285–306.

Zahavi, Daniel and Soren Overgaard. 2012. Empathy without Isomorphism: A Phenomenological Account. In *Empathy: From Bench to Bedside*, edited by J. Decety, 3–20. Cambridge, MA: MIT Press.

第九章
对规范的回应性

马克·奥克伦特（Mark Okrent）

第一节 导 论

现代自然主义的一个核心原则是，原则上每个事件都可以通过参考其物理原因来说明。但显而易见的是，在许多不同的情况下，我们对行为者的所做之事给予说明时，会论及行为者在有关情形中应当做什么，并认为她之所以做她所做的事情，是因为她正在回应这样一个事实：她应当这样做。也就是说，我们把某些行为者视为他们实际上会对规范做出回应。我们以这种方式来看待行为者，不仅体现在我们试图用社会科学术语来理解行为者的行为，而且还体现在日常生活中我们根据规范将行为者所做之事视为本质上可评价的，把行动视为成功的或失败的，把推断视为理性的或非理性的。但是，某个事件满足某项规范并非关于该事件的物理事实，这样描述的任何事件都不能成为任何物理因果律的前提或结果的实例。因此，规范或对规范的回应如何在自然界中扮演一种说明性角色，这是一个难题。

在本文中，我希望从一个新的方向来探讨这一难题。我考察了三种不同的实体，它们可以被认为是以不同但相关的方式回应了不同但相关的规范。当我们把一种实体描述为有生命的，或者把行为者描述为工具理性的，或者把行为者描述为文化共同体的功能成员的时候，我们就把那个实体描述为对生命规范的回应，或者对工具理性规范的回应，或者对行为者共同体实践中所承认的规范的回应。在每一种情形下，我们都将行为者所做之事视为是可以通过诉诸规范来给予说明的；我们认为行为者的行为之所以发生，是*因为*行为者在某种意义上回应了一个事实：这是正确的行为方式。问题在于，要明确上述提及的实体如何恰当地被认为对这些规范作出了回应，以及这种回应性又如何既能对上述实体所做之事给予说明，又能与诉诸物理因果关系的说明相兼容。我提出，一种特定的理解方式——进化说明在对有生命的生物体行为的说明中如何运作的方式——为我们提供了一个无问题的模型，该模型可扩展到其他两种情形中。也就是说，我的建议是一种带有亚里士多德色彩的想法，即要在自然主义框架下提供一个可接受的规范性解释，关键在于认识到——将某个实体归为有生命的生物体，本身就已经隐含了对规范性的诉求，并且意味着该实体对规范具有回应性，而这一点在自然主义上是无害的。

第二节　生　命

生命就是对一切进行区分的过程。不仅人的生命如此，所有的生命都是如此。生物总是生活在这样或那样的环境中，而所生活的环境总是易于发生变化。生物体是否在某个特定的环境中生存或死亡，取决于它对该环境的回应是否能够随着环境状况的变化而在工具上做出适当调整。虽然每个自然实体，无论是有生命的还是无生命的，对周围环境的回应都是不同的，但生物的独特之处在于，它们的存在是脆弱的、自我维持的、自我复制的，这种自我维持和自我复制依赖于，它们对环境的回应性在工具性上具有适当的可变性。由于这个原因，生物只要继续生存，就必须在它们对环境的回应行为中区分不同类型的情形，并通过采取那些在实际情形中能够维持其生存的行动来实现这一区分。因此，如果一种植物无法区分水和氨水，并且在它们的存在下未能以一种工具上自我维持的方式做出不同回应，那么这种植物就会在同时包含水和氨水的环境中死亡。同样，如果一只羚羊无法区分长颈鹿和狮子，并且在面对它们时未能以一种工具上适当的方式做出不同的回应，那么它将无法在一个同时存在狮子和长颈鹿的环境中生存。对我们来说，进行第一次区分的物理机制比进行第二次区分的物理机制更明显，但无论如何，事实仍然是，如果生物的行为不能做出这种适当的区分，否则生命便无法存在。

有了区分就有了分类。就某一生物对两个在数量上不同的环境情形做出相同的回应，但对第三种情形做出不同的回应，那么该生物便隐含地将前两种情形归为相似的环境情形，而将第三种情形归为不同于其他两种的环境情形。这里讨论的相似性不一定是物理上的相似性。就像我们人类实际上会以相似的方式对物理上完全不同的声音做出回应，从而将它们归为相同音素的实例一样，当一只猫在吃了一只鼩鼱之后，学会了避开鼩鼱，而仍然继续追捕、进食其他小型哺乳动物时，这只猫便隐含地把鼩鼱当作与其他哺乳动物不同的一个类别来对待，并且隐含地认为其他哺乳动物属于同一个类别。生物体是否在任何意义上将这种不同之处"表示"为某种类型的差异，或以任何方式将不同类别中的个体"表示"出来，都与这种行为的隐含分类特征完全无关。而且我们可以识别出生物体在与其接触的个体互动时，将它们归类为哪种隐含的、工具性的种类。假设有一种动物，它会系统地避免进食所有且仅仅那些会对身体有害的东西，那么它便在自身的实践中非常成功地区分出对它来说属于毒物的种类。这一种类是完全客观的，因为它挑选出了对这个生物体有毒的某个东西的工具关系属性，尽管那些有毒的东西在物理上几乎没有什么共同之处，这一事实并不影响其客观性。

只有在生物体对其环境做出回应以保持活力时，生命才会继续存在，这一事实意味着错误的可能性也随之出现。如果生物体有可能为自己做工具上正确的事情，那么它也有可能做错误的事情。也就是说，所有生物的行动都处于成功的条件下；生物体相对于其环境做出正确的事情来维持自身的生存，或者它未能做到这一点。由于做正确的事情涉及在其行为中隐含地正确区分环境中工具上重要的差异，因此，生物体的正确行为意味着，正确地将环境元素分成不同的种类，这些种类是依据对生物体而言具有工具上重要意义的差异和相似之处来定义的，而不正确的行为则会导致按照相同的参数错误地对环境进行分类。这些正确行动以及对环境进行正确分类的标准，是以个体生物体自身的存在为基础的，无论生物体是否以任何方式承认或回应那些标准，它们都是存在的。当然，生物体只有在其实际环境中做正确的事情才能生存，因此，就其持续生存而言，所有有生命的生物体本身都充分满足它们所处的环境中的规范。生存本身就是对善意原则的一种原始形式的满足；因此，生物体大多会做正确的事情，并按照它们应该有的方式与它们的世界相融合，并对其世界加以分类、揭示。

无论是在一般语境中还是在哲学语境中，norm 这个英语单词都有很多种释义。从某种意义上说，"规范"是一个统计学概念：对于一个群体来说，规范就是该群体成员在统计学上具有典型性的东西。但这一意义不是我们这里所探讨的意义。"规范"也被用作"必需的标准"，"一种应遵守或达成的标准"。我在本文中将这样使用规范一词：生命规定了行动与区分的标准，生物体必须遵守这些标准，否则将面临死亡的风险。只要生物体继续生存，它就满足了这些规范。生物体在行为中并通过其行为，将其环境特征区分为工具性种类，并且通常按照其应当区分这些特征的方式进行区分。在大多数情况下，能够持续生存的生物体都在做它们应该做的事情。生物体的行动通常都符合它们所处环境中的规范。也就是说，生物体的实际行为通常与正确行为的规范以及区分环境特征的规范保持一致。但是，简单的生物体在何种意义上（如果有的话）对这些规范做出回应？又在何种意义上（如果有的话）表现出对规范的回应性？

"回应"和"回应性"这样的措辞不只带有些许某种原因论的意味。"回应"涉及"答复"或"反馈"，因此，A 之所以为了回应 C 而做 B，是因为 C 的某些属性或行动而让 A 做 B。回应性本质上是一个说明性概念。为了使行为者的行为对某种特性做出回应，仅使该行为的变化与该特性的变化相关联是不够的。此外，这些行为的变化必须是因为环境的变化而发生的。因此，要使行为者对某种规范做出回应，该行为者必须因为该行为的*正确性*而做他的所做之事。规范回应性（norm responsiveness）是一种行为，该行为对某种类型的行动在实际情况中是否正确而做出不同的回应，之所以会做出这样的回应是因为这类行动的正确性所引起的。

既然我们对简单生物体所做之事有很好的生物化学说明，而这些说明并未提及行为者回应的正确性，那么，认为这些生物体做它们的所做之事是由于它们对规范的回应性，这似乎是多余的。然而，在我看来，有两个原因表明，这种考虑虽然显然具有一定的说服力，但却不像最初看起来那样有力。首先，记住这一点总是有益的：自然界中的每个事件都有一个并不涉及规范的物理原因。每个事件都有一个原因。我们碰巧对单细胞层面上运行的物理因果律比人类层面上运行的要了解得更多，这一事实对自然领域中的本体论事实没有任何影响。无论某个行为者对某种规范做出回应这种说法意味着什么，这都不意味着该行为者所做之事就没有任何物理原因。如果确实没有的话，那么无论是人类世界还是非人类世界，都不会存在对规范的回应性了。因此，简单的生物体按照物理规律行动，并不意味着它们对规范没有回应，除非这同样意味着我们自己对规范也没有回应。

其次，这一领域中的第二个考虑因素是，为什么简单生物体的行为会根据其所处情境中的正确行动的规范以及区分的规范而变化。虽然这种行为根据物理上描述的环境差异而变化的事实足以说明*物理上描述的*简单生物体的行为，但是，如果要普遍说明这些生物体在其环境中会做出工具上正确的事情，以确保生存的持续性，就必须诉诸自然选择。说明具有内涵性：哪种说明能正确地阐释一个事件会随着对该事件的描述方式不同而变化。当一只黄蜂在特定的环境中做出某个特定的行为，导致其杀死并吃掉另一只动物时，它的行为有一个物理描述，比如说它以某个平均速度沿着某个轨迹从 A 点移动到 B 点。这样一个以物理事件方式描述的事件在特定时刻发生，推测而言，必然有某种说明，该说明诉诸某条物理定律，而该事件（按此描述）正是该物理定律后件的一个实例。但是黄蜂的行为总是或多数情况下在轻微变化的环境中以它所需要的方式变化，以便黄蜂继续做一些易于使其杀死并吃掉其他动物的事情，从而执行这种特殊的工具上的成功行动，这样的行动如果用工具上的显著目标来描述，则需要另一种说明。生物通过进化获得了对各种环境因素的本能反应，并且之所以会对这些因素产生反应，是因为这种反应在过去曾被证明是成功的，也就是说，对于个体生物体的祖先来说，它们的反应具有工具上的适当性。一种简单的生物体存在并在特定类型的环境中成功行动，是因为这种行动方式在过去对于其祖先而言是工具上正确的方式，也就是说，正是这种行动使得其祖先得以存活和繁衍。从这个意义上说，简单的生物体会在其环境中对正确行动、正确区分和特征分类的规范做出回应。它在环境状况 C 中之所以做它所做之事，是因为在过去，这种行为方式对其同类生物体来说是正确的，也就是说，正是这种行为方式有利于该生物体的存活和繁衍。

假设有一只动物，能够完全避免进食任何对它有毒的东西，这只动物所进行的一系列行为可以被正确地描述为避开所有有毒物质。这样描述的事实具有一种说明，该说明诉诸这样一个事实，即这只动物的祖先仅仅包括倾向于避开有毒物质的生物体，也就是说，这些生物体在某些特定行为范围内做了它们应该做的与进食有关的事情。因此，对于当前这只动物避免进食有毒物质这一事实所进行的说明，诉诸如下事实，即它的祖先们做了它们应该做的事情；当前这只动物之所以会有一种行动倾向避开所有有毒的东西，是*因为*所有这些东西（对它来说）都是有毒的，而它之所以这样行动，是因为这些东西具有这种(有毒)特性。例如，如果胡萝卜对这类生物体有毒，那么我们研究的这种特定动物就会避免进食胡萝卜，*因为*胡萝卜对这类生物体来说是有毒的。也就是说，这只动物会对支配进食行为的有机规范（organic norms）做出回应，该动物之所以避免进食对它有毒的东西，是*因为*这些东西是有毒的，这一事实完全与这样一种情况相兼容，即该动物对每一种对其有毒东西的回避行为，都有完全普通的物理原因。该生物体的这种构造是为了避免进食胡萝卜，它有某种物理构造来提供一种机制，使它避免进食胡萝卜，而不是有某种其他的物理构造，这本身就是取决于一个事实，即具有这种变异构造的个体的祖先们能够存活并繁衍，而其他具有不同变异构造的潜在祖先们则未能存活。也就是说，现存的个体之所以具有这种特殊的物理构造，正是*因为*具有这种构造对同类生物体是有益的，从这个意义上说，这种物理构造是对有机生命的工具规范的回应。

话虽如此，现在是时候通过限定条件对上述讨论进行修正了。时态在这一语境中非常重要。环境复杂且易于发生变化，因此，并不能保证进化赋予生物体各种各样的回应（因为这些回应在过去被证明是该类生物体所做的来说是正确的事情）在当前仍然是正确的回应。而且，就最简单的生物体而言，在它们做了错误事情的情况下，即使事情是错误的，即使会给所讨论的生物体带来灾难，它们也会这样继续做下去。正因如此，说这些生物体之所以这么做是因为它们所做的是正确的事情，这种说法似乎与其说是正确的，不如说是错误的。正确行为的可能性当然也蕴含着错误行为的可能性，事实上并没有真正的生物体不会犯错误或者不会陷入错误之中。当错误发生时，简单的生物体不能改变其行为来弥补该错误。它们对自己现在所做之事的正确与否毫无察觉。出于这个原因，我们只能在一种非常有限但确实存在的意义上说，这些行为者对规范有所回应。

第三节 工具理性的行为者

然而，这一结果为我们指明了正确的方向。对规范的完全回应性关键取决于对错误的回应性。无法在做错误事情后修正自身行为的某种生物体，最多只能在非常有限的意义上被认为是对正确性标准做出回应。另外，一些生物体在犯错时能够修正自己的行为。具备了这种能力就意味着具备了学习的能力。而会学习的生物体已经能够对以下两类规范之间的差距做出回应：一类是用以说明其实际行为相关的规范，另一类是行为者应该回应的规范，并且它已经具备了弥合这一差距的能力。

考虑一下我之前提到的案例。小猫不加选择地追逐、捕捉、吞食各种各样的小型哺乳动物，但小猫当然不会对许多其他种类的哺乳动物采取相同的行为。小猫在这样做的过程中，隐含地对"小型哺乳类动物"和"其他动物"做出了区分。猫以这种方式进行区分，本身可由如下事实进行说明，即在过去它的祖先就是以这种方式进行区分，从而存活并繁衍了下来，因为许多此类小型哺乳动物实际上既可以被猫食用，也不会对猫构成捕食威胁。从这个最基本的角度看，猫现在的所做之事，正是它的祖先与过去环境之间这一工具上的规范事实的结果。从这个意义上说，现在这只小猫的所做之事，可以通过诉诸其对一系列规范或标准的回应性来进行说明，而这些规范或标准是它从其成功祖先那里继承而来的。但是，事实证明，虽然从非常普遍的意义上讲，鼩鼱与许多其他可被猫食用的小型哺乳动物属于同一形态类别，但从猫的角度来看，鼩鼱缺少了其他动物唯一最重要的属性（可食性）；鼩鼱对猫来说是不可食用的。从我一直在阐释的观点来看，这一事实无疑是如下两种规范之间的差异：一是，源自它的祖先的规范，这种规范实际上影响着这只小猫的行为，并且能够帮助我们说明它为什么会这样做（这种规范认为，进食看上去与老鼠非常相似的小型哺乳动物是有益的，由此，"我"应该吃它们！）；二是，它应该回应的规范（这种规范认为，进食除了鼩鼱之外的小型哺乳动物是有益的，由此，"我"应该进食那些不同于鼩鼱的小型哺乳动物，但不是鼩鼱！）。在这方面，小猫与更简单的物种（如黄蜂）的区别在于，小猫能够通过改变第一种规范以符合第二种规范，来回应它一直遵循的规范和它应该遵循的规范之间的差异。而黄蜂则不能做到这一点。在小猫吃了一只鼩鼱并生病的经历中体验到鼩鼱的不可食性之后，小猫在未来会按照应有的方式区分鼩鼱和非鼩鼱小型哺乳动物。小猫之所以改变了它的行为和区分方式，是因为做出这种改变对它来说是正确的事情。无论是什么物理机制驱使猫进行学习，这种机制之所以存在，正是因为这种机制在过去的进化中成功地发挥了作用从而纠正其错误。因此，这只能够通过回应自身错误来学习其他行为的小猫，实际上是在对其试图遵守的规范的正确性或错误性做出回应。这显然比黄蜂等无学习能力的生物体表现出更高层次的对规范的回应性。

在某个重要方面，具有学习能力的动物是独特的。此类行为者对其环境中的事物进行分类的方式会因其独特的学习历史而异，因此同种个体会对不同的规范集做出回应。已经学会辨别不可食用的鼩鼱和可食用的小型猎物的那只猫，对差异和规范很敏感，而它的那些未学会区分的同类无法察觉到这种差异和规范。当它为了避开鼩鼱而采取行动时，这只特殊的猫是由自身独有的因素所驱动的，而不是由它进化所继承的某些一般特征所驱动的。它的动机是避开它认为是鼩鼱的动物，而它的那些未学会区分的同类完全缺乏这种形式的动机，无法把鼩鼱和其他毛茸茸的小东西区分开来。出于这个原因，对具有学习能力的动物的行为的规范说明，需要涉及这些可变的独特因素。这只学会区分的猫想要避免进食鼩鼱，并且认为眼前的动物就是一只鼩鼱，所以它避免进食这种动物。就其本质而言，信念和愿望是个体独有的动机因素，它们产生于个体应对当前环境而学习新的工具上有效方式的这一过程中。

像猫这种最简单的物种，能从经验中学习的能力在动物中比较普遍。据说，即使是海葵在接触到有轻微毒性的潜在食物来源时，也能学会避免将来摄入这种食物。而且，尽管经过学习的海葵与未学习过的同类相比，对不同的环境刺激所作出的适当回应的能力有所不同，但我们许多人都有一种直觉，认为将信念和愿望归于海葵有一些明显的奇怪之处。而这种直觉并没有错。因为猫具有一种进一步对规范做出回应的能力，这种能力是真正拥有信念和愿望的第二个必要条件，而海葵则没有这种能力。包括猫在内的一些动物，根据它们工具上关联的经验，可以学会构建相对较长的活动链，这些活动链使用中间的临近步骤来达到工具上的远期目标。也就是说，在学习如何更好地应对这个世界的过程中，这些动物已经学会了以适当的方式，来对各种物体和行动的一系列工具上的重要属性做出回应，而且通过认识到这些不同的工具上的属性的存在以及潜在的重要性，这些动物可能会产生为了达到远期目标而实现近期目标的动机。事实上，这些动物行为者不仅可以从它们对世界的行动结果的直接经验中获得新的信念，而且还可以从旧的信念中推断出新的信念。这种构建推断上相关的信念网络的能力，不可避免地伴随着一种能力，即一种产生愿望以实现近期目标的能力，而这些近期目标是实现最终目标的工具。当这种情况发生时，我们就有可能通过诉诸行为者已形成的独特的后天习得的动机，来说明每一个中间行动，也就是说，通过诉诸信念和愿望在推断上交织而成的复合体来说明每一个中间行动。对于任何一种动物，如果原则上可以用这样的说明来解释其行为，即可以诉诸行为者多种多样的信念和愿望，也就是说，可以诉诸行为者的理由，那么这种动物就是一种工具上的理性动物。

哪里有成功的可能性，哪里就有失败的可能性。由于用信念与愿望所表达的独特动机因素，取决于特定个体偶然经历的特殊经验，由此，行为者可以获得不会推广到未来环境的经验教训，也可以学会它们应该学会的经验教训，以便继续应对它们的世界。正如一种简单生物体在其进化禀赋的基础上回应的规范与它应该回应的规范之间原则上存在差异一样，在行为者实际拥有的信念和愿望与应该拥有的信念和愿望之间，原则上也存在着类似的差异。也就是说，不是所有的信念都是真实的，也不是所有的愿望在工具上都是适当的。工具理性的行为者可以出于自身的理由而行动，但仍然可能没有做出他们应该做的事情。当然，工具理性的行为者在理性程度上可以有所不同，这取决于行为者是否善于学习对自己有益的行为，是否善于从旧有信念和愿望中推断出新的信念和愿望，以及是否善于计划、执行工具上适当的行为。

而且，每当我观察到院子里的松鼠如何成功绕过我的各种障碍来吃鸟食时，我有时会觉得它们在工具理性上远比我更胜一筹。然而，在另一个方面，即便是"超级松鼠"，在人类面前也不及人类更具有工具理性。我们人类，而不是松鼠，具备这样一种能力：通过正确地将信念和愿望归因于其他工具理性行为者，来说明、预测和影响他们的行为，并利用这种能力产生工具上适当的行动，以回应其他行为者自己的能动性。为了使用这种说明策略，观察者当然需要能够了解行为者的信念和愿望，这无疑是一个非同小可的困难。而且，据我们所知，事实上只有人类有能力以一种成功的说明方式使用这种"意向立场"。识别其他行为者的信念和愿望，从而获得使用这种意向的说明、预测和控制模式的能力，其诀窍就在于能够认识到：因为信念和愿望是建立在学习如何成功应对客观世界的基础上的，因此，一个行为者的愿望和信念集合通常在内部保持理性上的一致性，并且能够整体性地说明该行为者的全部行为。虽然任何单个的信念可能是错误的，任何单个愿望可能会适得其反，任何信念或愿望都可能与该行为者的其他信念和愿望不一致，然而，只要该行为者仍然是一个工具理性的行为者，那么，该行为者的大部分信念必然是真实的，大部分愿望不会适得其反，并且其信念和愿望的集合在内部必然大体上保持一致，并能够说明该行为者在工具上大多是成功的行为。

综上所述，我们可以看到一个关于某种高度工具理性的行动者的图景。作为生物体，这些行为者处于一组有机工具规范之下，而这些行为者擅长满足这些有机规范，因为他们能够对自己的实际动机和他们应该做出回应的动机之间的差异做出回应；也就是说，他们能够从错误中学习。此外，相较于它们更简单的近亲，这些特殊的生物体还有一个额外的优势，那就是工具理性。也就是说，他们能够学习应该如何行动来实现他们的有机目标，他们应该如何行动以满足有机生命的规范，而无须总是首先犯下潜在的危险错误。以这种方式实现工具理性就是对工具理性做出回应。正因为如此，这些特殊行为者的所做之事，可以通过参考他们的信念和愿望来加以说明，并且，由于他们的大多数信念必然是真实的，大多数愿望必然在工具上是适当的，因此，这些工具理性的行为者通常之所以会做他们的所做之事，是因为他们确实应该这样做。正如我们在上文对简单生物体的讨论中所看到的那样，原则上，以物理方式所描述的同样的行为，也可以通过诉诸因果律来说明，这一事实与行为者是否是工具理性的行为者无关，因为成为这样一个行为者意味着，其行为在用工具上相关的术语描述时，可以用这种方式得到说明。但是，在最高程度上具有工具理性的生物体还具有一种额外的能力，即通过将其他行为者视为工具理性行为者，来说明和预测这些行为者的行为。也就是说，这些特殊的高度工具理性的行为者，正因为他们有能力理解其他工具理性行为者的独特动机（他们将信念和愿望归因于其他行为者，因此具有这些行为者的"心灵理论"），因此能够预测和说明这些行为者的行为，并由此也能够学习如何对其他工具理性的行为者的行为变化做出工具上适当的回应。

人们有时会用一个短语来指代这类特殊的行为者，即"采用理性决策理论的社会科学家"。据我所知，除了松鼠，所有正常的成年人，都属于这一类别。

第四节　实践理性的行为者

在人类和猫所属的生物体类别中，有一个重要方面是相同的。猫科动物和我们都是工具理性的行为者，尽管部分由于我们具有更高的规划能力和运用理性决策理论能力，我们在这方面的理性程度远高于猫。但我们人类认为，在规范回应性方面，我们与猫科动物、非人类灵长类动物、犬科动物和鲸类动物存在质的差异。康德哲学传统中的哲学家试图根据我们对规范做出回应的独特方式，来阐明这种假定的差异。例如，有人说我们人类而非猫科动物等，是*根据规范来行动的*，或者是出于对规范的识别而行动的，或者说对于我们人类而非我们的动物近亲来说，规范本身之所以至关重要，是因为我们能够意识到把我们所遵循的规范作为规范。在其他场合，我已经谈到过这个策略。在这里，我想从另一个人类的独特事实所提供的视角，以一种不同的方式来处理这一差异。我不想把重点放在我们对规范做出回应的方式上，而是想着重谈谈我们所回应的规范在其特征上的差异。简言之，我们之所以做我们所做之事，既是因为我们应该（*should*）这么做，也是因为我们应当（*ought*）这么做。

虽然我即将使用的术语可能有些新奇，但这种术语所标示出的独特之处是人们所熟悉的。人们普遍、正确地认为，并非所有规范都能直接反映出源于工具效用的成功条件。即使一个人能够通过作弊成功应对考试，从而以一种工具上有效的方式来实现自己的目标，我们也仍然觉得在另一种意义上这是错误的行为方式。在一家埃塞俄比亚餐厅，人们应当用手进食，即使对大多数北美顾客来说，用叉子进食更有效率；人们不应当使用他人的"财产"，即使这种使用是实现目标的唯一途径；人们应当用较小的叉子吃沙拉；人们应当相信什么是真实的，即使错误的信念有时在工具上更有价值。

乍一看，与前述工具理性规范不同，这里所讨论的第二类规范的独特之处在于，它们并不以任何明显的方式建立在工具效用和效率之上。尽管在目前的用法或词源中几乎没有明确区分这两类规范的依据，但我建议通过一致地使用"应该"一词作为规范评价的工具风格，而使用"应当"一词作为规范评价的非目的风格，来标示目的工具性规范和表面上非工具性规范之间的差异。当一个行为者只能通过某种方式行动来实现他的目标时，也就是说，当该行为者处于工具效用的规范下以某种方式行动时，我会说该行为者"应该"以那种方式行动。另一方面，当一个行为者处于一种行为规范下时，而这种行为规范并非直接建立在行动需要达到某个目标的条件下，我会说该行为者"应当"以那种方式行动。

从生命的角度来看，"应当类"（oughts）中所规定的非工具性规范有两个异乎寻常之处。首先，"应当类"似乎会与"应该类"（shoulds）产生冲突，甚至互不相容。举个简单的例子，如果用叉子进食对我来说更有效率，而且我正在进食，那么我应该用叉子进食。然而，在餐厅的实际情形中，我们却认为我们应当用手指进食。如果我处在一种可以随意作弊，并且通过作弊可以达到我的目标的情景中，那么，用我的术语来说，我应该作弊。然而，我们大多数人仍然认为不应当作弊。"应该类"和"应当类"之间的潜在的和实际的冲突指向了"应当类"的第二个奇怪之处。由于我们应当做的可能与我们应该做的事情相矛盾，从生命的角度来看，编入到"应当类"中的规范似乎悬而未决，没有任何支撑。如果为了达到我的目的，我应该用叉子进食或应该作弊，那么，说人们应当用手指进食以及人们不应当作弊又意味着什么呢？规范是应遵守的标准。但是，到底是什么使得体现在"应当类"中的标准成为应遵守的标准呢？在工具有效性的规范情形中，也就是在"应该类"所表达的规范情形中，从生命的角度来看，这个问题的答案是显而易见的。有机行为者应该做有助于它存活的事情，而不是做会导致它死亡的事情。该规范的基础在于对毁灭的制裁和对生存的回报。但"应当类"的整个要点在于，一切似乎都不相关。那么，是什么使"应当类"成为应遵守的呢？非工具性规范究竟基于什么权威而成立呢？

因此，非工具性规范占据了一种奇怪的知识地位。我们在自我解释中假设这种非工具性规范无处不在。人应当诚实，而不论这对自己有何影响；我之所以应当公平、迅速地给我的学生的论文打分，是因为这是作为一名教师的职责之一，即便我是一名终身教授，几乎不受惩罚的影响，尽管评分活动是痛苦的，会带来严重的机会成本；我应当相信真实的东西，即使相信虚假的东西对我来说更有用。另外，是什么使这类规范应得到遵守，这一点并不明显。这就是非工具性规范的"规范性"问题。由于这些非工具性规范的最明显的例子出现在人类社会互动的规则中，因此通过对这种互动的思考来处理这个问题似乎是很合情合理的，在这里我将从这一角度来处理这个问题。[1]

考察一下教授行为规范的案例。其中的问题是，如何解释这位 65 岁的老人快速、公平（尽其所能）地给她学生的论文打分，因为她应当这样做，尽管她意识到这样做对实现自己的目标毫无效用。为了理解这种对非工具性规范的回应性，我们需要看看这位教授是如何成为教授的，也就是说，看看她是如何在共同体中被接受为教授的。在这里，我们看到了一个似乎是一般原则的应用：如果某人忽视了非工具性规范，那么社会中的其他人将倾向于用工具性的方式对其进行惩罚；如果某人遵守这些规范，那么其他人就会倾向于以某种工具性受益的方式来对待他。正因如此，年幼的人类个体将以一种特定方式受到训练，使其学会按照他人期望的方式对情形作出回应。此外，学习者最终会成为老师，因为对这种社会制定的规范做出回应的一部分，就是对他人的施为（performances）表示赞同或反对，也就是说应当给予赞同和反对。在这位年长的教授案例中，她的早年阶段——作为一名年轻老师时——会因为快速、公平地批改论文而得到工具上的奖励，也会因为没有这样做而受到工具上的惩罚。因为她是高度工具理性的动物，有学习和推断的能力，这位新晋教授倾向于以寻求工具优势的方式来行动，并避免以间接导致她工具损害的方式来行动。也就是说，她能够接受共同体其他成员的训练，以他们认可的方式行动。这种训练要么奏效，要么无效。如果无效，她将无法获得终身教职，从而不再受这些规范的约束，也没有资格再执行这些规范。如果训练有效，那么她便学会了根据规范对一系列论文做出回应，正如她应当那样，而这一行为的持续已不再依赖未来的任何奖励和惩罚。

由于对这位教授给近期论文评分所进行的说明是基于这样一个事实，即她目前倾向于按照教授适当的社会行为规范来行动，而她之所以具有这种倾向，是因为这些规范被教授共同体接受并作为义务加以执行，因此，她之所以如此行动，是因为这是或被认为是正确的行为方式。这位教授会回应教授行为的规范，她所做的可以通过诉诸这种回应性来进行说明。因此，从这个角度来看，"应当类"是通过社会行为者对他人行为的态度以及在他人身上再现这些态度的社会能力而进入世界的。非工具性规范的"应当类"是基于对它们做出回应的人的态度，而并无其他基础。正如罗伯特·布兰顿（Robert Brandom）总结的那样："……揭开规范神秘面纱的一种方法，是将规范理解为由那些在实践中承认规范的人的实践态度所确立的。除了这种实践的承认外——通过在实践中对施为做出正确或错误的回应，来对施为的正确或错误做出判断——施为具有自然属性，但没有规范属性；如果不参考在其实践中隐含这些规范的那些人对施为所进行的评价或承认，施为就不能被理解为正确或错误的。"（Brandom，1994，63）

当试图理解非工具性规范的确立及其基础时，人们很自然地将上述条件解释的某些版本与"实践"系统的概念结合起来。用约翰·罗尔斯（John Rawls）的话来说，实践是"由一套规则系统所规定的任何形式的活动，这些规则定义了职位、角色、动作、惩罚、辩护等，并赋予了活动以结构"（Rawls，1955，3）。（虽然罗尔斯在他的定义中使用了"规则"一词，但我将继续使用"规范"；规则是一种明确的规范类型，而行为者所回应的规范并不都是规则。）在这样的实践系统中所定义的"职位"和"角色"，是社会行为者可以扮演的社会角色，这些角色是通过惩罚和奖励的结构建立起来的。如果某人是教授——并且只有在他是教授的情况下——他才被授权并有义务给大学生的论文评分；成为一名大学教授在一定程度上要遵守评分规范。只有当某人被其他人接受为该职位的拥有者，并且通过按照实践所制定的职位要求对其进行评价后，他才能担任该职位，而这种接受本身是以事先评价该行为者是否已满足取得该职位的先决条件为条件的。同样，实践系统建立了各种工具系统，使得共同体中的行为者可以实现各种社会角色；例如，小叉子之所以成为用来吃沙拉的工具，正是通过奖惩系统而确立的，这种奖惩系统融入共同体内正确就餐行为的实践教学当中。

这种理解非工具性规范的方式，为我们提供了第三种不同的意义，在该意义上行为者可以对规范做出回应。在有限的意义上，所有继续生存的生物体在其实际环境中，对确保其生存行动的规范作出了回应。在较不受限的意义上，某些生物体，即高度工具理性的生物体，能够把工具性错误当作错误来给予回应，能够从失败中学习，能够根据本应该做的事情来纠正自身的行为，能够为实现长远目标来制定详尽的策略，从而回应工具理性的规范。其中一些高度工具理性的行为者中——即使用理性选择理论的社会科学家，甚至能够学习如何对其他行为者的工具理性行为做出适当的工具理性回应。还有一些行为者，他们能够学习对社会行为规范的非工具性规范做出回应，并且还能够根据他们已经在共同体中与其同伴所共有的态度，采取他们应当采取的行动。这样的行为者已经有能力对某种不同类型的规范，即实践中所规定的规范，具有回应性，因此他们对规范的回应与仅具备工具理性的行为者不同。并不是所有会回应工具规范的动物，都能够对*实践*规范具有回应性，这些实践规范制定社会实践，而社会实践也制定实践规范。对社会行为规范的非工具性规范做出回应的那类行为者，即那些在特定情况下依据自己在社会中的角色而因为应当这样做而做他们所做之事的行为者，构成了*实践理性行为者*，也就是说，这种实践理性行为者会对那些在其共同体中建立实践的规范做出回应，也会对那些由其共同体中的实践所建立的规范做出回应。

在对社会行为规范的非工具性规范做出回应时，即在回应（正如人们应当回应的那样）环境元素时，因为人们应当以那种方式做出回应，因此，以第三种方式对规范做出回应的行为者，成功地区分出了那些仅仅在工具上做出回应的行为者所无法识别的实体类别。正如生物体能够在其行为上区分那些相对于自身在工具属性上有所不同的各种实体一样，对"应当类"做出回应的动物，能够区分那些因其共同体在实践中所构建的社会意义，而应当以不同方式做出回应的各种实体。社会行为者在某种情形下做什么才是正确的，取决于如何根据其共同体内制定的规范对该行动给予评价，因此，由这些行动所区分的各类环境实体，其界限同样取决于这些用于评价的规范，而非取决于这些实体的物理属性。什么可以算作一种规定音素的实例取决于当前的规范：两个例示不同物理类型的声音，对于我们说英语的人来说，可以算作不同音素"l"和"r"的实例，但是对于说日语的人来说算作同一音素的实例；根据语音语境，两个例示相同物理类型的声音，即使在同一语言中也可以算作例示了不同音素类型。

对非工具性应当类回应的可能性，开启了规范之间新的冲突和新的"蕴含"的可能性。这些可能性隐含着第四类规范发展以及对规范的第四类回应性的进一步可能性。由于社会行为规范是由群体成员之间的回应性模式制定的，而不是由关于环境的工具性事实制定，因此，应当执行一项行动的条件包括应当执行某个其他行动。这一事实，再加上人们应当做什么和应该做什么之间的相对独立性，使得条件行为规范链条得以发展，这些条件行为规范链条在性质上不同于有机世界中运行的条件工具链条。如果某人的目标是在未来的某个时刻进食，而他可以吃黑莓植株上的成熟果实，那么，他应该拔掉任何黑莓植株附近扎根的植物（从而创造出"杂草"这一类别），因为这样做有助于黑莓植株的健康，从而有助于果实的成熟，果实的成熟最终有助于他未来的进食，即使除草活动本身不会直接带来工具收益。类似地，但在一个全新的关键点上，实践中所体现的规范，制定了条件应当类链条，这些链条可以从环境工具中分离出来。回到教授的例子，如果某个人在某机构获得了教授身份，那么那些以其他以类似方式在该机构获得学生身份的个体应该尊重该教授，而教授也应当公平、迅速地给学生的论文评分，（当然，所谓的"论文"和"评分"同样是由一系列专有的"应当类"制定的）。

由于这种条件行为规范链条可以相对自由地提出，与非社会环境没有任何联系，因此，没有什么可以阻止这种链条的形成，以至于一种特定行动既被不同的社会行为规范链条所要求又被其所禁止。特定场合下的特定行为者会发现自己处于这样一种情形当中，即他们既应当做某事，又不应当做同样的事。同一个人可以同时扮演医生的角色和父母的角色，在某种情形下，医生应当在医院治疗病人，而父母应当在家照顾生病的孩子。由于在实际情形下，行为者在同一时间只能做一件事，因此这种冲突将在行为者的实际行动中以这样或那样的方式得到解决。但这提出了一个不同的问题，即行为者在这种情形下应当做什么。这一问题是否有答案，取决于群体内部是否有解决此类冲突的规范，还取决于群体成员是否能够对一系列一阶规范中解决冲突的任何潜在规范做出回应。（用于解决规范之间冲突的规范有几种可能的形式，包括在规范的效力中优先考虑的规范、对规范进行修正的规范，而对于每一种不同类型的规范，行为者都有可能对这些类型的规范做出回应，也有可能不作回应。）与一般由社会制定的实践规范一样，这种二阶规范在接受和拒绝共同体内有效行动的模式中找到了其客观性的依据。因此，在一个特定的共同体内，是否存在一种解决这种规范冲突的正确方式，取决于该群体成员对解决冲突的二阶规范做出回应的能力。在这里，若有适用之处，布兰顿的论断便尤为贴切——行动"不能被理解为正确或错误的，如果不参考在其实践中隐含这些规范的那些人对行动的评价或承认"会回应社会规范的行为者，可能无法对所有二阶实践（即用于解决规范之间冲突的实践）做出回应，因此，具有这种能力的社会行为者对规范的回应性处于第四种不同的层次上。用我的术语来说，这些行为者即为能够对*理论理由*和*实践理由*

做出回应的行为者。这些行为者构成了实践理论理性的行为者的范畴。

实践理性的行为者会对那些源自隐含的评价模式的规范做出回应，这种评价模式体现在行为者所属的社会群体的行为当中。所谓存在这样的实践理性的行为者，即意味着有些行为者在某种程度上之所以做他们所做之事，是因为在其社会中起作用的规范要求他们应当这样做。这再次表明，这是一种关于行为者行为的某种说明的适用性的主张。有趣的是，某一行为者可能是实践理性的，但却不能*使用*实践理性的说明模式，来预测、说明实践理性行为者们的行为。正如行为者有可能站在与他人保持一定距离的地方，而该行为者并未意识到他之所以这样做是因为在他的社会中这样做具有社会意义上的适当性，行为者也有可能在总体上对社会实践规范做出回应，并生活在一个由对那些规范有类似回应的行为者组成的共同体中，而未以任何方式意识到这一点或者未能使用这一事实来说明、预测其共同体任何成员的任何行为。甚至有可能，理论理性的行为者对自己具有理论理性，甚至实践理性的事实毫无察觉，也未意识到在特定情境中，行为者的回应可以从该行为者在其社会中的地位以及支配这种地位的规范中推断出来。另外，一些实践上和理论上的理性行为者认识到了这些事实。这类行为者包括社会科学家，他们研究社会文化规范如何有助于确定共同体内的行为。据我所知，与能够应用理性决策理论的社会科学家不同，并非所有正常的成年人都属于这个社会科学家群体。

正如对工具理性行为者之行为的说明——基于其信念和愿望——实际上是对进化说明模式的扩展，使其适用于具备学习和推断能力的生物体，同样，对社会文化行为者之行为的说明——基于他们接受训练以占据由明确规定的文化共同体所制定的实践而定义的角色——实际上是对诉诸学习机制的说模式的深化，使其适用于能够在社会中接受训练的生物体。而且，正如进化说明与物理说明相容，以及以某些有机行为者的学习和推断能力为基础的工具理性说明与进化说明相容那样，诉诸文化事实的社会科学说明与诉诸个体行为者工具理性的说明也是相容的。能对那位教授行动给予说明的是——即这些行动可以描述为她在满足社会所制定的"教授"角色的某些要求的行动，例如"给论文评分"——她能够对由文化制定的教授行为的规范作出回应。由于这一说明完全与对同一事件的完全充分的物理说明相兼容，比如将该事件描述为"人类右手持笔沿着特定弧线运动"，因此，诉诸行为者对文化规范的回应性来进行说明，在自然主义上是完全合理的。

注　　释

1. 一个重要的问题常被忽略，即进化论中的一个重要问题与规范性问题完全相似。如果行为是为了提高个体的生殖适应性而自然选择的，那么"利他"行为是如何进化的呢？事实上，"利他主义"在这一语境中是一个有点误导性的术语。需要说明的是，对于行为者来说，看起来具有非工具性价值的行为是如何在群体中进化的。对于这个进化问题，我支持的一个答案是诉诸群体层面的自然选择。在我看来，这种思路在阐明规范性问题上也是有价值的。

参 考 文 献

Brandom, Robert. 1994. *Making It Explicit*. Cambridge: Harvard University Press.

Rawls, John.1955. Two Concepts of Rules. *The Philosophical Review*, 64(1): 3–32.

第十章
根据规范进行说明本属自然（或应该如此）

大卫·亨德森（David Henderson）

第一节 问 题

我在其他地方曾表达过对这样一种观点的疑虑：考虑到行为者所持有的其他信念，通过展示其行动或思想是理性的，来说明行为者的思想或行动（Henderson，1987，1991，1993）。相反，说明需要认识到行为者的行动或思想是由该行为者正在进行的各种认知过程产生的。这些认知过程可能会随着训练的不同而变化，或者可能会根据行为者所处环境的要素而有所不同，这些要素激活了行为者某些已获得的模型。但是，在所有这些过程中，与规范理性（即行为者应当如何进行推理，而非其已习得的规范理性模型）的联系却是微弱的。在这里，有必要强调这样一种普遍观念：理性被认为是一种真正的规范属性——它既不同于人们的先天或后天的认知过程特征，也不同于人们偶然拥有的规范模型。说明依赖于这些更具描述性、事实性的内容，因此与真正的规范性无关。关键在于正在进行认知的过程——说明最终取决于人们对行为者认知过程和认知状态的理解，而非取决于这些过程的理性或非理性。当然，行为者的认知过程可能在某种程度上取决于行为者的规范理解或规范模型。但行为者拥有这样的理解这一事实本身就承担了说明的责任，无论这种理解是否正确，都是如此。总之，行为者认知过程的特征（通常包括行为者用于思考的规范模型），对行为者的思想或行为给予了说明，这就将任何与说明相关的理性规范性排除在外。

目前，有些人认为，某些社会现象产生了"应当类"（oughts）——不仅仅是让人们在思考他们应当以某种方式思考或行动时相互协调，而且还形成了规范事实，即人们应当以某种方式思考或行动。这里通常会提到社会规范或规则以及诸如共同意向或联合意向等相关现象。人们认为规范构成了一种社会现象，该现象本身具有独特的规范维度———一种应然（oughtness）。有人认为，这种应然适用于一些简单的日常社会事务；有人认为，我们去散步的联合意向，使得在没有特殊理由的情况下自行出发的做法是错误的。这种规范性也被认为是相对复杂的社会事务所固有的；一种更宽泛的"我们"可能具有联合意向，仅赋予某些社会群体为"我们"做出某类决策的权利。吉尔伯特（Gilbert）的著作中提出了基于规范的真正规范性的形式———散步的例子是她常用的起点（Gilbert，1989），她的观点也很容易得到扩展。法哲学是她所钻研的众多应用领域之一（Gilbert，2000）。人们可以在布兰顿（Brandom，1994）和劳斯（Rouse，2006；也可参见本书）中找到类似的观点。在这种观点中，大量关于个体和群体的日常行动与"高深"行动都充满了规范性———这种规范性是这些行动本质的一部分。

在本章中，我所关注的是，规范性的某些形式至少源于某些社会规范，我所批判的是，与规范相关的真正规范性扮演了说明的角色。对此，我将产生于社会规范的真正规范性（如果有的话）与社会学规范本身区分开来，后者被理解为一种事实事项，即人们具有协调一致的规范/评估立场。我认为说明取决于后者，而不是前者。

在此，我将社会规范理解为一类广义的社会/心理现象，其范围大致与如下学者们所描述的内容相近，比如博伊德和里彻森（Boyd and Richerson，1985）、亨里奇等（J. Henrich et al.，2004）、斯科姆斯（Skyrms，2004）、比基耶里（Bicchieri，2006）、N. 亨里奇和J. 亨里奇（N. Henrich and J. Henrich，2007）、托马塞洛（Tomasello，2009）、比基耶里和查韦斯（Bicchieri and Chavez，2010）。这些规范涉及一组互动的行为者———尤其是人类行为者———之间所获得的大致上协调一致的认知状态与意动状态。行为者在他们的一些常设评估立场上趋于协调，这些常设状态有助于他们对大量重要信息（或假定的信息）做出回应，而那些相同行为者可能也会偶尔拥有这些信息。当具有这种常设评估状态的行为者确实有（内容上相关的）偶发性（明显的）信息状态时，他们通常会生成偶发性评估（尽管这些评估可能难以清晰表达，或未被完全意识到）。在这种情况下，行为者通常采取行动———大致上协调的行动。总体来说，具有这种大致上协调的常设评估立场或状态，是构成行为者群体之间规范的组成部分。由此产生的协调行动在相关人群之间构成了对规范的遵从。融入一个社会群体中或组建一个社会群体，意味着行为者拥有一系列类似且（近乎）协调一致的理解。这些理解描述了诸如行动、行动可能性和语境上适当的行动或回应之类的特征。在相关的描述性理解中，可能包括这样的理解，即在某些联合项目中群体成员彼此依赖。在相关的评估立场中，可能包括对各种损害、利益的评估，以及对已承担的责任或义务的某种感知的评估。（当然，这里间接提到的"理解"和"感知"并不需要真实性。）

在这里，重要的是要将社会学规范与我所说的"以规范性身份存在的规范"（norms-*qua*-normative）区分开来。事实上，关于某一事物的描述性和评价性思维如上述方式达成协调时，社会学意义上的规范便形成了。要描述社会学规范，人们需要呈现相关群体思维的特征和内容。人们可以描述这种协调思维，而无须对人们应当（或不应当）做什么或思考什么做出任何承诺。相比之下，若要认同或坚持一种以规范性身份存在的规范，人们必须认为它所规定或禁止的东西实际上具有相关的正当性或错误性（善或恶）。要表达一种以规范性身份存在的规范，人们需要评估某些事态、行动或类似的事物——而不仅仅是人们报告某人或某些人对那一事件的评价。区别类似于："*Ps* 群体认为吃马肉是错误的"（一个关于 *Ps* 群体思想的常见事实）与"在 *Ps* 群体中，吃马肉（确实）是错误的"之间的差异。

假设 *Ps* 群体确实有反对吃马肉的规范。那么，在他们自己的思维中，他们中的许多人都接受了这样的内容，即吃马肉在某种意义上是错误的或恶的——这是不应当做的事情。但是，在描述他们的思维与行动时，以及在描述他们的社会学规范时，描述者自身不需要以这种方式思考——该内容特别是评价性内容，是归因于他们的，而不是描述者自己所认同的。他们认为这是关于他们大致上协调的认知的一个事实。

认为社会学规范是说明性的与认为以规范性身份存在的规范是说明性的，两者之间有很大区别。[1] 如果存在一种社会学规范，那么相关群体中的人们的思维大致上是协调的，其中一些思维包含规范内容。但即便如此，人们对这些规范的描述可以是真实的，而以规范性身份存在的规范并不一定是恰当的——可能甚至真正的规范性根本不是世界的一个特征。此处所强调的两者区别的核心体现为在很多关于规范和规范性的著作中似乎很常见的观念：该观念认为，在某物是正确或恰当或善的与有时某些人认为该事物是正确或善的之间总是有区别的。这一观念在布兰顿著作（Brandom，1994）的前几章中得到了表述，他阐述了这样一种观念，即在某个个体或群体的判断与这些判断的正确性之间一定存在着某种区别。

根据我所说的*说明性自然主义*（*explanatory naturalism*），人们的思维（以及这种思维是如何由他们周围的环境引起的）说明了社会科学中所有需要说明的东西。人们的*评估性思维*（*evaluative thinking*）（他们认为某事是好的或坏的，或认为某些事情是正确的或错误的，或者可能只是*偏爱某物胜于另一物*），以及他们的描述性思维（descriptive thinking）（他们对世界的普遍信念，包括对同伴的看法），他们的认知过程的特征以及他们接下来打算做什么，解释了社会科学中所有需要说明的东西。[2]

那些我称之为*说明性的规范主义者*的人坚持认为，有一种说明性资源不知何故被排除在自然主义者所认可的说明性工具箱之外：真正的规范性。被排除掉的关乎*某物是好的或正确的——而不是仅仅被认为是好的或正确的*。规范主义者坚持认为，在说明上充分的社会科学必须在其说明中诉诸以规范性身份存在的规范。

　　规范从自然主义的意义上来看完全是可接受的，并且在说明上具有很强的说服力——所以它们对于说明性的自然主义者来说颇具吸引力。然而，它们也对规范主义者具有吸引力，规范主义者可能会认为它们有助于实现真正的规范性。规范主义者怀疑，至少有一些规范以某种方式带来了一种真正的规范性，而且这种规范性在说明上很重要。我在此论证，规范的自然主义基础——人们的协调思维——将任何相关的规范特征排除在说明之外。

第二节　问题澄清：描述可能立场的空间

　　可以这样认为，在社会科学所承担的说明任务中，规范性具有重要作用的方式有多种。首先，如果存在渗透规范性的行动或事件，这些行动或事件可能会处于社会科学的被说明项之中——例如，通过立法的行动（这一行动通常意味着在合法的政府环境中进行，并产生具有法律约束力的结果）。我们称之为规范的被说明项论题（ the normative explananda thesis ）。其次，与此相关的是，人们可能认为，研究者需要说明规范身份本身—— 即那些被认为本质上内含于这些被说明项中的规范身份。我们将这称为规范性作为被说明项论题（ the normativity as explananda thesis ）。最后，人们可能认为，这种规范身份和关系可以用来作为说明项，用于说明同样具有规范特征的被说明项。我们将这称为规范性作为说明项论题（ the normativity as explanans thesis ）。[3]

　　这些论题构成了一个相当有条理的理论框架。社会科学通常处理各种各样的社会规范或社会学规范，因此，社会科学有责任解释与之相关的充满规范的现象，似乎是合理的。由此，有些人可能会坚持认为，说明上充分的社会科学应该能够说明社会现象和认知现象，正是通过这些现象，构成规范性的规范得以产生，各种具有规范意义的行动（包括合规行动和违规行动）得以进行。简而言之，社会科学应该掌管一个充满规范的世界。如果你认为规范具有真正的规范力，而不仅仅是投射规范的影子，[4] 并且如果你认为社会规范至少是社会科学需要说明和理解的重要现象，那么在你看来，社会科学应该说明社会现象及其真正的规范属性。

　　规范主义的各种形式接受这些论题的组合。弱规范主义者接受规范的被说明项论题。形而上学意义上更具雄心的规范主义者，接受规范性作为被说明项论题。完全的（或毫不掩饰的）规范主义者则接受这三种论题，包括规范性作为说明项论题。如表 10.1 所示。

表 10.1　规范主义的形式

	规范的被说明项论题	规范性作为被说明项论题	规范性作为说明项论题
弱规范主义	接受		
形而上学意义上更具雄心的规范主义	接受	接受	
完全的规范主义	接受	接受	接受

　　请记住，我所关注的是规范性的说明角色的问题，尤其是当这种规范性被认为源自社会规范时。我们可以说，在互动群体中，行为者所具有的或内在化的评估立场模式所涉及的协调思维方式，构成了规范的普通描述基础。我所说的基本的说明性自然主义（*basic explanatory naturalism*）认为，这就是社会科学家所需要的一切——作为协调思维事项的社会学规范（包括评估立场的表达），就是社会科学作为说明项所需要的一切——其否定了规范性作为说明项论题——从而也否定了完全的规范主义。这是我试图在此明确支持的说明性自然主义的形式。也是我最后一部分的重点。与规范主义一样，自然主义也有其优势。说明性自然主义的更强形式会否定规范行动以及作为被说明项的规范性。

　　关于规范性作为被说明项论题和规范的被说明项论题，采取恰当的自然主义立场是一个微妙的问题。元规范性的问题也随之来。（元规范性是将元伦理立场概括为关于一般意义上的规范性的立场——即关于规范性形式的形而上学地位的立场，这里的规范性包括但不限于道德规范性。）规范属性（如果有的话）如何融入自然世界？标准的选项目录包括以下四个一般性立场。第一，有关规范的反实在论——要么是非认知主义［就我们的目的而言，包括布莱克本（Blackburn，1993）、吉伯德（Gibbard，1990、2003）、吉伯德和斯特劳德（Gibbard and Stroud，2008）提出的准实在论进路］，要么是错误理论［如乔伊斯（Joyce，2006）所提倡的］。第二，有人可能会认为规范属性严格来说可以还原为（也许是复杂析取于）自然事实状态（包括构成社会学规范的各种认知立场与意动立场）。[5]这将使自然主义者能够接受这些论题。例如，普林斯（Prinz）认为，具有义务（*having an obligation*）的规范属性在自然主义上是可还原的。[6]第三，有人可能会认为，规范属性高度随附于自然／事实属性。这意味着真正的规范性随附于自然属性，而这种随附性关系本身可以通过自然主义方式加以说明（Horgan，1993）。比较而言，按照康明斯（Cummins，1975，1983）的理解，简单功能属性显然高度随附于系统内的潜在物理属性——因为系统内的结构化输入-输出状态及其因果关系显然可以通过物理或自然主义方式加以说明。第四，有人可能会认为，规范属性随附于但并非以一种极强的方式随附于某种自然基础之上。

　　这些替代方案对这里所探讨的问题来说有着截然不同的含义。例如，如果反实在论是恰当的，如果世界上不存在真正的规范属性，那么自然主义就会默认获胜。没有任何事件或状态被真正注入规范；不存在需要说明的规范性，也没有作为说明项的规范性。另外，如果有人认为，真正的规范属性（具有某种应当如此的属性）可以严格地（且毫无剩余地）还原为（至少某些）社会学规范的自然事物，那么这种人就是一种具有强烈形式的元规范性自然主义者，这将使得规范性作为被说明项论题与规范的说明项论题在说明性的自然主义框架内变得可接受。但是，值得注意的是，就此观点而言，规范属性只是以某种协调的方式而被认为是规范的而已。这将（以构成规范的自然主义基础的方式）消除恰当与认为恰当之间的任何区别。或者，假设某种形式的真实规范性随附于规范的自然主义的事物，并且这种随附性本身在自然主义上是可说明的，那么，说明性的自然主义者可以愉快地得出这样的结论，即这种规范性对社会科学而言是一种适当的被说明项。自然主义者可以再次接受规范性作为被说明项论题以及规范的被说明项论题。总之，如果认为某种形式的规范随附于自然，但却以一种自然主义上无法说明的方式，那么这种观念对于说明性的自然主义来说是个问题。由此可见，根据人们对元规范性的看法，说明性的自然主义可能与规范的被说明项论题和规范性作为被说明项论题相容，甚至相辅相成。

　　然而，这四种元规范性的替代方案在其合理性上也有很大的差异，在这里我只探讨更合理的替代方案。由于还原性规范实在论要求将规范性等同于某个有限的自然特征集（有限的自然特征合取的某个有限析取），它并非真正合理，因此将不再进一步研究。[7]

　　在我看来，那种设想规范属性随附但非高度随附的随附规范实在论同样不合理。然而，出于对说明性的规范主义的公平起见，我（虽然反对）仍然应继续讨论随附的规范实在论。同时，通过解释为什么我认为这种观点是站不住脚的，来表达我的异议。最好将说明性的自然主义理解为，植根于对世界及人类在其中所处位置做出一种自然主义理解的尝试。自然主义在此被理解为一种基于经验的假设。由于我们已经在不同层次的分析上发现，系统运行中重要的属性是由潜在的自然属性来说明的（最终证明许多层次上的属性都取决于潜在物理属性的安排），因此我们有理由进行概括——认为这种依赖关系很可能是世界的普遍特征。这种普遍的自然主义理解表明，属性不仅仅是随附于更基本的自然属性之上。毕竟，这些依赖关系——在各类组织系统中获得的特定随附性关系——本身也是世界的特征。因此，自然主义的假设是，这些依赖关系本身应该可以通过自然主义的基础（包括其历史，以及选择过程）来说明。认为世界的特征应随附于自然属性的理由，同样也是认为随附性关系应取决于自然属性并因此能够以自然主义方式加以说明的理由。因此，最初看似合理的说明性自然主义的可能性包括以下几种（如表 10.2 所示）：

表 10.2 最初看似合理的说明性自然主义的形式

	广泛的说明性自然主义	全面接受的说明性自然主义
	关于规范性的反实在论	真正高度随附的规范性
规范的被说明项论题	拒绝	接受
规范性作为被说明项论题	拒绝	接受
规范性作为说明项论题	拒绝	拒绝

　　基本自然主义——上述两种自然主义都认同——拒绝规范性作为说明项论题。尽管说明性的自然主义似乎只对这两种变体持开放态度，但许多说明性的规范主义者至少会认为，规范随附于自然——因为绝大多数道德实在论者和规范实在论者似乎认识到这样一个普遍观念的合理性，即真实的事物随附于自然。因此，说明性的规范主义者，他们坚持认为自然主义者不能从事规范的被说明项论题和规范性作为被说明项论题所要求的事情——似乎主张规范属性对自然属性的随附性是无法用自然主义说明的，也就是主张一种没有高度随附性的随附性。为了体现在这一点的逻辑论证，可以将三种选项列在下面的三列中。表 10.3 表示说明性的自然主义者和规范主义者的明显结果。

表 10.3 关于规范性作为被说明项论题和规范的被说明项论题的不同立场空间

	规范的反实在论	具有规范属性的规范实在论，其中规范属性高度随附于规范的自然事物	具有规范属性的规范实在论，其中规范属性随附于而非高度随附于规范的自然事物
说明性的自然主义	默认获胜	看起来可接受：因为自然属性可以说明一切	明显的失败者
说明性的规范主义	不可行的方案	看起来可接受：因为规范性和规范的被说明项是可控的（尽管是在自然主义意义上）	明显的胜出者

　　最后一列在自然主义者的普遍抗议下保留了下来。同样，反实在论的那一列无疑也会引起规范主义者的反对。

　　在我们试图理清这些与被认为起源于社会学规范的规范性有关的问题时，一个重要的问题应该是：存在一种至少是由某些社会学规范产生的规范性高度随附于纯粹的自然事实，这种说法有多可信呢？如果这是难以置信的，那么自然主义者和规范主义者都应该关注一下他们更为激进的对立场。

第三节　追问中心问题

真正的规范性形式是否高度随附于构成（至少某些）社会学规范的自然主义基础呢？是否有一些社会学规范的"内容"足够丰富，以提供被认为是与社会学规范相关的真正规范性的自然主义说明？如果答案是肯定的话，那么上面所确定的中间道路似乎是正确的。这将得出一个温和自然主义的结果，——在这一结果中，自然主义社会科学中没有严格缺失的内容（无论是被说明项还是说明项）。虽然这将是一种广泛的自然主义结果，但它也许可以满足某些规范主义者的敏感性。它至少使得人们得以尊重规范的被说明项论题和规范性作为被说明项论题。

然而，如果答案是否定的话，那么选择就更加明显：要么采取一种与关于规范属性的反实在论相结合的说明性自然主义，要么采取一种与反还原论的规范实在论相结合的规范主义，后者主张存在神秘的（无法说明的）规范属性。

本节首先简要概述了许多社会学规范所涉及的协调思维内容看似合理的丰富性。这是为了提供对这些规范内容的丰富程度的合理理解。人们普遍认为，内容如此丰富的协调思维，带来了一系列真正的规范性。本节将讨论这些提议。在本节的最后，我认为与规范相关的各种形式的规范性并没有高度随附于规范的自然主义内容。相反，诸如丰富理性（举例而言）之类的规范性概念，已经应用在关于规范性如何被认为是从社会学规范的内容中产生的设想解释中。

一、自然主义意义上可接受的材料

社会规范涉及协调思维，即某些事情被认为是正确的、恰当的或好的。在这里，我打算用一种相当包容的方式来表达"认为某事是正确的"。认为某事是正确的或是好的并不局限于*相信某事是正确的或是好的*——除非对相信的理解比哲学上的范式更广泛。[8]（会话距离是有规范的，人们在这些规范被违反时会感到不适，但这并不一定依赖于他们是否拥有关于会话距离的典型信念。）

相关的思想或思维可以理解如下。行为者在他们的一些常设评估立场上会趋于协调，这些常设状态有助于他们对一定范围的重要信息（或假定的信息）做出回应，而那些相同行为者可能会偶然拥有这些信息。当具有这种常设评估状态的行为者确实会有（内容上相关的）偶发性描述状态时，他们通常会生成偶发性评估（尽管这些评估可能难以清晰表达，或未被完全意识到）。在这种情况下，行为者通常采取行动——这些行动本身大致上是协调的。总体来说，具有这种大致上协调的常设评估立场或状态，是构成行为者群体之间所拥有的规范的内容。由此产生的协调行动在相关人群之间构成了对规范的遵从。社会群体中的学习——融入一个社会群体或组建一个社会群体—— 需要行为者拥有一系列类似且（近乎）协调一致的理解。这些理解描述了诸如行动、行动的可能性、语境上适当的行动或回应之类的特征。在相关的描述性理解中，可能有这样一种理解，即群体成员在某个联合项目中彼此依赖。在相关的评估立场中，可能包括对各种已知损害或利益的评估，以及对已承担的责任或义务的感知的评估。

当然，这里间接提到的"理解"和"感知"并不需要严格的真实性——行为者对他们群体中的承诺有一种感知，即使协调的立场并不产生任何真正的规范义务。首先，假设规范实在论成立，那么行为者可能会相互承诺去做一些并无义务可言的事情。（也许他们已经协调了他们的承诺，要消灭他们邻近部落的所有成员，以获得他们的土地。）其次，假设错误理论形式中的规范的反实在论成立，那么所有感知到的义务可能都是虚构的（尽管无疑是普遍适应的）。

在前面的段落中，我试图在不同的、更具承诺性的解释之间保持中立，这些解释涉及构成评估立场和描述性理解的各种认知状态，而这些状态促成了规范的形成。这些相关的评估立场仅仅是偏好，还是在内容上更加丰富、更加规范呢？我怀疑更丰富的理解具有经验上有优势。我认为，自然主义者可以满足于任何经验上所揭示的有关心理过程和状态的特征。

为了确定我们的方向，我们可以从规范的解释开始，这些解释在归因于规范持有者的内容方面较为简洁。比基耶里（Bicchieri，2006）和斯科姆斯（Skyrms，2004）提供的解释相对比较简洁。比基耶里对规范的解释取决于，行为者"知道某种行为规则存在于"群体当中（一种描述性的理解），并且"如果有足够多的其他行为者这样做，那么就会有遵从的条件偏好"（一种常设评估立场）。对规范的实际遵从取决于行为者是否具有某种进一步的描述性理解，这些理解与他们激活遵从的条件偏好相联系。基于这一解释，相关常设评估立场的内容被简洁地描述为个体的偏好结构。当存在社会规范时，群体中有足够多的行为者倾向于遵守这一规则（而不是违反），前提是有相当多的其他行为者也遵守这一规则。我们把这种明显简洁的进路称为评估立场的偏好进路。

基于一种不太简洁的进路，常设评估立场可被视为包含更丰富的规范内容。也许人们认为评估立场将各种行动表征为"应当采取的行动"、"好的行动"或"归因于他人的行动"。也许一些评估立场涉及社会情感或道德情感。评估立场可能会对不同种类的情形做出回应，比如公平的或不公平的、正派的或道德败坏的、有害的或良好的、尊重的或无礼的、忠诚的或背叛的。这些基本的评估回应维度（在海德特的著作中第六章提出；Haidt，2012）在理解社会学规范方面可能具有说明上的相关性——这些内容可能有助于说明一些评估性状态的相关方面，而这些评估性状态构成了某些社会学规范。如果是这样的话，要充分理解用于描述各种社会学规范的说明性资源，就需要将这些规范内容的方面纳入到行为者的相关评估立场中。我们将之称为评估立场的丰富的内容进路。

我的确认为，对社会规范完全充分的解释将以大量的社会情感和移情状态为特征，这在经验上是合理的，我也的确认为，对于人类社会-认知生活方面的经验上的充分理解，可能需要社会科学家纳入相关行为者思维中的丰富内容。只有认识到规范上丰富的社会（有时是道德）情感，才能更好地理解与人类规范有关的许多事情。在经验上对规范的成功解释不会简单地谈论"偏好"，而是会注意到基于内容丰富的评估状态的更复杂的认知动力。

我看不出认为说明性自然主义者有任何理由因持有社会规范的人的思想中的此类规范性内容而受到威胁。充分思考某事是好的或者正确的，仍然是一种思考它是好的或者正确的形式。充分思考某事是好的或者正确的，并不使它真的成为正确的。此外，这一点本身正是规范主义思想的核心内容，正如布兰顿著作中（Brandom，1994）所反映的那样。对这种评估立场表达的特征描述，被认为是自然主义资源力所能及的。

人们可能会认为，至少某些对规范的解释比比基耶里（Bicchieri，2006）提出的相对简洁的基准解释在若干方面需要更多内容。这里包括两个方面。

第一，至少对于某些规范而言，重要的是人们具有"我们-内容"的心理状态，而不仅仅具有个体的偏好或愿望。

第二，有时，可能重要的是，规范持有者所持有的内容具有明确的规范内容（关于人们或我们"应当做什么"的内容，以及关于"承诺"所产生的"义务"的内容）。

人们可能倾向于"我们"做某事，因为"我们承诺要这样做"——因此我们"有义务"这样做。这种关于"我们"和"应当类"之思想的认知动力可能是至关重要的。

为了让这些关注点生动起来，我们先从比基耶里的简洁材料说起。规范——简洁版：在互动群体中，如果有足够多的行为者具有遵守某种行为规则的个体条件偏好，那么就会存在一个规范，而这些条件偏好取决于对他人行为的预期。下面是关于内容的某些方面人们提出的三项提议，这些方面可能构成规范中某些重要偏好的基础。说明性的自然主义者可以容纳并乐于接受其中的每一项提议。

规范——丰富的规范内容：在互动群体中，如果有足够多的行为者具有常设评估立场，即在足够多的其他人也将如此行动的情况下，进行 A 行为是"好的"或"正确的"时，那么就会存在一种规范。

在此，相关评估状态的规范内容把对规范的遵从表征为具有规范的身份。但是，值得注意的是，这里所讨论的问题（对规范所做的解释试图把握的）是可评估的立场表达的内容，而持有规范的行为者主要围绕该立场进行协调。这一内容就是他们思想的内容。对规范的解释只需要描述这种立场表达，而不必采取相同的立场。

在行为者之间发挥作用的规范内容，可能涉及对某些行动方案做出承诺的观念，同时还涉及做出此种承诺所带来的影响。目前，通常人们会认为承诺与互惠观念有关。我对你做出承诺，并期待从你那里得到一种互惠协调一致的承诺。因此，我们会在我们的承诺中实现了协调——*我们承诺彼此*。此外，鉴于我们是共同承诺的，人们认为，我们成为一种*承诺彼此的我们*。因此，似乎合理的是，某些规范涉及这样一种行为者，其在涉及"我们-内容"的思维中达成了协调。此外，人们可能还会想起详细阐述比基耶里的陈述。也许人们认为，"我们中足够多的人"看到了某种行为规则的应用。如果"我们中足够多的人"遵守规则，那么人们也许更倾向于遵守规则。也许他们倾向于"我们不要乱扔垃圾"，或者"我们公平地分配产品"。这些偏好可能反映了与他们所理解的承诺相关的规范内容：只要有足够的协调，他们就更愿意做他们承诺要做的事情。这一普遍进路可以很容易地容纳我们-内容以及相关的规范内容。

为了公正地看待这种思想，人们就需要对这种解释进行某种程度的重构。在某些情况下，对个体进行协调的常设评估立场最好不要理解为，其独立于行为者对自己的理解，即作为共同承诺的"我们"的一部分，因此，这种立场也不应被认为在这种理解之前就存在。为了公正地看待这些观念，我们可以这样描述。规范——包括"我们"意向和承诺的丰富的规范内容，如果满足下述两个条件，就会存在一种规范。

（1）在某些人描述的和评估的立场上有足够的协调，使他们成为"我们"——这在以下情况下成立。

i. 在互动群体中有足够多的行为者，（描述性地和评估性地）共同将他们自身理解为一种"我们"。

ii. 这些行为者具有常设评估立场，认为在"我们"承诺如此行动的情况下，进行 A 行为是好的或正确的。

（2）这些描述的和评估的立场引起了对已理解的承诺的遵从——至少前提是行为者也期望组成"我们"的其他人足够遵从。

我个人认为，某些规范最好用这种方式来理解（这是一个经验问题）。这对于说明性的自然主义来说没有任何问题。[9]

如果"我们中有足够多的人参与其中"，而不仅仅是*倾向于*"我们做某事"，那么有时人们认为"我们应当如此行动"可能在因果上具有重要性，前提是"我们中有足够多的人（或已经）如此承诺"并且"我们中有足够多的人遵守我们的承诺"。但是，这样思考和他们应当如此行动之间有着明显的区别。（读一下 Browning，1992，便可明白这一点。）关键是，某些人以这些方式所进行的思考足以说明他们是如何行动的，而不论他们假定的应当类的正确性究竟如何。

因此，我承认，在如何最恰当地理解各种形式的规范方面，存在一些尚未解决的经验问题。——这些问题包括我们究竟为什么会在如此程度上进行合作（例如，J. Henrich and Boyd，2001；J. Henrich et al.，2004；N. Henrich and J. Henrich，2007；Tomasello，2009），以及在融入一个群体或文化的过程中究竟学到了什么（例如，Bicchieri and Chavez，2010；Turner，1994，2002）。而且，在理清人类认知的认知动力的解释时——这是描述性心理学的问题，还必须解决如何最好地描述人们认知状态内容的问题。但是，这些开放性问题对社会科学中的自然主义并不构成威胁。相反，它们本身就是自然主义研究的一部分。

二、关于"真正的规范属性至少随附于某些社会学规范"的观点——这是错误的

现在集中讨论这样一种观点，即规范性以某种形式源于规范。说明性的规范主义者和说明性的自然主义者都是关于规范性的实在论者，他们认为相关的"应当类"随附于某些人的协调思维。但是，正如在第二节中暂时提出的观点，广义的自然主义者认为规范性应随附于自然，其理由也表明，这种依赖关系本身在自然主义上应该是可说明的——规范性应该是高度随附的。应该有这样一种说明，其只诉诸自然事实或自然状态以及自然过程，来说明自然的随附性基础是如何构成相关的规范属性的。我从一般形而上学自然主义中得到的这一约束条件，已经给予说明性的自然主义一种明显的优势。如果规范属性高度随附于自然基础之上，那么我们就可以从自然主义的意义上对规范属性进行说明，并且得到一种说明规范性的说明性自然主义的形式。如果所假定的规范属性不能高度随附于自然主义上可接受的属性，那么就不存在这样的属性——而消除说明性自然主义的规范性便占据优势。现在，考察关于真正的规范性的形式如何从社会学规范中产生的几种解释，对我们来说会很有启发性。这将表明，所设想的规范性并未高度随附于自然主义的基础。相反，为了获得所设想的由规范产生的规范性，必须假定存在某些先在的规范性形式。

吉尔伯特（Gilbert，1989）专注于她所说的约定。这些显然与刘易斯（Lewis，1969）所称的约定有关，但比之更为广泛。据说，约定随着她称为对某种"规则"的"共同接受"的协调思维而产生，而这种规则被视为一种"简单命令"（Gilbert，1989：373；另见 368-377）。构成共同接受的集体据说向集体成员提供了一个对他们具有真正规范力的原则。

> "应当"被理解为基于这样一个事实，即他们共同接受一个原则："只要我是我们中的一员，我就应当服从，因为这是我们的原则。"
>
> （Gilbert，1989：377）

吉尔伯特坚持认为，"可以说，约定通过自身力量产生了行动的理由，而不需要

诉诸对内在价值的考虑"（Gilbert，1989：394）。只要我们接受了某些规则或原则，我们就因此在特定语境中理性地承诺遵守这些规则或原则（Gilbert，1989，394）。

因此，正如吉尔伯特所理解的那样，理由和规范力量，应当产生于接受的意向行动。值得注意的是，因为这一点至关重要：这里所设想的真正规范性似乎是理性规范性的一个版本——这是取决于某人已经承诺的内容所蕴含的必然要求。

迈克尔·布拉特曼（Michael Bratman）提出了联合行动的相关观点（Bratman，1999；具体参见第 6 章和第 7 章）。根据他的进路，为联合意向所假定的规范性为思考社会学规范的规范性提供了一个模型。根据布拉特曼的解释，这种规范性根植于他对个体能动性和规划的系统观点（Bratman，1999；具体参见第 2～4 章）。此外，一个有趣的细节是，与规划有关的能动性似乎确实与道德规范性有关（Bratman，1999：6-7），也与理性规范性有关。

在这里，我无法详述吉尔伯特和布拉特曼丰富的解释细节，而只能专注于一些一般性的观念。从这些文献中，关于形成规范的协调思维如何产生或引起规范主义者所需要的真正的规范性，我们可以提炼出四种非常普遍的观念。

（1）内在的 / 理性的规范性：规范性事关从构成相关群体的协调思维的态度（描述性的和评估性的立场）的内容中*理性地*得出什么。社会学规范——协调思维——被认为是给了人们一种规范理由，让他们按照自己的承诺理性行事。但是，这种规范性，只是在一种先在的规范性形式的背景之下产生的：即理性。

（2）实践理性的规范性：事关被协调或未被协调的行为者所获得的利益或产生的成本。博弈论提供了这些成本和收益的核算方法。在这种情况下，规范本身并不直接构成规范性，而是提供了一种协调的方式来获得规范之外的东西。在某些情况下，这些东西可能是某种公共物品。

（3）外在的道德规范性：规范可能提供一种获得道德善或避免道德恶的方式，严格来说，这些善或恶并不是由规范构成的。例如，也许人们应该遵守一个给定的规范，因为它提供了一种提供道德善的方式（如对于功利主义者来说，这些可能事关提高福利或幸福），或者避免道德恶的方式（如可能是极其不平等的分配）。

（4）内在的道德规范性：规范可能构成类似于因承诺而产生的道德权利和道德责任。

回顾这些观念，读者会立刻想到一个非常重要的观点：在所有建议的方式中，那种被认为与社会学规范相关的规范属性，都不会真正随附于该规范在自然主义上可接受的基础。在每一种情况下，一些规范事项似乎被预先假定为基础的一个方面或组成部分，并且似乎是提供规范力量所必需的。在前两个图景中，显然运用了理性的规范概念。在第三个和第四个所提议的图景中，每一种都援引了一个附加的规范概念，这个概念并不在社会学规范的自然主义基础上（也不在构成规范的思维中）。

让我强调一下中心观点：根据规范主义文献中提到的关于规范力量的解释，如果在背景中没有某种形式的根规范性（root normativity），人们就无法获得他们所设想的规范性。我倾向于认为，这种假定的规范背景实际上构成了人们所设想的与规范相关的规范性的随附性基础的组成部分。人们认为，规范并不仅仅随附于自然事实之上。人们也可能会说，所有提出的解释都预设了某种先在的规范性形式。

因为在规范主义者对规范的规范性的解释中有这个共同的特征，所以在下一部分中对所提出的论点可以很容易地进行概括。然而，在进入专注于规范性作为说明项论题这一论点之前，我们可以得出一个关于哪种形式的说明性的自然主义或说明性的规范主义现在看起来更具前景的启示。

我认为，如果规范属性无法至少以可说明的方式随附于一种自然主义上可接受的基础，那么规范属性可能会给说明性的自然主义者带来麻烦。一方面，这些属性与对自然世界的一般自然主义理解不相符。它们可以说是随附的，但这种随附性似乎很神秘。就说明性的自然主义者是自然主义者而言，他们应该得出这样的结论，即不存在这种神秘的独特属性。因此，我得出结论，自然主义者需要接受以下两种立场之一：可说明的随附的规范实在论（高度随附的实在论），或者规范的反实在论。我还认为，说明性的规范主义需要某种形而上学的规范实在论。现在我们已经注意到，关于规范性可能从规范中产生的各种方式似乎有一个共同点——它们似乎都需要某种先在的规范性，这种规范性与社会学规范的自然主义上可接受的基础相结合，才能产生与规范相关的规范性。在这种背景规范性本身被证明具有高度随附性之前，我们有理由强烈怀疑，声称与社会学规范相关联的规范性不会高度随附于由社会学规范所提供的自然主义基础。对于说明性的自然主义者来说，其含义相当明确：说明性的自然主义者应当对规范属性持高度怀疑态度，而且很可能是一个规范的反实在论者。

对于说明性的规范主义者而言，情况如何呢？规范主义者承认存在一些规范属性，这些属性既无法还原为纯粹的自然基础，也不会高度随附于它们。如前所述，这意味着规范主义无法轻松地融入广泛的自然主义世界图景当中。因为我认为我们有充分的理由支持这种自然主义的世界图景，所以我们已经有充分的理由接受说明性的自然主义和规范的反实在论（表10.4）

但是，假设我们暂时不做出这个推论。假设我们认为某种形式的规范性通过某种背景规范性（如理性规范性）产生于社会规范。下一部分的重点是论证任何这种形式的规范性都无法具有说明性——因此，这支持了说明性的自然主义的组成部分，我认为这是在其不同的版本中所共有的：反对规范的说明项论题。

表 10.4　一种看似合理的强制选择：彻底的说明性自然主义，或某种形式的规范主义，
其中包含自然主义意义上神秘的规范属性

	规范的反实在论	具有规范属性的规范实在论，其中规范属性高度随附于规范的自然事物	具有规范属性的规范实在论，其中规范属性随附于而非高度随附于规范的自然事物
说明性的自然主义	默认获胜	看起来可接受：因为自然属性可以说明一切	明显的失败者
说明性的规范主义	不可行的方案	看起来可接受：因为规范性和规范的被说明项是可控的（尽管是在自然主义意义上）	明显的胜出者

第四节　为什么外加规范理性的规范无助于规范主义者——理性并非说明性的——为什么这一点可以普遍适用于其他假定的背景规范性

假设有一种与规范相关联的内在理性规范，就像吉尔伯特和布拉特曼提出的那样。当然，在规范持有者中，会有一系列实际的认知过程，这些认知过程在某些方面与理性的规定类似，而在其他方面则不同。人们应该思考，这些学者所假定的那种理由和理性的说明作用是什么——什么样的理由和理性可以说明构成社会学规范的实际非规范过程和状态所不能说明的？回想一下，根据吉尔伯特的解释，我们有理由在相关的情况下如此行动，因为我们共同接受了指导我们如此行动的原则。根据布拉特曼的解释，我有理由如此行动，只要我们有理由如此行动，而我们之所以有理由如此行动，是因为这样行动符合现存的信息，符合理性地构建我们实践推理的计划和共同意向。按照吉尔伯特的说法，假设我是共同接受某一原则的一方，那么，这种理由／原则的力量，也就是"应当"，由我或我们的先前的态度所产生，所以我有这些理性的理由。同样地，对于布拉特曼来说，"应当"关乎从我作为共同意向的一方所理性推导出来的结果。因此，归根结底，吉尔伯特和布拉特曼所设想的是某种形式的理性的应当。规范主义者，作为对规范性作为说明项论题的支持者，必须主张这种应当——理性的应当——能够提供某种说明，而这种说明无法仅仅根据行为者所具有的协调评估态度和描述性态度来给出。他们必须认为，某种成为理性的东西（根据承诺）不同于仅仅被认为是如此理性，并且有一些现象——思想和行动——不能用人们的协调思维或对事物的理性（或规范上正确）判断来给予说明，而只能通过那些理性的（或规范上恰当的）东西来进行说明。

因此，我们遇到了社会科学哲学中一个反复出现的问题：理性的说明作用是什么？这个核心问题已经在其他地方讨论过（Henderson，1991，1993，2002，2005，2010），我将在这里简要阐述。

第一，这里所关注的说明与理解反事实依赖的模式有关。说明性概括或原则必须描述反事实依赖的模式。例如，对元素发射／吸收光谱的描述，使我们能够理解发光体发射的光如何取决于其化学成分。我们可以认识到，如果发光体包含不同的元素（缺少它所包含的某些元素，或者有一些它不包含的元素），那么它将会系统地发射出不同波长的光。说明性概括描述了依赖性所依赖的特征，而这些特征只有在这种说明性概括中才具有说明性。[10]

第二，在思维和行动的过程中，反事实依赖模式取决于相关认知系统中的过程的特征。发情期雌性狒狒的气味会引起雄性狒狒兴奋，而不会对人类产生同样的效果（希望如此）。有人通过提到发情期雌性狒狒的气味的存在来说明某些雄性狒狒的兴奋——如果这种气味不存在，那么在某个情境中它们就不会有这种兴奋（假设环境的其他特征保持不变）。

在涉及规范的情况中，相关的认知系统主要是我们人类。因此，我们的实际心理动力的特征描述将提供合适的说明性概括。[11]人类似乎有一些基本的认知过程，而描述这些过程的概括是相关的。但大部分的人类认知都是通过学习或训练塑造的。学习或训练导致了一些人群中认知过程的改变，并产生了不同的反事实依赖模式。这些被塑造的过程的特征，以及这些过程系统回应的状态特征，都是说明性的。

第三，人们可以将规范的学习或采用视为一种情形，在这种情形下，某一群体的人类认知过程以协调的方式逐渐被塑造。此外，该群体内容所呈现出的反事实依赖模式，将取决于该群体被塑造的认知过程的特征，包括他们大致上协调的常设评估立场。这些特征是对特定群体的说明性概括。而社会学规范的特征就是这种说明的一种具体体现。

第四，任何一个真实的人或一群人的实际认知动力与人们可能称之为理想的认知动力之间，总是存在一些分歧。让我们把这种理想的认知动力称为理性。这就是规范主义者现在所诉诸的规范性。不可否认的是，人们可能会以各种方式来思考这种理想的认知动力——这种理性——取决于人们在多大程度上适应了人类物种在原则上的局限性。但是，无论人们如何详细地解决这些问题，理性的思维模式据说与相关的拥有规范的人们或个体的实际认知动力不同，至少略微不同（有关具体讨论，参见 Henderson，2010）。

第五，在给定情况下获得的反事实依赖的模式，将取决于相关人类群体中被塑造的认知过程的特征。在人们拥有某种规范的情况下，他们会有大致上协调的思维方式。而且，正如我们刚才提到的，这些人的认知过程将与理性状态略有不同。不可否认的是，这些认知过程通常在某种程度上近似于理性。但是，给定情况下获得的反事实依赖模式，取决于实际发挥作用的认知过程，而非取决于理性本该如何。即使在某个特定案例和情形中，认知过程促成了理性的认知转换，这一点仍然成立。反事实依赖的模式反映了关于实际认知过程的事实，并与完全的规范理性相背离。

　　因此，行为者认知过程的实际的、事实性的特征说明了他们的思维方式。该特征说明了行为者在具体情境中所采取的描述性和评估性立场。这就对他们的所做之事作出了说明。（这对于他们的共同思维和行动似乎与个体的思维和行动同样适用。）需要强调的是：关于行为者（和群体）中发挥作用的实际认知过程的事实——关于这些过程对假定信息的敏感性的事实，关于由这些过程而产生的转换的描述性特征的事实，以及关于这些过程所处的环境的事实——都是说明行为者思想和行为的事实。似乎没有留下任何可供理性作为真正规范性来进行说明的东西了。即使在行为者做出的转换是理性的情况中，这些状态之间的反事实依赖模式也取决于认知过程的事实性特征，而这些特征（包括他们所敏感的认知状态的特征）没有留下任何可供理性进行说明的东西。认知过程的描述性特征将规范特征（如果有的话）从说明的相关性中"剔除了"。

　　有人可能会反对说，人们是根据他们所理解的情形，来思考什么是理性的，或者什么是恰当的。确实如此。而且，就这一点而言，如果这种思维（被广泛理解）对他们的思维和行动的过程产生了影响，那么真正具有说明作用的并不是他们实际正确与否，而是他们对什么才是恰当的理解（即认为正确，而非实际上正确）。进一步来说，似乎具有说明性的是，他们如何思考什么是正确的，而不是什么是正确的或恰当的本身具有说明性。

　　上述内容是对以下提议的直接回应，即规范的规范力量可能具有说明作用——特别是当这种作用被理解为，在相关社会学规范的事实基础之上，理性应当在规范意义上加以支配。无论我们考虑哪种形式的理想规范理性（无论是认识论上的还是实践上的），这一论点都同样适用。事实上，这个观点普遍适用于任何规范力量的解释，只要该解释包含一种人们的认知过程总是与之不完全对应的规范性。只要人们的能力在道德、理性或规范上还不够完美，规范主义的问题就依然存在：实际认知过程的特征及其敏感特征的说明作用，将规范特征排除在外，认为它们与说明无关。这种反事实依赖性与说明，与认知过程和状态的特征相结合，而这充其量只能大致地与规范上恰当的东西相关联。[12]

注　释

　　1. 在这里，我继续以我一贯使用的方式使用"以规范性身份存在的规范"（Henderson，1991：4）——也就是以我在里斯乔德所回应的段落（本书）中使用它的方式。因为我认为里斯乔德的提议不可能构成真正的规范性，而且社会科学家不必在说明中包含所谓的规范性，所以我认为他所说的以规范性身份存在的规范具有说明作用是错误的。就我对里斯乔德观点的理解而言，他提出了对相关规范性进行某种形式的表达主义解释，而我将表达主义理解为一种温和的紧缩性解释，其构成一种对规范性的反实在论形式（比较吉伯德的两本著作；

Gibbard，1990，2003）。因此，我与里斯乔德的不同点在元伦理学层面——因为他显然认为表达主义可以等同于一种关于规范性的实在论。

这一点应在此强调。与里斯乔德对我观点的理解相反，我并不认为"上述解释的所有说明工作都是由较低层的适应性（attunements）、可供性（affordances）和元认知（meta-cognitions）来完成的，而不是由社会规范来完成的"。相反，我认为，只要社会规范在某些群体中高度随附于（superdupervened on）协调的理解，社会规范（包括规范性立场的表达）就能够说明所做之事。但我的论证在于，任何想象中的真实规范性，都不会高度随附于构成社会规范的事实事项，因此其被排除在说明之外。构成社会规范的普遍事实事项才是说明性的，而对于真正的规范性比如应然而言，则并没有留下任何需要它来说明的空间。

2. 当然，当人们试图从遗传和文化历史的某种组合的角度来理解相关的评估性思维时，它本身是一个说明上关注的主题。但是，在这里，这一点反复出现，因为这样的说明本身诉诸描述性事项。

3. 奥克伦特和劳斯（均在本书中）似乎很明确地接受了这三个论题，并且都认为相关的被说明项规范性和说明项规范性，对于生物系统和社会系统来说是共同的。斯托伯（在本书中）似乎接受了规范的被说明项论题和规范性作为被说明项论题——设想了某种关于规范身份的先验解释方式，认为规范身份从拥有规范的人们的第一人称视角中产生的，并且认为规范性本身是可说明的。很难将里斯乔德归于是哪一种情况，因为里斯乔德将规范性置于被说明项和说明项的角色当中，而这种规范性是一种表达主义的类型。然而，就他所认为的这种表达主义的规范性是真正的规范性而言，他似乎会接受规范的被说明项和规范的说明项。特纳和罗思二人都拒绝这三个论题，我最终也会拒绝这三个论题。

4. 托马塞洛给了我们这样一个表述，无论是自然主义者还是规范主义者，都会欣然接受这一表述："结果是，人类不仅生活在与其他类人猿相同的物质世界与社会世界里，而且生活在由他们自己创造的制度文化世界中，一个充满了各种具有道义力量实体的世界。"（Tomasello，2009：59）。对托马塞洛自己的说明实践的反思表明，他的目的将由一种严谨的自然主义解读来实现。

5. 同样，我在这里所关注的是，规范属性如何被认为与自然属性相关。因此，这里所关注的还原论认为，规范属性还原为自然属性。还有一个非常不同的问题，即内容还原论，这个问题也是作为还原论和反还原论的冲突来讨论的。内容还原论者认为，可以根据认知状态来理解规范，而这些认知状态都不具有规范内容，也许它们只是偏好结构或愿望。在这一点上，内容还原论不是我关注的问题。最终，我倒认为内容还原论是错误的（另见 Brennan et al.，2013）。

6. 普林斯简单地阐述了这种还原："义务就是我们视为是义务的东西"（Prinz，2007，1）。然而，他还认为，人们可以有义务以某种方式采取行动——但也有不应当如此行动的情况。目前尚不清楚的是，这里所谓真正的规范属性——应当——从严格意义上来说是否可以还原为事件的自然主义状态。

7. 劳斯和奥克伦特的立场很难在这里讨论的立场中定位——因为他们似乎认为，自然界充满了以某种方式由选择过程所产生的规范性。最直截了当的解读是，他们会说规范性在自然主义上是可还原的，因为自然早已是规范的了（另见 Rouse，2007）。因此，社会规范性会高度随附于自然主义的基础——因为规范性一直都是该基础的一部分，并且"功能"被认为是自然世界的一部分。我认为这代表了一种对自然选择以及对生物学中功能讨论的严重的错误理解。在第三节和第四节中，我将解释为什么我认为规范并不高度随附于自然（因此也不随附于自然）。我的讨论将基于这样一种共同理解，即自然界中并不存在真正的目的。

8. 行为者对这些事项逐渐具有的敏感性，可以通过霍根和田森（Horgan and Tienson，1996）所称的形态学内容部分实现，另见亨德森和霍根（Henderson and Horgan，2011）。

9. 我提到的"我们-意向"（we-intentions）是事关构成一个群体的诸多个体行为者的意向内容。我并未把"我们-意向"视作一个群体所具有的意向。我怀疑意向是否真的是由诸多群体而不是由某个群体中的个体所完成的事情。但是，如果存在群体意向，则本章给出的论证加以必要的修改后也适用。

10. 这种要求应该被理解为允许有限范围的概括或"不变性"；参见伍德沃德的论文（Woodward，2000）。

11. 我想到的成果有：J. Henrich（2004）、N. Henrich 和 J. Henrich（2007）、Tomasello（2009）。当然，比较人类与其近亲灵长类动物的研究可能具有重要的参考价值，比如托马塞洛（Tomasello，2009）和他的合作者的研究，或者瓦尔等的研究（Waal et al.，2006）。

12. 感谢约瑟夫·门多拉（Joseph Mendola）、马克·范·罗扬（Mark van Roojen）、雅科·库里科斯基（Jaakko Kuorikoski）、马克·里斯乔德（Mark Risjord）、保罗·罗思（Paul Roth）、卡斯顿·斯托伯（Karsten Stueber）、马克·蒂蒙斯（Mark Timmons）和斯蒂芬·特纳（Stephen Turner）的有益评论。同样值得一提的还有 2013 年在斯德哥尔摩大学举行的"欧洲社会科学哲学网"讨论会的与会者们。

参 考 文 献

Bicchieri, Cristina. 2006. *The Grammar of Society: The Nature and Dynamics of Social Norms*. New York: Cambridge University Press.

Bicchieri, Cristina and Chavez, Alex. 2010. Behaving as Expected: Public Information and Fairness Norms. *Journal of Behavioral Decision Making*, 23(2): 161–178.

Blackburn, Simon W. 1993. *Essays in Quasi-Realism*. New York: Oxford University Press.

Boyd, Robert and Peter Richerson. 1985. *Culture and the Evolutionary Process*. Chicago, IL: University of Chicago Press.

Brandom, Robert. 1994. *Making It Explicit: Reasoning, Representing, and Discursive Commitment*. Cambridge, MA: Harvard University Press.

Bratman, Michael. 1999. *Faces of Intention: Selected Essays on Intention and Agency*. Cambridge: Cambridge University Press.

Brennan, Geoffrey, Lina Eriksson, Robert Goodin and Nicholas Southwood. 2013. *Explaining Norms*. Oxford: Oxford University Press.

Browning, Christopher R. 1992. *Ordinary Men : Reserve Police Battalion 101 and the Final Solution in Poland*. New York: HarperCollins.

Cummins, Robert. 1975. Functional Analysis. *Journal of Philosophy*, 72: 741–765.

Cummins, Robert. 1983. *The Nature of Psychological Explanation*. Cambridge, MA: MIT Press. Gibbard, Allan. 1990. *Wise Choices, Apt Feelings: A Theory of Normative Judgment*. Cambridge, MA: Harvard University Press.

Gibbard, Allan. 2003. *Thinking How to Live*. Cambridge, MA: Harvard University Press.

Gibbard, Allan and Barry Stroud. 2008. *Reconciling Our Aims: In Search of Bases for Ethics*. Oxford: Oxford University Press.

Gilbert, Margaret. 1989. *On Social Facts*. London: Routledge.

Gilbert, Margaret. 2000. *Sociality and Responsibility: New Essays in Plural Subject Theory*. Lanham, MD: Rowman and Littlefield Publishers.

Haidt, Jonathan. 2012. *The Righteous Mind: Why Good People Are Divided by Politics and Religion*. New York: Pantheon Books.

Henderson, David. 1987. The Principle of Charity and the Problem of Irrationality. *Synthese: An International Journal for Epistemology, Methodology and Philosophy of Science*, 73: 225–252.

Henderson, David. 1991. Rationalizing Explanation, Normative Principles, and Descriptive Generalizations. *Behavior and Philosophy*, 19(1): 1–20.

Henderson, David. 1993. *Interpretation and Explanation in the Human Sciences*. Albany: State University of New York Press.

Henderson, David. 2002. Norms, Normative Principles, and Explanation: On Not Getting is from Ought. *Philosophy of the Social Sciences*, 32(3): 329–364.

Henderson, David. 2005. Norms, Invariance, and Explanatory Relevance. *Philosophy of the Social Sciences*, 35(3): 324–338.

Henderson, David. 2010. Explanation and Rationality Naturalized. *Philosophy of the Social Sciences*, 40(1): 30–58.

Henderson, David and Terence Horgan. 2011. *The Epistemological Spectrum: At the Interface of Cognitive Science and Conceptual Analysis*. Oxford: Oxford University Press.

Henrich, Joseph. 2004. *Foundations of Human Sociality: Economic Experiments and Ethnographic Evidence from Fifteen Small-Scale Societies*. Oxford: Oxford University Press.

Henrich, Joseph and Richard Boyd. 2001. Why People Punish Defectors: Weak Conformist

Transmission Can Stabilize Costly Enforcement of Norms in Cooperative Dilemmas. *Journal of Theoretical Biology*, 208: 79–89.

Henrich, Joseph, Richard Boyd, S. Bowles, C. Camerer, E. Fehr and H. Gintis (eds.) 2004. *Foundations of Human Sociality: Economic Experiments and Ethographic Evidence from Fifteen Small-Scale Societies*. Oxford: Oxford University Press.

Henrich, Natalie and Joseph Henrich. 2007. *Why Humans Cooperate: A Cultural and Evolutionary Explanation*. Oxford; New York: Oxford University Press.

Horgan, Terence. 1993. From Supervenience to Superdupervenience: Meeting the Demands of a Material World. *Mind: A Quarterly Review of Philosophy*, 102(408): 555–586.

Horgan, Terrence and John Tienson. 1996. *Connectionism and the Philosophy of Psychology*. Cambridge, MA: MIT Press.

Joyce, Richard. 2006. *The Evolution of Morality*. Cambridge, MA: MIT Press.

Lewis, David K. 1969. *Convention: A Philosophical Study*. Cambridge, MA: Harvard University Press.

Prinz, Jesse J. 2007. *The Emotional Construction of Morals*. Oxford: Oxford University Press.

Rouse, Joseph. 2006. Practice Theory. In *Philosophy of Anthropology and Sociology*, edited by S. Turner and M. Risjord, 499–540. Amsterdam: Elsevier.

Rouse, Joseph. 2007. Social Practices and Normativity. *Philosophy of the Social Sciences*, 37(1): 46–56.

Skyrms, Brian. 2004. *The Stag Hunt and the Evolution of Social Structure*. Cambridge, UK: Cambridge University Press.

Tomasello, Michael. 2009. *Why We Cooperate*. Cambridge, MA: MIT Press.

Turner, Stephen P. 1994. *The Social Theory of Practices : Tradition, Tacit Knowledge, and Presuppositions*. Chicago: University of Chicago Press.

Turner, Stephen P. 2002. *Brains/Practices/Relativism: Social Theory after Cognitive Science*. Chicago: University of Chicago Press.

Waal, F. B. M. de, Stephen Macedo, Josiah Ober and Robert Wright. 2006. *Primates and Philosophers: How Morality Evolved*. Princeton, NJ: Princeton University Press.

Woodward, James. 2000. *Explanation and Invariance in the Special Sciences*. British Journal for the Philosophy of Science, 51(2): 197–254.

第十一章
生态适应性与实践的规范性

马克·里斯乔德（Mark Risjord）

第一节　导论：社会科学与祛魅

　　社会科学在很大程度上促使我们对自身的看法转向一种自然主义的自我理解。曾经，我们认为君权是由神权建立的，道德源于人性，选择出自自由意志，而现在，我们（或至少我们中的一些人）看到的是社会过程和心理机制。许多人对这一变化感到担忧，而且规范性已成为人们共同关注的一个焦点。正如斯蒂芬·特纳在《解释规范》（*Explaining the Normative*，2010）一书中指出的，许多哲学观点认为，规范性是人文主义的核心，科学研究永远无法理解这一核心。有人认为，规范性总是无法被社会、语言或意向性的科学解释（scientific accounts）所完全覆盖。要么有一些东西没有被解释清楚，要么社会科学家非正当地用隐蔽的手段把规范性带入。许多强有力的观点为一种价值客观主义进行了辩护，即"是"与"应该"之间的鸿沟，使得任何描述都无法把握规范性现象。然而，特纳有效论证了这些观点的失败。人类确实使用规范的语言，但这并不意味着它无法进行自然主义的说明。

　　社会科学充满了关于社会规范、法律、价值、契约和宪法的讨论。根据特纳的观点，这些不应被理解为真正的"应当"，即那种以某种方式将我们与规范性要求捆绑在一起的承诺。正如大卫·亨德森曾表达的那样，社会科学说明并不诉诸"以规范性身份存在"的规范（Henderson，2002）；规范并非通过其正确性（correctness）或某种"规范力"来说明。只有规则的表征、对协调结果的愿望或制裁的风险（threats of sanction）才是说明性的。特纳从错误论（an error theory）的角度来看待所有关于规范性的讨论。诉诸规范就是"折中理论"：社会规范对于和睦相处、赋予责任、为行动辩护等而言，都是有益的，但如果把规范视为某种特殊的规范领域中的真实存在，那么规范就构成了坏的理论。

虽然我赞同特纳和亨德森所倡导的自然主义，但我仍然担心这种彻底的祛魅对社会科学不利。如果所有对社会规范的诉求都被对规范表征的诉求所取代，那么社会科学的说明力似乎就会减弱。在说明行为模式或个体行动时，诉诸局部社会规范性（隐性规范、规则、法律等）是否具有与诉诸行为的表征或行为的规律性（regularities）不同的说明价值？

询问关于规范的说明价值要面临两个直接挑战。第一个挑战是，规范性通常与因果性（causality）相对立，科学哲学中的一个标准观念是，所有说明都是因果的。那么，诉诸"以规范性身份存在"的规范是如何具有说明性的呢？本章将假设问句模型的说明足够充分。我已经在其他相关论述中展示了，如何对这一模型进行详细阐述，以便将规范和规则作为对为什么-问题的相关回答（Risjord，2000，2005）。因此，诉诸规范是否一种因果说明，对于我们的研究来说并不是一个入门问题（threshold question）。然而，规范的特征及其在世界的因果图景中的位置才是问题的关键部分。关于规范说明价值的论证是否意味着打开了特纳努力想要关上的那扇门？为了应对第二个挑战，本章将提出一个社会科学中许多实践理论家普遍认同的假设。社会规范并非客观的，因为社会规范不是实践或行动背后本体论上的独特结构。它们也不是因果领域之外一种特殊类型的事实。无论实践的规范性是什么，它都必须在人类生态范围内显现出来。同时，本章也不会假设行为的规律性本身就能赋予规范性。实践是规律性的，但行动之所以是适当的、义务的、被允许的等，并不是因为它例示或重现了某种规律性。有些人认为这是一种反自然主义的观点，但在这里不会这样认为。用《使之清晰》（*Making it Explicit*，1994）一书的语言来说，所面对的挑战在于，在规则主义（regulism）与规律主义（regularism）之间取得平衡。然而，与布兰顿不同的是，我想以一种彻底的自然主义方式来做到这一点，既吸收又支持相关的（社会）科学知识。

第二节　作为社会语法的规范

克瑞斯蒂娜·比基耶里撰写的《社会的语法》（*Grammar of Society*，2006）一书之所以值得关注，是因为该书试图提供一种对社会规范的解释，从而赋予社会规范以说明力。比基耶里解释的核心是规范的分类以及对每种规范存在的充要条件的刻画。她所说的"社会规范"得到了最详尽的处理，并且与本章的问题最相关。社会规范存在的条件以下述方式来表述（Bicchieri，2006：11）。

假设 R 是 S 类情形下的行为规则，S 可以被表征为混合动机博弈。如果存在一个足够大的子集 P_{cf}，其包含于集合 P（$P_{cf} \subseteq P$），以至于每个个体 i 都属于 P_{cf}（$i \in P_{cf}$），我们就说 R 是群体 P 中的社会规范。

条件：i 知道规则 R 的存在，并且将规则 R 应用到 S 类情形中；

条件偏好：在下述条件下，i 在 S 类情形下倾向于遵守 R：

（a）经验预期：i 相信，P 有一个足够大的子集，该子集在 S 类情形下会遵守 R；以及

（b）规范预期：i 相信，P 有一个足够大的子集，该子集预期 i 在 S 类情形下会遵守 R；或者

（b'）带有制裁的规范预期：i 相信，P 有一个足够大的子集，该子集预期 i 在 S 类情形下会遵守 R、倾向于让 i 遵守 R，甚至可能会制裁行为。

对比基耶里来说，行为规则就是一种策略。例如，如果可以将该情形表示为囚徒困境，那么一种可能的行为规则就是"合作"。如果经验预期和规范预期得到满足，则行为者被认为具有遵守规则的偏好。当个体拥有被描述为经验预期和规范预期的信念时，对于该行为者而言，可以说社会规范就被"激活"了。当规范被激活时，行为者就会有遵守规则的偏好。比基耶里通过定义效用函数来严格刻画这种偏好，在这一效用函数中，原博弈的报偿决定了一组新的报偿。这意味着，当行为规则被激活时，行为者的效用函数会发生变化。由于博弈论的情形在某种程度上是由报偿所定义的，因此改变效用函数就会改变博弈。当社会规范被激活时，其将混合动机博弈转化为具有占优合作策略的博弈。例如，囚徒困境就是一个典型的混合动机博弈：参与者有不合作的动机，但合作也有好处。在标准的效用函数下，对于囚徒困境中每个参与者而言，理性策略是选择背叛（不合作）。对于参与者而言，如果行为规则"合作"被激活，他们的效用函数则发生改变。参与者的博弈报偿也会发生变化，从而使合作成为理性选择。

比基耶里对规范进行了三种分类："社会规范"、"描述性规范"和"惯例"。这个分类受到两个不同因素的影响：策略形势的类型和偏好的特征。正如上述定义所表明的，社会规范只存在于"可以被表征为混合动机博弈"的情形中。描述性规范适用于协调博弈，在这种博弈中，行为者面临多重均衡。仅仅是对其他人会遵守像"向右行驶"这样的规则的经验预期，就足以有条件地激发行为者遵循规则。此外，对于描述性规范而言，行为者的偏好只以经验预期为条件，而不以社会规范的额外规范预期为条件。惯例被认为更弱一些，适用于"不存在非严格纳什均衡"的协调博弈（Bicchieri，2006：38），且根本不涉及条件偏好。当存在其他人遵守规则的简单预期时，就存在惯例。

社会科学家和哲学家长期以来一直寻求博弈论对社会规范的解释。在这些观点的经典版本中，例如，刘易斯对惯例的解释，规范被说明为一种对策略问题的均衡解，在类似刘易斯的观点中，规范或惯例并非有助于对个体行动的说明。个体仅仅是根据他／她的信念和偏好来理性地行动，而规范只是对由此产生的行为模式进行描述。比基耶里对这些观点做出了重大突破，她增添了一些认知心理学的内容，通

过这种心理学解释，使社会规范在一定程度上成为行为的说明因素。她采用了认知心理学中的"脚本"和"图式"概念。根据这种观点，当一个人进入某个社会情境时，他／她会携带一整套关于他人行为方式以及他人对自己行为预期的预设。比基耶里定义的社会规范被认为是"嵌入"于这些图式当中。本书的大部分内容都致力于通过诉诸行为规则的心理激活，来说明行为者的实际行为与博弈论对行为的预测之间的差异。

比基耶里对社会规范的解释，似乎直接回答了本章提出的主要问题。社会规范的存在既可以说明行为模式，又可以说明个体行动，而且这种说明方式不同于直接诉诸行为者的信念、愿望或对制裁的恐惧。此外，比基耶里的说明符合特纳对规范性进行说明的模式。对规范力的诉求（例如行为者选择合作是因为规则表明他们应当合作）被其他东西所取代。在这种情况下，一种行为规则的存在，是依据行为者对规则的表征（即规则作为行动图式的一部分），以及他们对其他人的信念和预期来进行阐述的。规则发挥作用的方式，并非通过某种超自然的规范性的力量，而是通过改变行为者的效用函数来实现的。

第三节　实在论与理性选择

尽管比基耶里对社会规范性的解释新颖有力，但有三个问题使人对其充分性提出了质疑。第一个问题是，尽管《社会的语法》的标题有着广泛的前景，但它只讨论了公平和公正的规范。比基耶里的解释可以扩展到更广泛的相关现象吗？第二个问题是，是什么使比基耶里的规范具有*规范性*？这是规范主义者对所有社会科学解释的担忧：规范性从未得到说明，它要么被忽略，要么被预设。第三个问题是，在比基耶里的解释中存在一种实在论与工具主义之间的张力。在某种情况下，她明确表示，这种解释是一种理性重建（Bicchieri，2006：3，48），然而在其他情况下，实在论的说明性假设似乎发挥着关键作用。正如我们将看到的那样，这三个问题密切相关。

社会科学解释诉诸众多规范现象：纯正仪式的规则、宗教实践的规则、适当角色行为的规范、制度性规则和规章（regulations）等。可以说，比基耶里的解释只能适用于合作的规范，而不能适用于更广泛的领域。社会规范、描述性规范和约定这三种分类，在某种程度上依赖于如何在博弈论中表征各种情形（混合动机、协调、是否有严格的纳什均衡）。对博弈论表征的依赖，将比基耶里的规范限定为策略互动。例如，纯正仪式的规范是否与任何形式的策略互动相关，这一点并不明显。如果进一步推论，人们可能将行动的理由或推理的规范视为社会规范，但如何将理由的规范性理解为对混合动机博弈的回应，并不明显。毫无疑问，公平的规范是合作问题的核心。对这种规范敏感的原始人类的进化，可能是现代人类社会互动形式的前提。然而，公平的规范显然并不涵盖社会秩序中的所有规范领域。

　　作为回应，有人可能会指出，哪些情形可以用博弈论的术语来建模是一个经验问题。博弈论者已将他们的工具应用于令人惊讶的广泛的人类行为当中。因此，比基耶里的解释是否阐明了广泛的社会规范，是一个开放性问题。当我们讨论如何将比基耶里的定义应用于全面的社会行为这一问题时，这种回应的不足之处就显而易见了。例如，假设我们观察到人们在公交车站排队。社会科学家想知道是否存在需要排队的特定规则（local rule）。根据比基耶里的术语，它是社会规范、描述性规范，还是惯例？还是仅仅是规律性（regularity）呢？此外，这些定义的两个特征尤为重要：个体是否对其他人的偏好和其他人对制裁的意愿具有信念，以及该情形是否可以用博弈论表征。确定信念和偏好可能很困难，但这并不是一个深奥的哲学问题（尽管涉及他心问题）。更有趣的问题是，公交车站排队是否"可以被表征为混合动机博弈"。在比基耶里的定义中，这一条件超出了任何个体信念或预期的范围。比基耶里明确指出，策略形势不必成为任何个体慎思的一部分（需要注意的是，这是倾向于工具主义的一个原因，我们稍后会回到这一点）。那么，社会科学家应该如何确定策略形势呢？众所周知，对真实世界情形的博弈论建模尤为困难，而且无法由数据确定。更糟糕的是，比基耶里的定义只要求该情形"可以"被表征为混合动机博弈。当然，如果没有进一步的阐述，这显然过于宽泛，以至于毫无用处。真实世界情形中所呈现出的偏好不够连贯，几乎任何情形都"可以"用任何博弈来表征。依赖于比基耶里的定义中的潜在策略形势，可能会使这些偏好在范围上过于局限，或者在经验上难以处理。

　　让我们转向第二个问题：究竟是什么使比基耶里的"社会规范"成为社会规范？有人可能会认为，"行为规则 R"的内容涉及应当陈述（ought-statements）。当比基耶里非正式地讨论规则时，它们似乎类似于一般性的准则。例如，在她讨论公平时，她区分了两种不同的公平：一种是平等分配；另一种是给予更值得的人。这两者之间是命题内容上的差异，通常会用"应当"及其相关词语来表达。她还谈到被"嵌入脚本"中的规则（Bicchieri，2006：57）。因此，人们可以把行为规则要么看作指令，要么看作由行为者所表征的应当命题，而把社会规范看作共同体中这种表征的规律性。然而，把规范性理解为内嵌于行为者表征的内容中，并不符合比基耶里的其他承诺。当她转向技术细节时，我们发现，规则是定义在策略集上的函数（Bicchieri，2006：52）。这些规则规定了在给定其他参与者的策略时，行为者应采取的策略。因此，规则不具有应当陈述的语义内容。

　　因此，人们可能会得出这样的结论，即比基耶里的解释因此是特纳所赞同的策略的一个实例（见本书；Turner，2010）。比基耶里用条件偏好的效用函数取代了对"规范"的讨论。规定合作的规则的规范性已被一种复杂的表征所取代。但情况并非完全如此。一种剩余的规范性激活了比基耶里的规范：所有博弈论和理性选择理论背后的工具理性假设。比基耶里非常明确地指出，她的解释并没有假设行为者会有意识地慎思行为规则或条件偏好。相反，她提出了一条从情形识别到行动的"启发式"路径。尽管如此，她还是为由此产生的行为的合理性进行了辩护。因此，比基耶里的规范仍然具有强烈的规范性意义。对于一个被激活了合作规范却未能合作的人来说，这将是不理性的。在比基耶里的解释中，工具理性的根本地位是对该理论广度的进一步内部限制；行动的理由不能被纳入社会规范之中，否则将导致循环论证。

让我们转到第三个问题：我们应该把比基耶里的解释视为一种实在论，还是一种工具解释？从实在论解释的意义上来看，一个模型或理论假设存在某种机制或潜在因果律，并且成功借助这类机制或因果律进行说明，应该被视为这些机制或因果关系存在的证据。经济学家们常常回避如下观念：他们的模型能把握到真正的因果关系。因此，他们对自己的理论采用了一种工具主义的解读。工具主义理论可能具有强大的预测力，但这些预测性的成功并不能作为认为这些理论在字面上为真的依据。世界只是表现得好像理论或模型为真一样。《社会语法》一书为实在论解释和工具主义解释都提供了文本资源；事实上，该书似乎在两者之间摇摆不定。作为工具主义解读的第一个例证是比基耶里声称她的理论是一种"理性重建"：

> ［它］并不是对人们所拥有的真实信念和偏好的忠实描述性解释，也不是对人们实际上慎思方式的忠实描述性解释。然而，这样的重建必须是可靠的，因为它必须能够从中得出有意义的、可检验的预测。

（Bicchieri，2006：3）

这种工具主义还体现在证实行为规则的效用函数上。它仅仅在物理学家的意义上是现象学的，即它是一个数学公式，正确描述了已知（或在本例中为假定的）值之间的关系。它并非旨在描述任何机制。

目前，从标准经济学实践的角度来看，工具主义并不反对比基耶里的观点。在这个意义上，效用函数被认为是现象学的（即它们被视为数学工具，而非刻画真实机制——译者注）。然而，当我们从工具性意义上看待整个《社会语法》时，会失去一些东西。关于工具性解读的第一个问题是，社会规范的规范性再次被弱化。如果规范遵从的工具理性只是形式主义的产物，那么社会规范并不比任何其他数学模型更具规范性。这个结果让人感觉像是一种"先诱导后调换"（bait and switch）的受害者。这种承诺旨在表明"社会规范如何隐含在社会的运行当中，并使其成为它所是"（Bicchieri，2006：ix）。按照工具主义的解读，一种规范的社会语法令人兴奋的前景变成了一个相当乏味的结果，即人们的行为表现得好像是通过信念来协调他们的行为。虽然这是一种规范主义者的反对意见，但值得注意的是，这种不适感并不是因为祛魅，而是因为由此产生的说明过于平淡。这是社会科学说明框架内的问题。

　　关于工具性解读的第二个问题来自比基耶里对如下问题的说明，即在囚徒困境情形中实验受试者为什么会选择合作，规范又是如何形成的，等等。她的说明很大程度上依赖于行动图式的作用。虽然这一点可以在不矛盾的情况下用工具主义的术语来解释，但如果采用实在论的方式理解其中的因果语言，不仅更具说明性价值，而且还能更好地解释她所诉诸的心理学文献的相关性。

　　例如，我们可以考察一下比基耶里在合作说明中对群体认同作用的讨论。实验证据表明，即使群体划分是任意的（并且行为者知道是任意的），人类也有一种偏向自己群体成员的倾向。在道斯（Dawes）及其同事所设计的实验范式中，受试者被任意分成 7 人一组。每个人会得到一个价值 6 美元的代币。每个受试者私下匿名地选择保留代币（一种背叛策略）或捐赠代币（一种合作策略）。如果组内所有成员都捐赠代币，那么某个小组的每个成员将获得 12 美元。在一种条件下，组内成员相信，他们的小组将保留这 84 美元，而在另一种条件下，他们相信这笔钱将惠及另一个小组（并且他们可能会从另一组的行为中受益）。在做出个人决定之前，有些小组被允许讨论他们的选择，其他小组则没有讨论的机会。每种条件下的一半的小组在公布他们的私人决策之前，被告知情形发生了变化。如果他们原本以为自己的这笔钱会流向另一个小组（外组），他们发现这笔钱实际上会流向自己的小组（内组）；如果他们原本以为这笔钱会流向内组，他们发现这笔钱实际上会给外组。这一研究结果可以总结如表 11.1 所示（Bicchieri，2006：147）。

表 11.1　研究结果

	这笔钱会流向内组的初始信念		这笔钱会流向外组的初始信念	
	决策时的信念		决策时的信念	
	内组	外组	内组	外组
无讨论（合作 %）	37.5%	30.4%	44.6%	19.66%
讨论（合作 %）	78.6%	58.9%	32.1%	30.4%

　　对这种情形进行标准博弈论分析，可以预测，无论是讨论还是捐赠的接受者都不会对结果产生影响。这个问题是一个社会困境，在所有条件下占优选择是每个人都保留那 6 美元。实验者们确信，没有任何机制可以使受试者在讨论期间作出的任何承诺具有约束力。因此，讨论只是"廉价谈话"（cheap talk）的一个实例，按照标准的博弈论分析，讨论应该是无效的。

　　道斯等人反对诉诸合作的规范来对这一数据进行说明。在本实验中，合作是指与自己小组成员（那些捐赠或不捐赠代币的成员）进行的合作，而不是与受捐者合作。他们推断出，如果讨论激发了合作的规范，那么捐赠是否真正惠及组内或组外，本不应该影响合作的程度。他们通过诉诸群体认同来说明这些结果。即使不经过讨论，发现捐赠将流向内组也极大地促进了合作。

比基耶里认为，道斯等人将规范视为是独立于语境的命令性规定（imperatives）。在她看来，激活合作规范是以受试者的经验预期和规范预期为条件的。比基耶里注意到，在这两个条件下，讨论都提高了对外组的捐赠率。她认为，讨论"可能揭示了一种普遍的合作意愿，从而改变了人们对他人行为的预期，但讨论也可能揭示了对背叛者的潜在不满，从而产生规范预期"（Bicchieri，2006：148）。在参与讨论的人中，即使他们的预期从内组受益转变为外组受益，他们的合作程度依然相对较高（达58%），这一现象被解释为一种"传递效应"。她认为，一旦规范被激活，规范预期的"惯性"就会影响随后的选择。比基耶里最终将认同视为一个因素，但将其相关性解释为规范激活的一部分：

> 将情形分为"我们"与"他们"两个类别，必然会激活关于内组忠诚和信任的高度熟练的脚本。正如我所主张的，如果规范被嵌入脚本当中，那么分类过程将引导个体认为自己"应当"信任内组成员，如果作出了承诺，就"应当"相信他们会遵守承诺。

（Bicchieri，2006：156）

比基耶里对这一实验证据的解释是合理的。但值得注意的是，原本应该将社会困境转化为协调问题的效用函数完全没有发挥作用。所有的说明工作都是由行为者的预期和相关的心理现象来完成的。那么，这种诉诸心理学的状态是什么呢？如果这仅仅是工具主义的理性重构，那么它从那些证明了脚本和图式等认知机制存在的实验中得不到任何证据支持。此外，像"惯性"、"激活"和"愿意合作"等词语的因果内涵必须被消除。另外，如果我们从实在论的角度看待心理学，那么效用函数和博弈论工具就显得多余的了。

如此看来，比基耶里对社会规范的解释似乎受制于其开始时所使用的博弈论。将混合动机博弈转化为协调博弈的效用函数，在构成《社会语法》的大部分内容的更实质性的说明中几乎没有起到什么作用。博弈论是规范分类的基础，但在对比基耶里示例中，将潜在策略形势表征为混合动机或协调博弈对行为者行为的解释没有任何影响。一种可能的解决方案是分而治之。我们可以将博弈论和效用函数视为工具上的有用表征，该表征有助于将心理学说明与实验设置联系起来。对经验预期和规范预期的诉求，以及将规范预期嵌入图式等内容，都可以从实在论的意义上看待。这种二分解释将在解决上述问题的同时保持比基耶里说明的力量。由于博弈论本来就是工具性的，所以就不会出现哪个博弈论表征在特定的社会情形中是真实的问题。出于这个原因，这种解释并不一定局限于混合动机博弈。参与者的认知图式援用规则以及经验预期和规范预期的任何情形，都可能涉及社会规范。

对《社会语法》的二分解释并非没有代价。比基耶里的社会规范之所以具有规范性，是因为工具理性在其中发挥着作用。如前所述，这一点是她的解释处于实在论和工具主义解释之间的一个不稳定的部分。从实在论解释的意义上来看，未能遵守激活了的社会规范在理性上受到批评。但如果从工具主义解释的意义上来看，它就不会受到这样的批评。此外，如果将效用函数和博弈论视为理性重建，那么这就会剥夺比基耶里的社会规范的规范性。那么，有没有某种方式重新赋予比基耶里的社会规范以规范性呢？

第四节　作为实践理论家的比基耶里？

要想用另一种方式来解读比基耶里的社会规范的规范性，可以考察一下这一引言性评论：

> 我所谈论的社会规范，并不是那种正式的规定性或禁止性规则，这些规则通过选择性动机的施行由外部权威所设计、强加和执行。相反，我讨论的是非正式的规范，这些规范是通过集体内部行为者的去中心化互动而产生的……社会规范可以从个体的互动中自发形成，而这些个体并未预先规划或设计这些规范……

（Bicchieri，2006：x）

比基耶里对社会规范的描述具有鲜明的关系特征。规范并非仅仅在有足够多的群体成员持有某些信念时才会产生，而是在这些信念成为他们相互回应的基础时才会产生。令人惊讶的是，这与约瑟夫·劳斯关于实践的"规范"概念非常相似（本书；Rouse，2007a，2007b）。劳斯区分了实践的规则论概念与规范概念。前者把规范性视为对模式的复制。规范概念则将实践视为施为之间的互动模式，这种模式"表达了施为的相互问责性"（Rouse，2007a：669）。比基耶里关于社会规范的概念也有一些类似的互动性质。如果一个共同体当中存在社会规范，那么许多参与者会对彼此都具有经验预期和规范预期，而且他们准备在此基础上采取行动。通过这样做，他们之间的互动就构成了规范。此外，如果我们从实在论的角度理解她的解释，那么她提供了一种对回应性和相互问责性的潜在机制的解释。只要规范表现为某种行为规律性，那么这种规律性就随附于各种个体的心理状态和回应。

对比基耶里解释的互动方面的强调，有助于恢复她的社会规范可能具有规范性的一种理解，而无须依赖工具理性。然而，要想完全恢复，需要弥合比基耶里的方案和规范实践理论之间的两个明显鸿沟。首先，劳斯使用了"相互问责"这样的术语，而有人可能会说，比基耶里方案中行为者的态度既不是相互的，也不涉及责任。根据比基耶里的定义，这些行为者对他人的施为并不具有偏好；他们只关心他人对自己施为的偏好。尽管其他人可能会对行为者的施为进行制裁，但社会规范的定义中没有为回应提供空间。行为者并不会与共同参与这种实践的其他行为者，进行批判性互动。其次，尽管比基耶里强调了从规则到行为的"启发式"路径，但她的构想仍然过于理智主义，难以被理解为实践理论。这个定义依赖于一系列复杂的信念。其动机成分极少——仅仅是遵守规则的偏好——且没有体现行为者的具身性。事实上，虽然这个解释属于认知层面，但认知机制是完全理性化的，只依赖于信念，而不涉及任何情感效价。尽管存在这些挑战，但将比基耶里的解释作为实践理论的一种形式，仍为规范的说明价值提供了一线希望。在她看来，社会规范可以说明行为。而如果我们强调她对社会规范的概念的关系特征，那么在某种意义上，社会规范是具有规范性的。劳斯关于实践的规范概念是自然主义的（至少我是这么解释的）。如果比基耶里的理论成功的话，那么规范的说明力将来源于其作为规范本身的特性，而不是作为信念的内容或行为的规律性。因此，与特纳的观点相反，这将是社会科学对规范的解释，这种解释不需要社会科学家改变研究对象。

比基耶里的解释之所以带有理智主义的色彩，是因为她未经质疑地接受了"能动性作为理性行为者"的标准概念。这在某种程度上是有问题的，因为比基耶里的解释把使行动合理的任何规范排除在解释的范围之外。此外，该解释与本书中强调的对行为的启发式说明形成了张力。如果要认真对待启发式模型，那么我们必须颠倒行动理论中标准的说明顺序。行动的标准哲学解释旨在分析意向行动。这些分析将意向行动视为身体事件，并认为它们与特定类型的心理状态——信念、支持性态度、理由、意向、计划、意志等——具有一种因果关系或概念关系。实践（工具）理性将这些状态与行动联系起来。因此，行为者就是能够进行意向行动的存在，因此行为者被视为是理性的。我并不是第一个提出这种逻辑是倒置的人。我们应该从能动性的解释开始，将意向行动视为行为者*所做*的任何事情。

关于推理的心理学研究大多集中于对理性的双重系统解释。尽管细节有所不同，但大多数理论家采用实验证据表明，我们进行推断的能力是两种截然不同的心理系统的产物。第一种系统是一组"快速而节俭"的算法过程或启发法。这些方法能够迅速得出推断，但它们是我们进化历史的产物。它们可能会受环境条件的影响而产生偏差，也可能会被环境条件所误导。第二种系统更灵活，但速度较慢。审慎使用有效规则来检验推断，或将基本比率用于概率计算，都涉及第二种系统。判断是两种系统协同工作的产物。因此，推理并不是一个统一的整体。自柏拉图提出御者的隐喻以来，哲学上的能动性概念已经假定了多重部分的分析。这里要提出的特殊版本是关于实践理性的双重过程解释，类似于推断理性的双重处理解释。它把能动性的意向性构想为行为者的认知能力和环境之间的关系，因此可以被称为一种能动性的"生态"分析。

能动性的生态分析假定了三种能力：对环境的适应能力、对可供性的识别能力，以及通过语言介导对持续行动过程进行指导的元认知能力。每一种能力都旨在挑选出一套在经验上被识别或者可识别的认知过程。这一哲学专题研究是为了表明这些认知心理学事实与我们对能动性、行动和社会实践的理解之间的概念关系。

行为者在行动时必须适应其环境的特定方面。这需要感知能力，但这些感知能力应该被视为识别和跟踪环境要素的能力，而不应该被视为表征环境的方式。社会性动物必须适应它们的同类以及无生命的环境。对人类来说，这意味着能够识别和跟踪他人的意向、他人对当前环境的不同看法以及他人的情感反应。把比基耶里的经验预期和规范预期，理解为适应性（attunements）要比理解为"信念"更好一些。根据她的说法，经验预期和规范预期不应理解为有意识地考虑并慎思地应用于某种情形。相反，"我们所处的环境或情形提供了感知刺激，我们以一种'无意识的'、非反思性的方式对这种感知刺激做出反应"（Bicchieri，2006：50）。因此，如果说一名行为者具有经验预期和规范预期，那就是说她正在关注她的同伴们的行为规律性以及同伴们对她的预期。

可供性是指行为者所识别的环境中行动的可能性。有些可供性由环境直接提供：转动门闩可能是打开门的唯一方法。当门是唯一的出口时，环境会限制行为者的行动可能性，使其在"出口"这个维度上仅有一条路径可选。其他情形则更为开放，比如从城市的一个地方走到另一个地方的各种方式。虽然相似，但从可供性的角度来看，概念化行为者与环境的互动关系，优于脚本与图式。此外，脚本和图式隐含着引导行为者行动的表征，而我们需要的是一些更具动态性的东西。例如，在诸如杂货店结账之类的社会情形中，会有一个人们熟悉的例程。显然，这不是一种确定性的方法，因为有无数的行动序列能够符合这一例程。没有单一的脚本可以应对。相反，行为者对环境的偶然性以及对这些偶然性改变行动可能性的方式做出回应。最好将结账例程理解为，一组个体行动的可能性以及一系列与其他行为者协调的可能性。也就是说，结账柜台、收银机、收银员以及环境中的其他方面，都呈现出一组可供性，而行为者会对此做出回应。

如上所述，比基耶里的解释在认知上是理性化的；它并未引发对规范遵从或违反的任何情感回应。然而，从我们自身的经验来看，很明显，我们对规范遵从和违反的回应总是带有情感的，有时甚至非常强烈。在过去的几十年里，认知科学家已经意识到情感或躯体成分在思想成分中的重要性。若说思想成分是躯体的，而不是情感的，是要强调这样一种观念，在现象上被感知为情感的东西，其实是一系列过程的意识方面，这些过程涉及"从内部环境和内脏的变化，外部观察者可能无法感知到这种变化（如激素分泌、心率、平滑肌收缩等），到对外部观察者来说可能显而易见的肌肉骨骼系统方面的变化（如姿势、面部表情以及僵住、逃跑、打斗等特定行为）"（Bechara and Damasio，2005：339）。贝莎拉（Bechara）、达马西奥（Damasio）以及他们的同事通过一系列实验表明，感知和行动预期的躯体效价，对于决策和行动而言至关重要。这些躯体效价涉及激活完全相同的神经回路，这种神经回路构成了对某种情形的情感反应。因此，当引发类似的行动或感知时，就会引起由经验所产生的情感。

适应性和可供性都应该被视为与躯体状态有关，该状态赋予对象和可能的行动以积极或消极的情感特征。换句话说，与杂货店结账相关的脚本不仅仅是一组纯粹的行动可能性；这种行动可能性在呈现时，已经带有愉快的、恼人的、吸引人的或令人恐惧的情感特征。有人可能会认为，这里提出了一种情感主义的价值理论，但这已经超出了我们讨论的范围。从实践理论的解释来看，规范是社会性的。因此，适应性和可供性的躯体效价不能完全与价值等同。然而，它们（躯体效价）是规范性的一个重要方面，是赋予规范以特殊动机力量的因素。

适应性和可供性通常并不是关注的对象。也就是说，当人们意识到门及门把手，并预期可以通过转动门把手打开门时，人们可能并不会（通常也不会）意识到自己具有这种意识或预期。在日常行动中，人们不会特意关注门把手是用来转动这一事实。当然，我们有能力将这些事物带入脑海，用语言描述它们，回忆过去的经验和知识，并进行明确的思考和决策。第三类能力属于"元认知"，因为这些能力使得行为者能够思考适应性和可供性，并将环境的这些方面与计划、目标、规则和普遍知识联系起来。我们可以在布迪厄（Bourdieu）和布兰顿（Brandom）那里找到实践理论的观点，其中之一就是规则并非处于行为背后，而是以某种方式指导行为。规则是由行为者所制定的。这些规则一旦制定，它们就成为同一旧博弈中的新的组成部分。规则的力量在于，行为者如何在新的实践中使用规则来辩护或谴责行动方案。我们的元认知能力，正是规则的明确表述能够影响行为的方式。

有了这种更具说服力的能动性概念，我们可以回到比基耶里解释和规范实践理论之间的两个鸿沟上：一是，社会规范的定义并不支持相互问责性；二是，比基耶里的解释太过于理智主义。把能动性看作由躯体效价的适应性、可供性和元认知构成，使我们能够弥合这些鸿沟。从理智主义问题开始，对能动性的生态分析一直坚持比基耶里的思路，以启发式的方式理解规范遵从，而且这一分析使我们能够将她的解释嵌入更具一致性的反表征主义的观点中。就人们无意识地、不加反思地遵循社会规范而言，说明将诉诸行为者的适应性与可供性。当行为者识别出她所在的共同体的社会规范时，她必须适应其他行为者当中的行为规律性，也必须适应行为者关于其他人行为的预期。行动的可能性必须既包括：按他人预期和惯常行为方式来行动的可能性，以及以不同方式行动的可能性。这些可供性将具有躯体效价，使行动可能性负载满意、羞耻、愉悦或内疚。通过这种方式，"规则"就隐含在行为者的适应性和可供性当中，而不必隐含地表征为一种命令性规定，更不必将其定义为某种策略函数。元认知使行为者能够制定或学习明确的规则。在某些情况下，这些规则可能会通过慎思选择遵循（或违反）规则来对行为产生影响。或者，这些规则可能会更改适应性和可供性，从而成为行为者回应有关情形的一部分。

从能动性的生态构想上看，相互问责性的表达并不仅仅体现在某些奖励或惩罚（这些也可能存在）的进一步实践当中。相互问责性已经被嵌入在行为者对彼此行为的相互预期中；被嵌入在他们的适应性和对可供性的识别当中。这些预期的躯体成分提供了积极和消极的效价，行为者因此在没有任何制裁威胁的情况下将可能性视为正确的或错误的。即使行为者没有明确地表述他们行为的规则或规范，这种相互预期和相互回应的系统仍然可以存在。事实上，正如许多民族志学者所记载的，共同体的真正规范——那些由他们的实践表达出来的规范——往往可能与正式规则背道而驰。

第五节　规范实践的说明价值

我们现在可以转向本章的主要问题：规范是否具有超越规范的表征或行为规律性的说明价值？

让我们通过考察前一部分对实践和行为者的概念化是如何使社会规范和非规范的行为规律性之间的区分成为可能，来回答这一问题。在存在社会规范的地方，行为者就会适应行为的规律性、他人的预期以及他们的情感状态，而可供性将包括行为者自己的行动可能性以及他人的行动可能性。这些对模式和可能性的识别将带有情感效价，为行为者自己和其他人的行动创造了可评估的预期。在存在非规范模式的地方，可供性和适应性不会以同样的范式关注他人。之所以会出现这种模式，是因为行为者对环境的相同维度作出了回应，比如找一条上山的捷径。

以遛狗后清理狗的排泄物为例。在某些地方，这显然是一种社会规范；在其他地方则不然。一位遛狗后清理狗的排泄物的行为者将这种行为视为一种行动的可能性。尽管躯体效价可能是混合的（不能将其描述为愉快的），但无论如何他还是这样做了。也许他认为排泄物会使草变黄；也许他只是讲究整洁，根本没有反思自己的理由。这可能是因为很多人都会清理狗的排泄物，形成了这种行为模式。但在这种情况下，这不能称为一种社会规范，因为行为者既不对这种规律性敏感，也不对他人的预期敏感。当行为者开始对自己及他人的行为形成预期时，社会规范就产生了。行为者必须适应他人的预期，这意味着预期必须以某种方式显现出来（也许是以类似于肢体语言这样微妙的方式，或者是像言语指责这样显著的方式）。当行为者适应他人的预期时，当行为者开始期望他人做出这种行为时，当这种期望成为社会环境的可供性的一部分时，就形成了实践的规范概念所要求的相互回应。当这种行为的可供性不仅仅是由清理狗的排泄物引起，而是由行为者对他人预期的敏感性引起时，就会存在[1]一种清理狗的排泄物的社会规范。

当规范的与非规范的规律性之间的差异明显时，这两种说明价值的差异也随之显现。当某种社会规范存在时，我们可以使用规范来说明行为的规律性：在亚特兰大我家附近，人们会清理自己狗的排泄物，因为这是人们预期的行为（这被视为良好的公民身份，是一种义务）。规范也可以说明为什么规律性具有稳定性，以及为什么人们可能会对偏离规律性的行为做出反应。如果规律性仅仅是某种行为的规律性，那么它将会有不同的说明：它可能是起因于环境的特征、行为者识别可供性方式的特征，或者起因于共同的经验。这些规律性也可能具有稳定性，但它们会以不同的方式体现其稳定性。请注意如下两种说明之间的差异，一种是诉诸社会规范的说明，另一种则是并未遵循比基耶里在她的说明中使用社会规范的说明。行为经济学实验的目的是在合作行为和自我导向的行为之间制造冲突，其中自我导向的行为对他人的预期并不敏感。当比基耶里援引社会规范时，她是在诉诸对行为者的回应，是在对行为的模式做出说明（例如，在单次囚徒困境试验中，为什么会出现超出预期的合作水平）。

把个体行动解释为对社会规范的遵循，与仅仅指出这一行动符合行为或表征的共同性是不同的。举例来说，假设我们在一个行人（通常）不会闯红灯的地区，并且该地区并没有明确表达或明文规定的社会规范；而是以上述方式隐含在实践中。如果个体对这种规范敏感，那么因为行为者识别到该地区的行为模式和他人的预期，闯红灯行为将会被视为一种负效价可供性。行为者因为这些特定的社会适应性而采取行动。当我们问到，琼斯为什么在没有车辆驶来的情况下还站在路边时，我们可以这样对琼斯的行为做出说明：在该地区，闯红灯被认为是错误的。值得注意的是，这种说明不同于对琼斯的意识表征状态的说明（她可能一直在思考其他事情），同时这种说明不要求琼斯在那一刻预期她穿过马路时其他人的反应。最后，这种说明并不是通过让琼斯的行为符合当地的规律性来说明琼斯的行为。

上述对规范说明价值的解释依赖于一种基础的心理学，这引发了两种可能的反对意见，一种与特纳（见本书）有关，另一种与亨德森（见本书）有关。在对特纳的担忧进行反思时，有人可能会反对说，即使我们接受此种构成规范的实践，这些说明也并不依赖于此种实践的规范特征。社会科学家无须赞同或谴责所说明的行为；不涉及评价或规范判断。这一点是正确的，它使得本章所提出的解释不同于德雷（Dray，1957）或霍利斯（Hollis，1982）所给出的解释。这两位学者曾认为，社会科学家必须在他们的解释中做出规范的理性判断。佩雷格林（Peregrin）在本书中所讨论的关于规范的第一人称视角和第三人称视角的区别在此很有帮助。当一个人做出规范的判断或评估时，这个人是作为一个存在规范的共同体的一员在行动。这个人对这些规范持第一人称立场；这个人对这些规范有所承诺。若说何为共同体的规范，就需要从第三人称的立场来看待规范。在上述提出的说明形式中，预设了第三人称立场。这里有两点需要强调。第一，评估并不是说明。因此，就特纳所认为的以规范为基础的评估并非说明性的，我们可以同意这一点。第二，上述论证的重点在于，规范的存在与行动或信念模式的存在之间存在区别，而这种区别与社会科学说明是相关的。因此，与特纳的观点相反，本章认为，将规范排除在说明之外会导致社会科学危机。

在对亨德森的观点进行反思时，我们可能会注意到，上述解释的所有说明性工作都是由较低层次的适应性、可供性和元认知完成的，而不是由社会规范来完成的。在上述琼斯的例子中，因果负载是由琼斯的大脑所承担的。社会规范并没有额外的因果力。亨德森认为，随附性基础中的潜在原因屏蔽了任何随附属性，这使得这些属性在说明上无关。然而，亨德森的论点依赖于一个过于强硬的前提：如果 A 屏蔽了 B 对 C 的作用，那么 B 在说明 C 时就是无关紧要的。屏蔽的意思就是呈现概率上的独立：Pr（A 和 B 的情况下为 C）= Pr（A 的情况下为 C）。但是在任何原因链条中，每个原因都会屏蔽它之前所有的原因，使得它们对其邻近效应变得无关紧要。同样，在任何复杂系统中，构成机制的各个元素也是更大的系统的一部分。然而，根据大多数因果关系的解释（例如 Woodward，2003），说"上紧发条使时钟运转"是合理的，并以此作为说明时钟为何运转的依据。但实际上，齿轮传动链中的最后一个齿轮的转动屏蔽了主发条的影响。因此，亨德森的前提会使大多数科学说明不具有说明性。

尽管关于屏蔽的要点有些技术性，但它给我们传达了一个更大的教训。自然主义者把世界看作嵌入式系统，在这个系统中，微观部分之间的相互作用会引起宏观现象的发生。当科学能够分析潜在机制时，自然主义者认为，更高"层次"的现象并不涉及对新的实质性存在的承诺：社会制度、社会规范、思想或生命力并不对应于任何独立的实体。这种形而上学承诺必然导致认识论的或说明性的还原论。更高层次的描述可以揭示出某些模式和关系，而这些模式和关系在较低层次视角下是不可见的。我们不必仅仅因为我们可以从各种有机化合物的角度理解细胞的运作方式，就将生物学视为错误的。同样地，将规范性视为由规范实践构成，并将这些实践分析为具有特定心理能力的行为者之间的关系，不应促使我们根据错误理论来对待社会规范性。

如果我们以适当的方式理解能动性和实践的规范性，那么社会规范就是说明性的。它们提供了额外的信息，并且能够说明不同于表征的或行为的规律性的现象。正是通过它们作为规范的特定特征，它们才能进行说明，在这个意义上，"以规范性身份存在的"规范是具有说明性的。而这些说明并没有将规范排除在因果领域之外；这里对实践和能动性的解释完全是自然主义的。同时，本章试图表明，在社会科学中消除对规范性的引用，是如何确实会遗漏掉某些东西或者是如何以有问题的方式改变研究主题的。社会规范（以规范性身份存在）在社会科学说明中扮演着合理且有时不可或缺的角色。

注　释

1. 在这里，应该认真对待"存在"一词的使用。虽然这一解释仅仅是一种概述，但它旨在提供一种对社会规范是什么的解释，从而为社会规范确实存在与不存在这两种情形的区分提供标准。因此，这里提出的立场是亨德森在本书中讨论的"高度随附性"立场的一个实例。

请注意：由于在随附性基础上或者在规范实践如何随附于行为者之间的回应和关系上，都没有有效使用非自然主义的属性，所以这一立场是对亨德森主张的在表格 10.4 中没有合理的中间立场的一个反例。

参 考 文 献

Bechara, Antoine and Antonio R. Damasio. 2005. The Somatic Marker Hypothesis: A Neural Theory of Economic Decision. *Game and Economic Behavior*, 52: 336–372.

Bicchieri, Cristina. 2006. *The Grammar of Society: The Nature and Dynamics of Social Norms*. Cambridge: Cambridge University Press.

Brandom, Robert. 1994. *Making It Explicit*. Cambridge, MA: Harvard University Press. Dray, William. 1957. *Laws and Explanation in History*. Oxford: Oxford University Press.

Henderson, David. 2002. Norms, Normative Principles, and Explanation: On Not Getting Is from Ought. *Philosophy of the Social Sciences*, 32(3): 329–364.

Hollis, Martin. 1982. The Social Destruction of Reality. In *Rationality and Relativism*, edited by Martin Hollis and Steven Lukes, 67–86. Cambridge, MA: MIT Press.

Risjord, Mark. 2000. *Woodcutters and Witchcraft: Rationality and Interpretive Change in the Social Sciences*. Albany, NY: SUNY Press.

Risjord, Mark. 2005. Actions, Reasons, and Causal Explanations. *Philosophy of the Social Sciences*, 35(3): 294–306.

Rouse, Joseph. 2007a. Practice Theory. In *The Philosophy of Anthropology and Sociology*, edited by Stephen Turner and Mark Risjord, 639–681. Amsterdam: Elsevier.

Rouse, Joseph. 2007b. Social Practices and Normativity. *Philosophy of the Social Sciences*, 37: 1–11.

Turner, Stephen. 1994. *The Social Theory of Practices*. Chicago: University of Chicago Press.

Turner, Stephen. 2010. *Explaining the Normative*. Cambridge: Polity Press.

Woodward, James. 2003. *Making Things Happen: A Theory of Causal Explanation*. Oxford: Oxford University Press.

第十二章
奥地利大公遇刺案、神圣牛与规则之谜

马丁·帕莱切克（Martin Palecek）

第一节　规则到底有何问题?

规则显然对社会科学的自然主义进路构成了挑战。很明显，规范是"应当是什么"，而这种性质使得它们不容易被还原为"是什么"。因此，对于社会规范、规则、习俗以及其他规范性形式，人们都难以用简单的方式对其进行说明和还原。人类社会中规则无处不在。其中一些规则是明确的（explicit），比如法律，而另一些规则则是隐含的（implicit），比如我们在拜访邻居时要遵守的规则。我们可以把后者作为一个实例，并通过一个小而奇特的方式——使某些规则明确——来探讨它们。

假设我们要去拜访我们的好邻居。当我们去他家的时候，我们要走前面的小路。不知何故，我们知道跳过栅栏是不恰当的行为。当我们站在门前时，我们会以某种常见的方式引起邻居的注意。通常，我们会按门铃或敲门。当门打开时，我们会使用一些惯用的句子和邻居握手、拥抱或亲吻。诸如"很高兴见到你"这样的句子几乎没有实际意义，但却表达了我们的善意。握手也是一样。问候过后，我们等待被邀请进去，主人知道他应该邀请我们进来。作为访问美国的捷克人，我们必须抑制脱鞋的冲动，因为我们知道邻居不希望发生这样的行为。捷克人的习惯可能会让主人感到不舒服。即使在我们收到邀请进入房子之后，我们也知道这个邀请并不包括整栋房子。我们知道——或者可能只是觉得——邀请中没有包括房子的某些区域。我们称之为"隐私"。于是我们跟着主人来到客厅。如果我们在谈话中需要使用洗手间，即使我们知道可以使用它，而且限制使用洗手间也是可笑的，但我们还是会请求允许后再使用它。我们可以很轻松地继续描述这些细节，但有一点很重要：在拜访过程中，我们的朋友认为我们有责任遵守这些规则，而我们也觉得有义务遵守这

些规则。这与我们的孩子的行为相似，在我们看来，他们要对自己的不当行为负责，而我们也觉得我们要对他们负责。朋友对我们行为的责任在我们离开他的前院时立即结束。

在前面的例子中，我们可以看到"遵循规则"这一表述的含义。意识到存在两种这样的规则是有益的。一些期望我们遵守的规则是隐含的，我们在行为中不会有意识地使用它们。在拜访期间，除了其他事项外，我们尊重隐私、私有财产和礼仪等，这些几乎是本能的。这些规则只有在我们犯错误时才可见。意识到犯了错误就是意识到我们不再遵守规则了。这种情况可能通过脸红表现出来。另外，有些规则是明确的；我们将其牢记于心，并努力使我们的行为符合这些规则。当我们作为外国人学习这些规则时，就会发生这种情况。我们还能够在纯粹规律性（regularity）或因果关系与真正的规则之间作出区分。在我们拜访朋友家时，将红酒洒在白地毯上导致了令人尴尬的红色污渍，这是因果关系。我们的朋友多次从沙发上起身给我们拿来更多点心，这就是一种规律性的行为。正确的用餐规则是不要将咀嚼过的肉吐回盘子里。

如果我们能够如此轻松地将规则与其他事实区分开来，那么，我们为什么还要问规则在社会科学中是否是说明性的呢？我们不是刚刚展示了一个社会科学中的说明是什么样的例子吗？在社会科学说明的过程中，我们不只是使用规则吗？为了证明为什么我们应该谨慎得出结论，先让我们回顾一下科学说明的结构。

第二节　社会科学说明

社会科学中的充分说明应该是什么样的呢？任何说明都应深入整个系统的层次当中。我们认为，如果我们想要理解的现象是一个复杂系统，那么对这个复杂系统的任何描述——无论简单抑或详尽——都是不够的。我们还认为，现象的每一部分都是相互联系的。一个好的说明揭示了一种机制，这种机制将一个更大现象的各个部分联系了起来。这些机制因果地发挥其作用。如果特征 A 和 B 不改变现象 F，我们将对此毫无兴趣。换句话说，社会科学中的因果推理观念，通常涉及原因和结果两者间关系的观念。除此之外，因果性（causality）的观念也不可避免地涉及这样一种观念，即一个事件或特征是另一个事件或特征的充分或必要条件。

例如，假设我们想说明 1914 年 6 月 28 日在萨拉热窝发生的弗朗茨·斐迪南大公（Archduke Franz Ferdinand）遇刺事件的背景。作为一名社会科学家，我们可以从描述这一事件的相关情况开始。尽管如此，对我们的目的而言，并非所有的事件都会被认为是同等重要的，我们的目的是说明为什么大公被暗杀。比如萨拉热窝一名普通烟囱清洁工在大公访问期间生病，这样的一些事件并没有影响到任何人，因为那位烟囱清洁工发烧待在家里。当我们排除了与暗杀无关的事件后，行为者之间仍然有许多联系。我们要提到的是，大公正计划对奥匈帝国进行改革，这一改革将降低匈牙利在帝国中的影响力。我们还会提到，弗朗茨·斐迪南和索菲亚大公夫人的婚姻被视为贵庶婚姻。贵庶婚姻是社会地位不平等的成员之间的婚姻。举例来说，这意味着除了大公履行军事职责外，大公夫人不能在公共场合陪伴弗朗茨·斐迪南。我们还要提到加夫里洛·普林西普（Gavrilo Princip），他是暗杀小组的六名成员之一，也是塞尔维亚民族主义组织的成员，该组织被广泛称为波斯尼亚青年党（青年波斯尼亚）。如果知道大公来访的那天还是圣维特日（St. Vitus Day）这样的事实，对我们来说也是有帮助的。这一天被塞尔维亚人称为维多夫丹（the Vidovdan），是为了纪念 1389 年塞尔维亚王国和奥斯曼帝国之间的科索沃战役。在这场战役中，除了其他事件外，奥斯曼帝国的苏丹遭到一名塞尔维亚人暗杀。

如上所述，历史学家会寻找根本原因。如果她想说明围绕大公遇刺的所有事件，她需要使用不同种类的因果说明：单一因果判断（"奥地利秘密警察令人震惊的不专业行为，导致了大公和大公夫人的死亡"）、一般因果关系（"民族主义导致公共秩序混乱"）、因果相关性主张（"民族语言教育水平影响着整个社会的民族化速度"）、概率因果主张（"领土争端增加了恐怖袭击的可能性"）等（参见 Little，1991：32-34）。当我们审视整个暗杀事件的说明时会发现，任何一位优秀历史学家在试图说明暗杀事件发生的原因，以及暗杀事件对大国间冲突升级的重要性时，都会参考用于描述个体特征的信念、需求、愿望、限制和权力，这些个体的行动影响了历史事件。历史学家将这些对信念、需求、愿望等的参考视为连接原因和结果的特定因果机制的一部分。我在上述内容中所描述的每一种现象——甚至像圣维特日／维多夫丹这样有象征意义的日子——都被当作因果机制的一部分来处理。

让我们更详细地分析大公和加夫里洛·普林西普的案例。历史学家对其进行的说明通常使用的是工具理性的版本。实际上，这意味着，历史学家会逆向推理，询问某人可能具有什么样的理由、意向和愿望才能使她的行动变得理性。历史学家很少怀疑工具理性的实在性（reality）。这种推理看起来几乎是一种直觉，事实上它之所以是一种直觉，正是因为它是大众心理学的一部分。然而，即使使用这种推理，像加夫里洛·普林西普这样的人为什么选择这种自杀性任务仍然是个谜。就连大公本人的行为在工具上似乎也是非理性的，因为大公已经被警告过波斯尼亚的局势，并且在第一次被暗杀时幸存了下来。即使我们使用他们的信念、需求和愿望——大众心理学的所有部分——大公和普林西普的行为仍然是非理性的。我们如何解决这个难题呢？是否可以使用标准理性选择理论（RCT）来帮助我们更好地理解这一现象呢？正如杰克·戈德斯通（Goldstone，1994）在分析有关参加革命的类似困惑时指出的，个体通常不会选择参与具有重大历史意义的行动。他们更有可能是已经制定了自己目标的群体中的一员。当然，我们也必须借助规范来说明他们的行为。

> 对社会运动参与者的研究表明，个体依靠贡献自己公平份额的规范来推动集体行动……集体行动的参与者似乎非常清楚，他们可以选择搭便车，但由于担心无法获得他们所寻求的集体利益，他们拒绝行使这一选择。集体参与对日常生活至关重要。因此，对个体来说，采用并力图向他人灌输将为集体行动带来最佳结果的规范，这是理性的。

> （Goldstone，1994：146）

这意味着，我们应该采用更合理的结构理性选择理论（SRCT）的模型，而非标准的理性选择理论。结构理性选择理论的支持者们没有简单区分"社会层面"和"个体层面"，而是借助"中层行为者"，来说明大公和行刺者的行为都是理性的。大公和加夫里洛·普林西普都有自己的目标、信念和愿望。他们都是社会机构的成员：大公属于奥地利宫廷，而普林西普属于塞尔维亚民族主义秘密组织。他们都有义务遵守奥地利国家的礼仪或忠于波斯尼亚青年党。

然而，正如赫克特和戈德斯通（Hechter，1987；Goldstone，1994：146）所认为的，群体内存在更好的规范并不能解决理性选择的问题，因为弗朗茨·斐迪南和加夫里洛·普林西普都是多个社会群体的成员。

> 解决安全博弈（assurance game）的重要之处在于，共有关于预期行动有效性的信息以及群体成员的观点。也就是说，如果群体中的个体具有共同的信息，即表明群体的联合行动将是有效的，并且他们知道所有（或大多数）成员具有共同的信息和适当的规范，那么他们就知道所有（或大多数）成员都会参与，从而导致行动的成功。有效的群体行动则成为对成员们具有吸引力的均衡策略。

> （Goldstone，1994：147）

这意味着，对萨拉热窝事件中的两位男主角来说，重要的是他们效忠于奥地利宫廷或波斯尼亚青年党，即所谓的有效团体。这也意味着，为了正确说明大公遇刺事件，历史学家需要推测可能对所有参与者都有效的规范和规则。萨拉热窝事件的所有参与者都作出了选择，重要的是不能忽略诚实或忠诚之类的规范。此外，对于所谓的"规范主义者"而言，即使采用理性选择理论（无论是标准的理性选择理论还是结构理性选择理论）也意味着我们必须把规范纳入其中。对于规范主义者来说，理性意味着要遵循各种具体的规则，这意味着我们已经需要面对规范性问题了。

如果历史学家提到规范，是否意味着他们正在转向一种规范说明而非因果说明呢？如果不是，这是他们失败的地方（或原因）吗？那么，如果我们提出可以将规范作为某人行为的原因呢？事实上，规范主义所传达的信息是，无法以非规范的方式来真正理解规范。我们可以用关于承诺的例子来描述这个问题：当我承诺某事时，我把我的承诺置于规范的领域。这意味着，与我的承诺真正相关的预期不能仅仅通过习惯或社会学事实来给予说明。"关于承诺，人们可能形成的唯一真正的'法律'是一条规范法律，即任何做出承诺的人都必须履行承诺"（Turner，2002：123）。认为承诺可能是某人行为的原因，在规范主义者看来是一种根本性的错误，因为"像承诺这样的实践'从头到尾都是规范的'，这意味着对承诺的解释最终不能归结为某种'非规范'的因果事实或过程"（Turner，2002：123）。

第三节　特纳对规范性的否认

像承诺这样的实践"从头到尾都是规范的"，这一观点的含义可能是，社会科学家应该纠正他们将规范视为行为原因的观点。规范性会对社会科学的说明方式产生影响吗？首先，让我们重述一下规范主义者的论点通常是什么样的（参见 Turner，2010：9-12）。社会科学说明的一般方式涉及规范主义者通常所声称的具有某种特殊性的实体。那些事实——比如满意、理性和义务——都涉及行为、学习和谈话等社会行动。规范主义者通常声称，这些实体具有某些特殊属性。他们的意思是，当社会科学家用它们进行说明时，这种说明是非对称的。它们不能用于因果说明，因为它们在某些方面有本质的不同。它们包含一些"更多"的东西，因为它们对行为有影响——什么是正当的，什么是必须做的，什么是正确的说法——而这种"更多"的东西在这样一个简单的因果说明中缺失了。同样，根据规范主义者的观点，这些（规范的）实体的存在与通常的事实有着本质的不同。因此，根据规范主义者的观点，当加夫里洛·普林西普枪杀大公时，我们需要识别两组在本体论上不同的实体：①普林西普身体的物理运动和子弹的轨迹。②普林西普枪杀大公的规范"理由"。为了对普林西普的行动进行说明，我们需要通过使用诸如"义务"、"诚实"或"美德"等概念来引入第二类对象。这些概念集以及理由本身，与通常的事实有着不同的本质属性。规范主义者并不否认社会实践的社会学事实的存在。然而，他们所反对的是，这种"纯粹的社会学事实"——人们相信它是出于义务而给定的实践——能说明任何事情（Turner，2010：5-6）。正是规范性的其他额外属性能够说明人们的行为。

斯蒂芬·特纳（2010）认为，这种本体论差异代表了他所说的"折中理论"的某种东西（我将在下文解释这一说法）。我们首先解释为什么特纳认为规范性对社会科学来说并不意味着任何重大挑战。正如特纳指出的，对于社会科学家来说，规范是可以消除的。这可能是因为社会科学的一个预设，即可能我们总是能够"回到现象中理解规范性……而这些现象并非明确的规范现象"（Turner，2002：138）。这是社会科学的实践，可以追溯到马克斯·韦伯（Max Weber）及其对祛魅（*Entzauberuung*）过程的阐述。"我们称为规范的东西，不是因为我们认为有一种规范要素，而是因为，总的来说，这一活动相当于我们所说的规范的东西。将某事物称为规范的，是一项有关事实的事业，而非规范的事业"（Turner，2002：123）。为了说明大公为何死亡或普林西普为何向他开枪，他们可以像其他事实一样使用"义务""诚实""美德"等概念，正如我已经指出的，他们可以将这些概念看作单一因果判断、一般因果关系、因果相关性主张、概率因果主张的组合。这种进路也带来了一种传统的优势。这种说明可以发展为更广泛的关于民族主义的争论，并且可以解释为"条件概率"分析。例如，我们可以收集到与政治原因有关的绝对数量的暴力事件。我们可以看到有多少政治决定与某些民族主义的观念有关。最后，我们可以看到，基于民族主义观念的其他公共行为之间的相关性，我们还可以看到，是否能够确定由民族主义所驱动的绝对数量的政治决策之间的因果关系。接着，我们需要确定这种模式背后的因果机制（如果有的话）。

尽管如此，我们可能在描述规则问题时遗漏了一点，因为结构理性选择理论着重于利用行为者的总体。但就大公遇刺事件的说明而言，我们需要一些东西来说明普林西普本人的行为。让我们回忆一下整个暗杀现场：有一辆载着大公的汽车，而加夫里洛·普林西普就站在街上，普林西普对第一次暗杀未遂感到失望。然后他看到了载着大公的车。他必须决定接下来该怎么做。对于社会科学家来说，这可能是一个关键点：发生了什么事？他是如何做出决定的？在这种情况下，普林西普至少有两个选择——要么保全自己，要么忠于恐怖组织的目标——他必须做出决定。似乎规则再次成为做出决定的关键触发因素。因此，当普林西普决定射杀大公时，他遵循了一套由社会规范所构成的规则，这些社会规范正如我在上文中提到的美德、荣誉和对国家的热爱等。

我们从普林西普在法庭上重新说的话知道他的信念："我是一名南斯拉夫民族主义者。我呼吁将南斯拉夫人重新统一为一个国家，并使其脱离奥地利。"（Owings，1984：56）民族主义是当时欧洲大多数人的主流意识形态。因此，我们可以将"民族主义"——在我们的案例中为南斯拉夫的民族主义——视为 R，其包含一系列行为实践，但却排除了如下这些行为实践，这些行为实践不属于所谓的（南斯拉夫的）民族主义的信念集群，例如"忠于哈布斯堡宫廷"或"热爱德语"。普林西普信奉民族主义意识形态，他还认为国家是为了争夺霸权而相互斗争的实体。当他看到载着大公的汽车时，他认为自己是致力于民族主义观念的，他知道他们密谋策划的目标。他相信他的其他同伴希望他达成这一目标。他还相信，他们密谋策划的目标将给他的其他同胞带来好处："我不是罪犯，因为我摧毁了邪恶的东西。我认为我是正义的。"（Owings，1984：54）他可能还相信，如果他们未能暗杀大公，他们会自责，会受到被民族主义组织排斥在外的惩罚。于是，普林西普扣动了扳机。

这就是我们如何在不预设任何有别于因果世界的"适当"规范性的情况下，对行为者的行为进行分析：当我们谈到民族主义时，我们诉诸"关于民族主义的信念"。这意味着，任何试图说明普林西普行为的社会科学家，都会将信念的任何规范描述转化为对信念的描述。这一过程带来的优势在于，可以说明任何一种现象，而不必作出任何承诺相信这种现象的真实存在。这正是特纳论证的核心：当规范主义者想把规则和规范作为一个不可还原的实体来谈论时，她只是掩饰了对共同信念和共同态度的描述，以表明存在另一个本体论实体，比如规范实体。这种规范主义转向（normativistic turn）带来的问题多于它解决的问题（Turner，2010）。换句话说：为了进行理解而运用规则和规范是一种所谓的"折中理论"，这我已经在上文提到过。规范主义者普遍认同日常说明（folks explanation），因为他们接受规则和规范的存在而否认其可以用因果术语来说明。

> 有了这个限定，我们可以将这些不同的大众概念（folk conceptions）描述为"折中理论"，其意在指明，就某个特定环境中的一组特定的、含糊的目的而言，它们是一个好的理论；但如果我们考虑将它们视为关于某物的充分说明，或者视为原始说明，这种原始说明借助一点经验的检验和一些小的修正就可以变成真正的说明，在这样一种考虑的意义上，它们就是一种坏的理论。简言之，它们还是尚不成熟的杂牌物。
>
> （Turner，2010：43）

因此，特纳指出，我们无须预设任何区别于因果世界的"适当"的"规范性"，就能够分析行为者的行为，因为当我们谈论民族主义时，我们援引了"关于民族主义的信念"。这意味着，任何试图说明普林西普行为的社会科学家，都会将任何对信念的规范描述转化为对信念的描述。这一过程带来的优势在于，可以说明任何一种现象，而无须承诺相信这些现象的真实存在。

第四节　里斯乔德的理性标准

规范主义者可能对特纳的解释不满意。他们可能会反对我们把普林西普视为理性行为者。承认他是理性行为者意味着，我们使用理性的标准来进行分析。这也意味着，我们将这些标准视为规范标准。根据规范主义者的观点，我们仍然缺少一些重要的东西：理性的规范性。规范主义者认为，规范现象不能用非规范的术语来说明，当我们试图这样做的时候，我们只能将社会规范还原为另一种规范，即意向行动的理性。这意味着规范现象是不可还原的。

根据规范主义者的说法，在解释萨拉热窝暗杀事件时，我们需要做的是弄清楚普林西普等人遵循了什么样的理性规则。在这样的语境中，解释者需要确定哪些理由"算作是好的或坏的理由（对参与者而言）。这些理由将是局部理性标准"（Risjord，2000：154）。一旦我们完成这项工作，我们就有了两种信息。第一，有一组信念可以作为实在模型（model of reality）。这是它们的自然环境和社会环境的*描述性模型*。第二，有一组规则和规范可以作为实在的行为模型（model for reality）。这是一套具有规范性的规则和规范。这就是格尔茨（Geertz）所认为的"强大的、普遍的、持久的情绪和动机"，文化成员共有这种情绪和动机（引自 Risjord，2000：156）。这意味着规则和规范具有很强的说明性，因为规范被假定为对群体规律性（regularities）的说明。这意味着，个体拥有理由，前提是这些个体理由与群体模式相契合。对于里斯乔德的解释，至少有三种反对意见。

要理解第一个反对意见，我们可以回顾一下大公遇刺的案例。加夫里洛·普林西普显然拥有一种非常强大且持久的信念。他直截了当地阐述了自己的实在模型，他说："我是一名南斯拉夫民族主义者。我呼吁将南斯拉夫人统一为一个国家，并使其脱离奥地利。"他还阐述了他暗杀大公的一个充分的理由："……我摧毁了邪恶的东西。我认为我是正义的。"这似乎足以满足我们分析中的第一个条件。让我们考察一下第二个模型——实在的行为模型。当加夫里洛·普林西普决定枪杀哈布斯堡王朝的继承人时，他遵循了他与波斯尼亚青年党其他成员所共有的规范和规则。这似乎足以解释他的行为。然而，当我们想要理解他时，我们并不需要知道规范和规则本身。事实上，我们从未将其视为规范和规则。我们必须知道的是他的信念。这正是亨德森（Henderson，1993）反对规范主义者的分析的原因所在。当规范和规则被视为行为的理由时，规范和规则就变成了关于自身的信念。它们在解释中作为信念发挥作用，而不再作为规范和规则。因此，只有信念发挥着说明作用，而非规则和规范。

里斯乔德通过将规范视为社会群体的特征来回应亨德森的论点。根据里斯乔德的观点，规范不同于任何个体的信念（Risjord，2000：160）。他认为，这一观点规避了亨德森的反对意见，因为说明理性行动的并不是关于规则或规范的信念。相反，了解行动如何符合规则和规范的社会模式，是说明的一部分。因此，规范说明与因果说明具有不同的形式。

对里斯乔德的第二个反对意见是，他接受信念、意向和规范的大众心理学。让我解释一下我所说的大众心理学概念的含义。我们最近从认知科学那里得到的认知图景，比我们谈论心智的一般方式所信奉的哲学观点要复杂得多。普遍的观念是，我们每个人都有一组与同一文化的其他成员共有的信念。我们根据规则作出决定，我们的行为因此受到规则的约束。认知科学的最新发现破坏了这种大众心理学图景。

大多数认知科学家认为我们至少有两种认知。第一种是较旧的、自然的、快速的、几乎无意识的、自动的。第二种是较新的、更慢的、可控的、具有反思性的，是一种*非自然的*（McCauley，2011）思维方式。根据麦考利（McCauley）的说法，我们甚至可以识别两种类型的*自然认知*（McCauley，2011：5）。第一种他称为*实践的自然性*（*practiced* naturalness），它是我们在一些常规活动或例行事项中发展起来的领域，例如任何与工作相关的专业技能。第二种他称为成熟的自然认知，这在我们的案例中更有趣。成熟的自然认知"涉及人类拥有（类似的）即时的、直觉的观点，这些观点会在它们可能几乎没有或根本没有经验和指令的领域中突然出现在脑海中……，"例如"人们通过观察他或她的面部表情来了解某人的感受或想法，甚至学龄儿童也知道与某些污染物最轻微的接触可能就足以完全污染自己"（McCauley，2011：5）。成熟的自然认知与我们心智的某个特定领域紧密相连。因此，它是做出超越特定规则或规范的决策和行为的来源。

乔纳森·海特（Jonathan Haidt）和他的同事们所进行的几项实验，可能会颠覆我们对规则约束行为的传统观点。海特在一些案例中表明，道德决策几乎是即时做出的，但尽管如此，我们仍在努力为我们的决策找到一个充分的理由（Haidt，2001；Haidt and Björklund，2008）。他给我们举了这样一个例子：

> 朱莉和马克是兄妹。他们大学暑假一起去法国旅行。一天晚上，他们独自待在海滩附近的小屋里。他们认为如果尝试发生关系会很有趣。至少对他们两个人来说都是一次全新的体验。朱莉已经在服用避孕药，但为了安全起见，马克依然使用了避孕套。虽然他们都愿意发生关系，但他们决定不能做这样的事情。他们把那个夜晚当作一个特殊的秘密，这让他们感觉彼此更加亲近。你怎么看？他们可以发生关系吗？

（Haidt，2001：814）

海特指出，大多数听到这个故事的人都会立即说，兄妹之间发生关系是错误的，即使对他们本身或其他人都没有伤害。尽管如此，人们很难解释为什么这种行为在道德上是错误的。这意味着我们的决策可能是基于道德直觉。而理性论证总是以某种检察官的身份随后出现。

史蒂文·平克（Steven Pinker）为我们提供了另一个案例，该案例有助于证明我们对规则遵循或决策过程可能存在误解。当外科医生切开连接大脑半球的脑胼胝体时，他们会将患者一分为二，每个大脑半球都可以在没有另一个建议或同意的情况下行使自由意志……如果实验者将指令"行走"闪现在大脑右半球（通过将其保持在只有大脑右半球可以看到的视觉区域内），患者将按照要求开始走出房间。但是当这个人（特别是这个人的大脑左半球）被问到他为什么刚才站起来时，他会真诚地说，"去拿一杯可乐"——而不是"我真的不知道"（Pinker，2003：42-43）。这个实验告诉我们，大脑的一部分（左半球）可以在不知情的情况下，为另一部分（右半球）所命令的行为提供一个连贯但错误的理由。

问题的关键在于，尽管我们对大脑活动的认识仍处于初级阶段，但我们应该怀疑关于规则约束行为的大众心理学观点（Bunge，2004；Bunge and Wallis，2008；Blais et al.，2012）。我认为，这种传统观点虽然符合直觉，但实际上是错误的。

对里斯乔德分析的第三个反对意见在于他对"文化"概念的处理方式。这个反对意见实际上与第二个反对意见有关。里斯乔德似乎相信个体层面与社会层面之间的深层联系。他对大众心理学的假设使他能够将所有规则和规范作为一个整体来说明。在他看来，没有什么神秘之处，所有的规则和规范都是可意识到的，至少在原则上如此。然而，这是不正确的。借用理查德·罗蒂（Richard Rorty）的话来说，我们没有"镜物质"（glass substance）。文化也是如此。这种认为文化由规范和规则组成，其中规则受行为约束、规范由行为构成的观点并没有什么用处。这种观点隐含地将文化视为某种整体。

第五节　规范性的自然化与语义化

雅罗斯拉夫·佩雷格林（Peregrin，2014）也认为，规范性对于人类行为的说明是必要的。他进一步指出，规范性已融入人类语言和人类文化。

> 特别是，规范维度已经成为富有意义的话题，同时也是我们人类独特的思维方式（通常被称为理性的或概念性的），这种方式由某些规范框架构成——就像你只能在规则框架内进球一样，也只有在某一规则框架内，你可以断言某物是其所是，或者你可以对此怀有这样的信念。
>
> （Peregrin，本书英文版第 65 页，原文为斜体）

这意味着规则对于意义至关重要。如果你想表达什么，你可以把表达的行为视为达到某种目标。因此，词汇可以被看作一套工具，可以通过遵循规则来实现表达的目标。

尽管佩雷格林认为语言是由规则构成的，但他并没有追随声称规范性是超越我们自然的某种东西的哲学家。事实上，佩雷格林和里斯乔德的看法都与这一观点相去甚远。他们都试图将规范性视为一种特定的特征，这种特征与我们自然的生物部分一起进化而来。此外，佩雷格林声称规范和规则——使用规范性的语言——不仅作为我们进化的产物而存在，而且在一种社会科学进路中，规则和规范都是说明性的。与我们使用因果性和相关性进行说明的自然科学不同，在社会科学中，自然主义语言和规范性既互补又彼此不可或缺。这是佩雷格林的第二个主张，似乎问题重重。那么，佩雷格林如何捍卫自己的立场呢？

佩雷格林认为，自然主义者对规范主义的批判是基于一种错误的观点，即方法论个体主义和整体主义之间的区分。他恰当地指出，共同体拥有共同的观点或规范的观念是合理且无争议的。言及新生儿必须让自己的心智与"群体心智"（Peregrin，本书英文版第 63 页）之类的东西相适应，这也是合理且无争议的。然而，佩雷格林称，富有争议的是，这些共有观点和"群体心智"的地位。其中第一个极端的观点被称为方法论个体主义或方法论还原主义：认为"群体心智"只是个体心智的集合体。第二个极端观点是方法论整体主义：认为"共有观点"或"群体思维"是自成一类的东西。佩雷格林认为，对规范性的否定受到对第二种极端的批判（例如，Tooby and Cosmides，1992；Turner，2010）的强烈驱动，但他不同意只有这两种可能性。他认为，这两者之间有一个广阔的空间，充满了对社会和规范性进行说明的机会。因此，佩雷格林试图通过在整体主义的"斯库拉"（Scylla）和还原主义（个人主义）的"卡律布狄斯"（Charybdis）之间的巧妙操作来表明规范性有多么不可或缺。[①]

佩雷格林这样描述他的立场：

> 因此，我们将要辩护的规范主义的可行版本与特纳所拒绝的观点相一致，即拒绝承认会有任何超越人类群体社会力量的规范力，但是，我们同意如果我们能够谈论规范力、规范事实或规范说明，那么所有这些都必须以社会事实为基础，而社会事实反过来又要以与构成社会的个体有关的因果事实为基础。
>
> （Peregrin，本书英文版第 64 页）

佩雷格林称他的规范主义版本为社会规范主义。这意味着，佩雷格林同意"人类事务的规范层面是无所不在的"（Peregrin，本书英文版第 65 页）。人们就是这样行为的：他们遵守规则，他们能够对自己行为的理由给予说明。佩雷格林以足球比赛为例。越位的含义是由球赛规则构成的。只有当所有球员都正确遵守足球比赛规则时，才有可能得分。按照佩雷格林的说法，这种正确性本身是不可还原为非规范性语言的。规范性的不可还原性在道德方面最为明显。根据佩雷格林的观点，人们不应该互相残杀的规则不能还原为非规范性语言。

亨德森的论点是，规则只能表明某些行为的正确性，但不能解释任何事情，这又如何呢？亨德森认为，规范对行为者来说只是行动的理由。这意味着，行为者应该相信某个规范和规则是其行为的正当理由，或者是其行为的不正当理由。这意味着，某个规范和规则被信念或倾向所取代。亨德森说："一旦我们理解了回答为什么问题所需的条件，也就是为某个行动或意向状态提供说明所需的条件时，我们就会发现以规范原则身份存在的规范原则，在这里没有任何贡献"（Henderson 1993：168）。

尽管如此，佩雷格林坚持认为，规则是说明性的。令我们困惑的是这样一个事实，即我们可以以纯粹描述性的方式来解读规范性，这正是亨德森所做的。他没有

---

① 习语 between Scylla and Charybdis，用来比喻进退两难，身陷险境。在整体主义的"斯库拉"（Scylla）和还原主义（个人主义）的"卡律布狄斯"（Charybdis）之间，意指规范性在整体主义和还原主义（个人主义）之间处于左右为难的境地。——译者注

表明规则不是说明性的，而是使用了规范性的事实描述。为了解决这个问题，佩雷格林使用了两种语言的隐喻。如果我是一名足球运动员，我可以使用规则的语言（"内部人"的规范性语言），我可以感受到它的规范力。另外，如果我试图向火星人说明足球比赛，我可以用"外部人"的描述性语言将规则仅仅描述为事实。根据佩雷格林的说法，我们有能力从一种语言切换到另一种语言——从外部切换到内部——而不会丢失任何东西。这两种语言既是互补的又是说明性的。此外，佩雷格林进一步认为，我们不能只使用描述性语言。这是因为人类的行动和口语都是以规范框架为前提的。因此，当我们使用描述性语言时，我们只能在特殊情况下部分使用。而包含事实描述的"胶囊"仍然不可避免地被规范框架所包围。因此，规范性占据主导地位。

两种语言的隐喻以及规范性语言不可还原为描述性语言这一事实，是佩雷格林论证的关键。即使佩雷格林不想否定研究规则的科学方法（尤其是心理学进路），但他认为，没有"内部视角"我们对实在的理解仍然是不完整的。当然，没有人会否认人类社会由许多规范组成。而争论的焦点在于，规范是否具有说明性，我认为佩雷格林的进路仍然不够有说服力。

需要注意的是，在佩雷格林试图定义共识时他是如何使用他对两种语言的隐喻的："共识是社会成员之间的交叉问题，要求彼此对自己的行为负责，还要求彼此对隐含的约束社会运行的规则负责"（Peregrin，本书英文版第 74 页）。当认知主义者认为"社会共识"更多的是某些认知结构的结果而不是个体意识的一部分时，这个定义应该与认知主义者的方法同样有效。在我看来，佩雷格林对共识的内部定义，只强调了对共识的大众心理学理解。他的定义是特纳的折中理论的一个明显示例：出于某种特定目的的理论是好的理论，但"如果我们考虑将这些理论视为关于某物的充分解释，或者视为一点经验的检验和一些小的修正，那么它们就是坏的理论"（Turner，2010：43）。这些是大众理论（folk theories），它们构成了我们的许多——如果不是全部的话——直觉。因此，当佩雷格林指出，认知主义者的"社会共识"更多的是认知结构的结果，而不是个体意识的一部分时，佩雷格林并没有同时使用两种语言。他削弱了自己的规范主义观点。

让我概括一下我对佩雷格林进路的反对意见。首先，当佩雷格林使用他对共识的规范性定义时，他无非是向我们表明了这样一个事实，即我们可以根据他的定义识别谁是正确的或谁是错误的。这与规范性的说明作用无关。规范进路只是将大众心理学搬上了舞台。其次，当我们在社会科学中使用规范性时，我们将其转化为规范性事实，为了达到这个目的，我们只使用描述性语言。最后，当我们能够强调规则和规范并对其进行检验时，我们有确凿的证据表明，我们对规范的直觉和对我们行为的说明是大错特错的。在我看来，很明显，规范和规则在说明上仍然毫无意义。

第六节　案例：神圣牛

让我们通过另一个著名的例子，来澄清为什么规范不是说明性的这一问题：神圣牛的存在。印度社会极其复杂。我们无法像描述基督教那样全面描述印度教。人们普遍认为，印度教比西方意义上的宗教更具实践性。神圣牛的存在是印度教信仰所特有的。"神圣牛"这个术语是有误导性的，因为牛更多的是被尊重，而不是被崇拜。因此，牛在印度街头随处可见，阻碍交通等。印度教不允许屠宰它们。事实上，曾经有人怀疑牛被屠宰，这种怀疑曾引发过骚乱和暴力事件。[1] 印度甚至在其宪法中为牛加入了一项权利法案。因此，在印度有一种强大的社会规范——不屠宰牛。我们可以明确这个规范吗？是的，我们可以。有几首赞美牛的赞美诗，在某种程度上构成为圣牛禁忌的基础。首先是《梨俱吠陀》（*Rig Veda*）和《阿闼婆吠陀》（*Atharva Veda*），在诗中，牛通常被描绘成财富的源泉，并被比作女神之河。其次，在《梵天-桑希塔》（*Brahma-samhita*）和《哈里瓦姆沙》（*Harivamsha*）中，牛都与克里希纳（*Krsna*）有关。这一著名的毗湿奴（*Visnu*）化身被描述为巴拉·戈帕拉（Bala Gopala），意思是保护牛的孩童。最后，还有《往世书》（*Puranas*）和"牛之母"的女神《卡门德努》（*Kamendhenu*）（Zbavitel，1964）。印度人也在某些场合为牛庆祝。最著名的节日之一是戈帕斯塔米节（*Gopastami*）。在这个节日里，人们会给牛沐浴、装饰，并将其带到庙里为其庆祝。在仪式期间，崇拜者会向牛献祭，以确保他们的生活馈赠能够延续下去。这些对牛的描绘使牛处于一个非常特殊的位置。屠宰牛是受限制的，而且很少发生，只有在获得特别许可的情况下才会发生。保护牛的制裁措施有好几种，不遵守这些措施的代价是非常高的。

让我们检验一下社会规范"圣牛禁忌"是否可以是说明性的。当我们看到一头牛站在新德里的十字路口中间造成交通堵塞，或者当我们看到一名警察在街头试图救活一头陷入昏迷的牛时，在我们看来，"圣牛禁忌"是说明性的。

正是第二波人类学家使文化的概念成为说明性的。克罗伯（Kroeber）、马林诺夫斯基（Malinowski）和洛伊（Lowie）改变了文化的概念，并声称文化不是可以用生物学术语进行说明的某种东西。他们还声称，文化在本体论上不同于个体的观念或行为，文化能够被代代相传（Risjord，2007：406）。此外，马林诺夫斯基认为文化拥有规则、规范，并且以规则作为支柱：

> 在大众思维中，我们想象一下，土著人生活在大自然的怀抱中，他们或多或少地成为不规则的、变幻不定的信念和忧虑的受害者。相反，现代科学表明，他们的社会制度有一个非常明确的组织结构，他们在公共关系和个人关系中受权威、法律和秩序的约束，而公共关系和个人关系又处于极其复杂的亲属

关系和宗族关系的控制之下。事实上，我们看到他们陷入错综复杂的职责、职能和特权之中，而这些与复杂的部落、社区和亲属组织相对应。

（Malinowski，[1922] 1984：10）

这种认为规范和规律性是文化支柱的观点，是马林诺夫斯基将人类学和民族志视为一门科学的关键。人类学家拥有其理论，并且民族志学者形成了"关于文化实体的假设"，比如"规则"、"宪章"、"职能"、"观念"或"世界观"这样的文化实体。这就使得民族志与其他经验学科处于同等地位，因为民族志要求提出超越数据的假设，而民族志学者必须通过诉诸证据来检验或证明他们的主张（Risjord 2007：406）。

因此，根据这些人类学家（马林诺夫斯基等）的说法，文化一开始就具有完美的说明性。这被认为是完全合理的。然而，当我们问人们为什么要这样做时，我们只能得到已经假定存在"圣牛禁忌"的答案，仅此而已。民族志学者的工作是描述约束社会生活的规范和规律性。但是，即使重建了约束特定群体社会生活的规则，我们仍然无法能够正确说明他们的行为。即使我们增加更多关于社会规范多样性的细节，这些细节也不会增加我们对这种社会规范的了解。通过这种描述，我们获得了一些虽非一成不变但仍然显而易见的东西，就像地图制图学家不会通过描述山脉和山谷来说明任何有关其形成过程的东西一样。即使地图制图学家在地图上添加更多细节，他也不会进一步说明这些山脉和山谷最初是如何形成的。如果我们有一张模糊的照片，照片上的某个男子头上有一只鸭子，我们能够将图像变得更清晰，虽然图像更清晰了，但我们无法进一步理解为什么这个男人头上有只鸭子。这正是规则和规范的描述所做的事情。

我们可以使用规则来理解某人是否遵守规则，这意味着我们可以把这些社会规范作为正确性的标准。这一点很重要，但也不是那么重要。这是因为，将人们视为遵循共同规则的文化成员是我们的即时直觉。这种直觉如此强烈，以至于我们应该对这种直觉保持警惕，而不是这么快就得出结论。这种直觉是大众心理学的一部分，而大众心理学是一种强大的工具，使我们能够成为社会群体的一部分。当人类学家遵循大众心理学的这种直觉时，他们试图将文化发展为一个科学概念，但未能成功。他们无法将人们的这种关于某个独特而固定的群体的直觉观点，提高到科学上清晰的程度。科学的文化概念之所以不成功，最重要的原因是，每个特定群体的成员都没有持有一套统一的规则，而对于什么应该是独特的文化，也没有明确的界限。近来，人类学家指出，最细致的观察表明，行为者的行为与文化规则之间的联系总是复杂的（Rosaldo，1993）。事实上，我们行为的规则和来源更为复杂，而且其基于我们的心理活动和大脑活动。规则和规范之所以不是说明性的，正是因为它们是特纳的折中理论的完美范例。我们想了解潜在机制。我们想知道建立这种社会规范的原因。

马文·哈里斯（Marvin Harris）为"圣牛禁忌"提供了一个非常有趣的因果解释（Harris，1974；Harris，1977）。在 20 世纪 70 年代，"圣牛禁忌"这一制度受到了广泛的批评。当时，许多印度人正在挨饿，约有三千万头不产奶的牛（Harris 1974：12）。这一制度的非理性似乎显而易见。然而，哈里斯认真地对待了这个难题，并以唯物主义的前提为基础寻找说明。他发现，整个印度经济实际上非常高效，而且是建立在牛不被屠宰的情况下能够提供的资源（如牛奶和燃料）基础之上。虽然屠宰牛可以带来短期的营养供应，但从长远来看会导致饥荒。因此，在这种人口密度下，素食主义似乎是一个非常有效的社会解决方案。哈里斯总结道，这种看似非理性的宗教制裁实际上掩盖了一个因果机制。

让我们强调一下哈里斯（Harris）方法的整个核心。哈里斯忽视了社会规范，并将其转化为社会事实。然后，他建立了"圣牛禁忌"这一事实的基本说明模型，并展示了其中的要素和条件之间的因果关系。

第七节　结　　论

尽管规范和规则无处不在，但对我们的理解来说仍然是一个难解之谜。除了我们试图理解规范为什么会随着时间的推移而演变之外，还有一个更实际的问题，即规范和规则在社会科学中是否是说明性的。我认为，规范和规则在社会科学中不是说明性的，因为（a）规范和规则是正确性的标准，因此它们在说明上仍然毫无意义；（b）我们想知道"为什么"，因此我们必须深入表面现象之下寻找原因。我意识到一种可能的反对意见，即哪怕是规范也可以作为原因发挥作用。但这似乎不太可能。认知科学中的最新进展向我们表明，规范更可能是大众心理学的一部分，而非驱动我们行为的力量。

我所说的大众心理学是一组进化的自然认知，这种认知包括人类即时产生的（类似的）的直觉观点，即使这些观点可能根本没有或几乎没有接受训练或指令，但它们也会突然出现在脑海中。大众心理学的关键在于，这种认知与我们心智的特定领域紧密相连，因此成为一种决策和行为的来源，而这种来源超越了特定规则或规范。因此，（c）每当认知科学试图深入表层之下时，它反而发现了一种因果机制。规范主义似乎只是对过时的身心二元论观念进行保护的最后尝试。

注　释

1. 例如：1917 年在比纳尔——30 人死亡，170 个穆斯林村庄遭到破坏；1966 年在德里——12 万人发生骚乱——8 人死亡，48 人受伤（Harris，1974：13-14）。

参 考 文 献

Blais, Chris, M. B. Harris, J. V. Guerrero and S. A. Bunge. 2012. Rethinking the Role of Automaticity in Cognitive Control. *The Quarterly Journal of Experimental Psychology*, 65(2): 268–276.

Bunge, Silvia A. 2004. How We Use Rules to Select Actions: A Review of Evidence from Cognitive Neuroscience. *Cognitive, Affective, and Behavioral Neuroscience*, 4(4): 564–579.

Bunge, Silvia A. and Jonathan D. Wallis. 2008. *Neuroscience of Rule-Guided Behavior*. New York: Oxford University Press.

Goldstone, Jack A. 1994. Is Revolution Individually Rational? Groups and Individuals in Revolutionary Collective Action. *Rationality and Society*, 6(1): 139–166.

Haidt, Jonathan. 2001. The Emotional Dog and Its Rational Tail: A Social Intuitionist Approach to Moral Judgment. *Psychological review*, 108(4): 814–834.

Haidt, Jonathan, and Fredrik Björklund. 2008. Social Intuitionists Answer Six Questions about Morality. In *Moral Psychology, the Cognitive Science of Morality: Intuition and Diversity*, volume 2, edited by Walter Sinnott-armstro, 181–217. Cambridge: MIT Press.

Harris, Marvin.1974. *Cows, Pigs, Wars and Witches: The Riddles of Culture*. New York: Vintage.

Harris, Marvin. 1977. *Cannibals and Kings: The Origins of Cultures*. New York: Random House

Hechter, Michael. 1987. *Principles of Group Solidarity*. Berkeley: University of California Press.

Henderson, David K. 1993. *Interpretation and Explanation in the Human Sciences*. Albany: SUNY Press.

Little, Daniel. 1991. *Varieties of Social Explanation: An Introduction to the Philosophy of Social Science*. Boulder: Westview Press.

Malinowski, Bronislaw. 1984. *Argonauts of the Western Pacific*. Long Grove: Waveland Press. Original edition, 1922.

McCauley, Robert N. 2011. *Why Religion Is Natural and Science Is Not*. New York: Oxford University Press.

Owings, W. A. Dolph. 1984. *The Sarajevo Trial*. Cherry Hill, NC: Documentary Publications.

Peregrin, Jaroslav. 2014. *Inferentialism: Why Rules Matter*. London: Palgrave Macmillan.

Pinker, Steven. 2003. *The Blank Slate: The Modern Denial of Human Nature*. London: Penguin.

Risjord, Mark W. 2000. *Woodcutters and Witchcraft: Rationality and Interpretive Change in the Social Sciences*. Albany, NY: SUNY Press.

Risjord, Mark W. 2007. Ethnography and Culture. In *Philosophy of Anthropology and Sociology*, edited by S. Turner and M. Risjord, 399–428. Amsterdam: Elsevier.

Rosaldo, Renato. 1993. *Culture and Truth: The Remaking of Social Analysis*. Boston: Beacon Press.
　　Tooby, John and Leda Cosmides. 1992. Psychological Foundation of Culture. In *The Adapted Mind: Evolutionary Psychology and the Generation of Culture*, edited by J. Barkow, L. Cosmides and J. Tooby, 19–136. New York: Oxford University Press.

Turner, Stephen P. 2002. *Brains/Practices/Relativism: Social Theory After Cognitive Science*. Chicago and London: University of Chicago Press.

Turner, Stephen P. 2010. *Explaining the Normative*. Cambridge: Polity. Zbavitel, Dusan. (ed.) 1964. *Bozi, Brahmani, Lide*. Praha: CSAV.

第十三章
自利、规范与说明

彼得里·伊利科斯基（Petri Ylikoski）

和雅科·库里科斯基（Jaakko Kuorikoski）

第一节　导　　论

　　关于人类行为的说明，有一对联系松散、理解不清的观念萦绕在人们的脑海中。其中一种观点认为，如果可以把行为视为是理性的，那么它本质上就是可理解的。可能需要从认知局限性、暂时性错误和持续性偏见等方面，来对理性偏离进行因果上的说明，但理性行为本身无须进一步说明。还有一种观点认为，自利是人类行为的根本动机。这个观点的确切内容，包括从人们普遍关心的纯粹经验假设到概念上的陈词滥调的各种内容，即我的目标和关注点就是我的目标和关注点这样的陈词滥调。通常，这两种观点紧密结合，甚至被视为完全相同：如果行动完全符合行为者的自利，那么该行动就是理性的。这两种观念同样具有强烈的规范性。理性规定了行为者在其目标和信念下应当做什么，而对于许多人来说，自利定义了什么对行为者来说是有利的。

　　我们不会接受这些观点。在本章的第一部分，我们认为，第一，应该将理性和自利分离开来。第二，在评价人类行为和社会现象的科学说明时，理性和自利都不应被赋予某种富有特权的说明地位。某种形式的善意原则可能是我们的大众心理学解释实践的组成部分，但仅凭这一点并不能为理性或自利的说明特权（explanatory privileges）做辩护。我们认为，在意向的基本主义的基础上赋予理性和／或自利以特权，即认为我们的大众心理学意向归因提供了一种内在可理解的基础，这与旨在基于机制理解自然现象和社会现象的自然主义进路并不相容。此外，我们展示了基本主义的直觉和论点是如何可能导致对人类行为的研究产生偏见的。意向基本主义赋予理性和自利行为以一种*自然秩序理想*（an *ideal of natural order*）的身份，这就设定了一个特定的启发法，以决定什么样的现象需要以说明来开始。我们通过简要讨论行为经济学，特别是围绕社会偏好的讨论，展示了这种启发法的危险性。我们进一步认为，那种认为需要自然秩序理想的观念本身基于对说明和理解的错误认识。

我们并不打算完全抛弃理性和自利。相反，我们的观点是，如果把它们变成空洞的同义反复，就会剥夺它们的说明力。如果将理性等同于任何一种行为，该行为可被描述为某种形式的约束最优化，如果将自利等同于任何一种以目标为导向的行动，那么，这两个概念就都没什么价值。理性和自利都应该被理解为经验假设，都应该从规范的包袱中剥离出来。我们基于大量心理学、社会心理学和社会学的经验研究，对本质上的理性和自利行为的后果和决定因素进行了论证。

我们的目的并不是要将理性选择理论从社会科学中彻底清除。因为有时理性选择理论提供了一种强大的建模工具和一种研究启发法的方法，尽管它的使用也有明显的局限性。我们已经在其他地方讨论过这些局限性（Lehtinen and Kuorikoski，2007；Ylikoski，2013；Hedström and Ylikoski，2014）。我们在这里探讨的问题是关于赋予理性和自利假设以基本角色的问题，以及关于为这种角色提供辩护所引发的问题。比如说，经济学家在对市场进行建模时诉诸"理性原则"，但这种诉求并不是我们讨论的目标。在这种情况下，理性假设指的是基于套利机会的市场效率的经验假设。这类假设可能是有问题的，但这些问题是直接的经验问题，并非与具有规范基础的概念论证有关。本章只关注后者。

本章的第二部分讨论了这样一种观念，该观念可以作为对大量自利行为盛行的一种自然主义理解中的重要因素。这一观念把自利行为作为一种社会规范来分析（Miller，1999）。根据这一观念，社会规范——关于社会行为的普遍预期——在利己行动的产生中起着重要作用。人们的行为和意见，以及他们对自己的行为和意见所作的解释，都受到这一规范的影响。因此，自利行动中的信念在一定程度上是一种自我实现的预言。

虽然戴尔·米勒（Dale Miller）及其同事提出的这一观念仍需进一步阐述，并迫切需要进一步的经验证实，但它具有某些引人注目的属性。首先，这一观念并非基于据说是对人性的深层心理洞察或模糊的概念论证，而是提供了一种可以在经验上进行研究的因果机制。其次，它消除了理性选择理论的非对称性。虽然诉诸社会规范在理性选择理论家中越来越盛行，但社会规范仍然仅用于说明与理性自利行动的分歧。从自然主义的立场来看，这种临时制定的理论方案是非常值得怀疑的。当从因果机制的角度概念化人类行为时，更为合理的假设是社会规范是人类行为的决定因素之一，而不论其规范身份（例如是否理性）如何。最后，自利解释的规范很好地契合了一种更广泛的自然主义人类能动性的图景，在这种图景中，能够始终如一地依据自身利益行事是一种成就，而不是人类动机的默认状态。根据这种观点，人类容易产生从自私到利他的各种冲动。要将这些动机转化为受控的、一致的行为模式，需要一系列的发展过程，这些过程构成了一个有趣的研究对象。

第二节　第一部分：摒弃理性原则

关于人类行为的说明，有一个悠久而受人尊崇的传统，其将行动的说明与理性联系起来。理由的同一性，即意向状态的内容，被认为是由某种形式的善意原则在概念上构成的：理性假设被认为是一个先验条件，以此将某种行为视为由具有命题态度（例如，Davidson，1980）的行为者所做出的有意义的行动。

还有一个悠久的、（或多或少）受人尊崇的社会科学和政治思想传统，将自利作为社会行动的核心驱动因素。曼德维尔（Mandeville）和史密斯（Smith）的中心思想，即个体美德既不是促进共同利益的必要条件，也不是充分条件，这一中心思想已经以某种方法演变成一种共识，即自利是有序的、经济繁荣的社会的最佳驱动力，甚至可能是唯一驱动力。自利不仅是可以接受的，人确实也应当是自利的。

确实有理由认为，某种形式的"理性"假设很可能被构建到我们的大众心理学的解释实践当中，而且遵守基本逻辑规则以及在行为中以目标为导向很可能构成了我们意向状态的同一性和意义。将信念和愿望归因于他人或我们自己，似乎（至少）与致力于相信归因信念所产生的东西密切相关，同时似乎还与寻求合理手段以达到归因目的的期望密切相关（Brandom，1994；Millar，2004）。我们不想在此质疑这种观点。我们也不想质疑这样一种普遍观点，即使这种概念上的相互联系引入了一定程度的整体主义，但普通大众心理学对个体行动的说明仍然是因果的，或者至少好像它们是因果的那样起作用。我们反对社会科学中两种常见的与说明相关的隐含假设。①说明上的不平等：并非所有事物都需要说明。更具体地说，只有"非理性"行动才需要说明，而理性行动是无须说明的。②说明性的基本主义：某些类型的说明在某种程度上具有优先权或决定性。更具体地说，行动的意向说明是"彻底的"或"决定性的"。这两种假设影响了对被说明项的选择、对说明因素的寻找以及对说明的评价。在我们看来，这些影响不利于社会科学真正的说明目标。

这些观点的例子可以在所有的社会科学中找到，但支持这些假设的例子来自理性选择社会学。

> 作为社会理论的基础，个体的理性行动具有独特的吸引力。如果制度或社会过程可以依据个体的理性行动来解释，那么，也只有这样，我们才能说它被"说明"了。

> （Coleman，1994：1）

当一种社会学现象被视为个体理由的结果时，人们就不需要进一步提问了。

（Boudon，1998：177）

理性选择的说明不仅是简洁的、可概括的；它还将是最终的叙述。

（Gambetta，1998：104）

当然，还有马克斯·韦伯（Max Weber），他说，历史和社会学的认知对象是"行动的主观意义复合体"，因此，"……集体必须仅被视为个体特定行动的结果和组织模式，因为只有个体才能被视为主观上可理解的行动过程中的行为者"（Weber，[1922] 1978：13）。

这些引用表明，一种基本的或特权的身份应归因于意向（理性的）说明。这些说明是"最彻底的""特别令人满意的"，或者这些说明"不需要进一步说明"。根据这种观点，以社会结构和其他宏观特征为基础的超个体说明，要么不是真正说明性的，而只是个体说明的替代性表述，要么只有在得到个体层面的解释支持时才具有说明性。不下降到个体层面，就没有真正的社会科学说明，说明性的回退就止步于此：意向说明是真正说明性的，不需要亚个体层面的支持。（伊利科斯基将此作为个体主义的论据进行了讨论；Ylikoski，2012。这里我们着重讨论理性说明的特殊地位。）

我们并不质疑这些说明原则在我们日常解释实践中的地位。我们所反对的是，将利己的理性行动作为社会科学*自然秩序理想*。斯蒂芬·图尔明（Toulmin，1961）认为，所有科学都预设了一个理想的自然秩序概念，这个概念告诉我们，如果没有任何事物阻碍事件的自然进程，事件应当如何发展。自然秩序理想决定了什么需要说明，什么被认为是本质上可理解的。静止状态是亚里士多德物理学中的自然秩序，而牛顿物理学则将惯性运动视为自然状态，无须进一步说明。这就是事物的行为方式，除非受到干扰。同样，理性行动和利己行动被呈现为人们的行为方式，除非另外受到推理中的错误或特殊的涉他动机的干扰。这一理想体现了说明上的不平等（只有非理性和非自私的行动需要说明），以及基本主义（理性说明是无须说明的）。因此，理性的利己行动将成为社会科学所谓的零法则，其提供了一个默认的基线或对比，以指导理论构建、说明的制定以及经验研究。

詹姆斯·科尔曼（James Coleman）和托马斯·法拉罗（Thomas Fararo）在为《理性选择社会学》文集所作的导言中，明确指出了与自然秩序理想的联系："将集体生活视为非理性倾向的观点……源于个体行动是理性的假设。这并非源于所有行动显然都是理性的经验概括……正如图尔明所说，一门理论学科往往建立在自然秩序原则的基础上"（Coleman and Fararo，1992：xiv）。

约翰·海萨尼（John Harsanyi）的著作中也有类似的观点。海萨尼（Harsanyi，

1982）认为，理性的规范理论是策略互动说明的必要组成部分，正如算术能力是形成对计算行为说明的必要条件一样。如果没有算术能力，人们似乎很难理解其是如何构建一个数学上的*被说明项*的，而且，正如这一观点所说，除非人们理解正确的策略是什么，否则就无法正确定义社会说明的目标。当这些规范基线确立后，行为常常要么仅仅是（规范上）正确的，因此无须加以说明，要么常常是一种有待说明的偏离。

这种在规范上定义的零法则有什么问题呢？至少有三个问题。第一，自然秩序理想的观念是由关于说明的本质的错误观念所驱动的。第二，规范上定义的基线与科学中因果机制的说明理想并不相容。第三，规范基线使心理学和社会科学研究产生偏见，阻碍了这些学科的发展。

首先，在说明人类行动时需要一种理想的自然秩序，这种直觉上的合理性取决于以下原则：

[P] 某种真正的说明所要求的是，*说明项本身被说明了或者是不言自明的*

潜在的直觉是，不能通过用一个新的谜团（*说明项*）来取代一个谜团（*原始被说明项*）来提升理解程度。这就导致了说明的回退，这种回退不得不停止在某种程度上不言自明的事物上。因此，根据这种观点，除非某些事物本质上是可理解的，否则任何事物都无法被说明。在社会科学的个体主义观点中，回退适用于超个体（宏观）的说明，以及看似非理性行为或者涉他个体行为，自我说明性（self-explanatoriness）适用于意向（理性的和利己的）说明（Ylikoski, 2012）。然后，根据行动的内在可理解性，对意向层面的自我说明性进行哲学的 / 概念的论证。简单来说，意向行动就是一种被描述为工具理性（以目标为导向）且在微不足道的意义上是利己（*我的目标即为我的目标*）的行为。

问题是原则 [P] 是错误的。*说明项*和*被说明项*之间的说明性关系，独立于*说明项*本身是否被说明的问题。根据所有因果的说明理论，用 Y 来说明 X 的前提是 Y 的确如此，但这一说明并不以 Y 本身被说明为前提。例如，根据大多数因果说明的解释，X 是一种说明，当且仅当 X 是关于 Y 的适当的差异制造者。这并不要求我们还要揭示导致 X 的差异制造者。[1]

对 [P] 的信念可能源于在"为什么"问题（why-questions）上寻求辩护（justification-seeking）与寻求说明（explanation-seeking）两者之间的混淆。询问人们在为自己的信念辩护时所诉诸的理由有多合理是有意义的。询问人们是否有理由相信人们在自己的说明中所诉诸的东西也是有意义的。我们需要有证据证明 X 的获得以及 Y 对 X 的因果依赖性（X 和 Y 之间的机制）。但是，人们对这些主张的信念的辩护与说明 Y 为何的确如此并不相同。同样，很明显，对 X 的说明扩大了我们的整体理解，但这也是一个与说明 Y 本身不同的问题。

值得注意的是，尽管这一关于理性的特权角色的论证，将意向行动的内在可理解性作为理性基线的基础，但这并不是证明理性假设合理的唯一途径。例如，经济学中对理性的标准辩护是基于一种完全不同的论证。根据该论证，经济模型应建立在理性行为的基础之上，这并不是因为理性行为本质上是可理解的，而是因为偏离自利工具理性的竞争市场模型会揭示套利的机会，这种机会可能会（至少理论上是这样）被利用来获取利润，从而推动建模系统最终达到理性均衡。这一论证是基于对竞争性经济体系宏观属性的假设，而不是基于对意向状态解释的概念基础。可以说，这种基于套利的理性辩护能够作为对认知劳动的学科分工诉诸的基础，因为经济学的职责是分析激励方案，而不是分析意向行动。如果这一论证是成功的，那么经济学中的理性假设与任何心理因素几乎都没有什么关系。

与自然秩序理想的观念密切相关的第二个问题是，它与科学说明的因果机制理解不相容。当人们更多地了解独立于心智的因果结构时，对世界的科学理解就会增加。科学家通过揭示现象的原因（或构成成分）来说明现象。大多数经济学家和理性选择社会学家，都致力于提供这样的因果说明。认为某些因果说明本质上是可以理解的这种观念，与自然秩序这种科学观格格不入。尽管任何领域的说明都会在某处停止，但这并不是自然世界可理解性的深层先验条件，而是科学领域之间认知劳动分工的一种实用主义的结果。

图尔明关于理想秩序发生根本性转变的主要例子，即从亚里士多德物理学到牛顿物理学的转变，令人回味无穷，但最终却是误导性的。特别是，尽管经济学家常被指责为嫉妒物理学，但物理学能否作为特殊科学（special sciences）（包括社会科学）知识结构的蓝图，还是一个非常值得怀疑的问题。根据目前的主流观点，基本的物理理解本质上并非因果的。根据至少看似合理的形而上学图景（Price and Corry，2007），（最）基本的物理学的职责不是为了说明为什么我们世界上最基本的元素会如此行事，而只是旨在对这些规律性（regularities）提供最经济的描述。基础物理定律没有原因和机制方面的（至少是非形而上学的）说明。因此，对称性原则以及诸如此类的原则，可以很好地被视为基础物理学理解的构成性原则，因为它们是最核心的公理，以最经济的方式表征基本的规律性。因此，在被视为最核心的组织原则上的变化，在这种"说明"的意义上，对需要说明的和不需要说明的东西产生了影响。然而，这与社会科学有何关联尚不明显，社会科学可以说是在处理由层级机制复杂性构成的现象。撇开任何"对物理学的嫉妒"不谈，基础物理学对社会科学来说不是一个很好的模型。将社会科学视为像其他特殊科学一样，旨在发现原因和机制，这种看法要更为合理。在这一诉求过程中，基本说明性基础这一观念并未发挥任何有用的作用。

当然，人们可以说社会科学和意向说明在某种程度上是特殊的。因此，一种反自然主义的社会科学的解释性理解，可能会赋予意向状态的大众心理学归因以特殊地位，认为它是事物的相关自然秩序。然而，这一策略有两个主要问题。首先，在最近的争论中，强反自然主义立场很难针对因果替代性选择为自己辩护（例如，Henderson，本书以及 Henderson，2010）。解释性理解和因果说明的对立很可能没有实际意义。其次，主张理性主义立场的人是否真的愿意将自己与这些论点联系起来，这一点并不明显。例如，大多数经济学家倾向于将自己描绘成"硬"科学家，而不是解释学浪漫主义的拥护者。因此，对于他们来说，采取一贯的自然主义立场，可能在哲学上比起回到 19 世纪的反自然主义观点更容易些。如果社会科学致力于产生可用于改善社会的因果知识，那么只有连贯叙述和意义分类是不够的。

作为自然秩序观念的自利理性行动的最后一组问题，包括它引入经验研究中所产生的偏见。这一理想决定了什么样的行为、实践和事件需要说明，以及什么才能算是对它们的说明。这些反过来又推动了实验设计、数据收集和对所提出的理论的评价。事实上，自利理性行动的观念为从事社会研究提供了一种相当强大的启发法，但问题是该启发法具有误导性。其表明，人类决策由理性的核心过程组成，这些核心过程随后会受到一些额外机制的干扰。如果是这样的话，就有必要先找出理性基线，然后观察实际行为如何偏离该基线，再假设导致这种差异的因果机制的理论，这些才是有意义的。

然而，强启发法只有在其假设与研究对象相匹配时才是有益的。至于自利理性基线，其问题在于这种匹配的缺失。围绕理性核心过程所构建的认知架构，将是一个进化上的奇迹。不过，它还缺乏任何重要的神经科学的或认知的证据支持。它的合理性更多是源于它与我们的大众心理学解释实践和理性主义哲学的密切关系，而非源于真正的经验科学。然而，尽管其基本假设不成立，但启发法的影响却是真实的。这些偏见的典型例子可以在行为经济学领域中找到。这一研究领域产生了各种有趣的实验室现象（主要是关于人类行为偏离理性基线的方式），但迄今为止，该领域在把握观察结果背后的认知机制与社会机制方面还不太成功。

行为经济学可以被定义为，通过引入心理学研究的方法和成果来探索心理学上的实在论经济学。因此，它主要关注的是为个体决策者提供一种更多实在论的解释，从而更好地解释市场层面的现象，但这只是间接的。然而，自行为经济学概念[2] 提出以来，其主要是为标准的微观经济学行为观提供个体层面"异常现象"的实验证明。这些或多或少被接受的结果主要是由现象或"示例"（Sugden，2005）组成的，比如禀赋效应、框架效应、非线性概率加权和偏好逆转。例如，行为经济学的一位杰出人物（也是一位间歇性批评家），将行为经济学和经济学之间认知劳动的优先分工恰当地置于以下术语当中："如果心理学原理在说明社会选择方面发挥作用，那么它必须说明偏离理性选择理论所说明的一般趋势的情况"（Plott，1996：226）。这段话清楚地陈述了，作为自然秩序理想的理性，是如何引导*被说明项*的选择以及认知劳动分工的组织。但问题在于，如果人类认知结构实际上并没有形成一种通常会产生理性行为的核心理性决策机制，而是偶尔会受到其他更偶然的因素的干扰，那么这种启发法是否还是最优的呢？ 一种替代的、更具自然主义特征的观点则会从这样的观察开始：正确和错误的决策通常由相同的心理机制产生。这意味着，在对规范上正确和错误决策所进行的说明中，不会有任何原则上的不对称或不平等。[3]

行为经济学家也创建了模型和理论，来解释这些所感知到的异常现象，其中最突出的是前景理论。这些"行为的"选择理论的显著特点是，它们坚持的核心观念是，选择是由期望效用最大化引起的，然后增加额外的成分来解释稳定存在的实验异常现象。经济学家马修·拉宾（Rabin，1998）在一篇评论文章中指出，经济学家从事心理学研究的主要动机是对效用函数进行更详细的描述。有人质疑：对最大化这一核心概念的"修正"是否增加了任何心理实在论的内容，因为几乎没有经验证据表明，最大化一开始就是一种潜在选择的核心心理机制（还有大量证据否定了相关的核心假设，比如关于概率和价值的转换、相乘、相加的假设，以及对所有选择方案和结果的内在表征，等等）。例如，古斯（Güth，2008）、伯格和吉格瑞泽（Berg and Gigerenzer，2010）抨击了标准行为经济学，称其是考虑不周的"修复计划"，该计划仅仅试图修补一些本质上存在缺陷的东西，作为对驱动行为的实际心理过程的描述。在这种情况下，古斯提倡一种基于满意度的解释，而伯格和吉格瑞泽则提倡一种基于简单启发法的心理学。在这场争论中，我们不需要偏袒任何一方，只需要强调一个关键点，即选择的心理机制是如何构造的，这纯粹是一个经验问题，并且这些机制的理论不应受到规范的、先验的理性概念的约束。

实验设计基于关于认知的假设：假设人们能够理解清晰描述的实验情境，然后根据规范模型对其进行推理。只有在这种假设下，这个实验才可以说是检验了高度抽象的经济假设。如果人们的认知不符合这些假设，则实验无法检验原假设。它可能会产生一些对各种情境因素（与框架、场合、风险等相关）有影响的有趣观察结果，但这些观察结果的普遍适用性是有限的。当实验装置旨在排除情境影响时，那些仍然能够影响受试者（通过向他们提供关于情境性质的线索）的因素，可能比在更自然的条件下产生的影响要大得多。因此，例如，在实验情境中，类似屏幕上两个点看起来像眼睛这样的线索，对情境的解释产生不成比例的影响。这里的关键点是，如果我们对人类认知如何运作有不同的观念，那么我们也会设计不同类型的实验。基于错误认知模型的实验有时可能会产生有趣或令人惊讶的观察结果，但它们不利于产生得以逐步跟踪潜在因果机制的数据。

一系列这样的行为实验室实验（如最后通牒博弈、独裁者博弈、公共物品博弈……），反复证伪了纯粹利己决策者的简单图景。其中一种用于说明这些异常结果的理论认为，人们具有社会偏好，也就是说，他们的效用函数包含了诸如他人福祉、公平或平等等参数。这种社会偏好也可以说明，使我们的社会团结在一起的所有明显利他的和亲社会的行为。尽管社会偏好的观念听起来似乎可信甚至显而易见，但这并不是目前唯一假设。其他解释认为，人们错误地将一次性匿名互动构架为重复博弈，在重复博弈中条件合作是一种理性的利己策略（Binmore，2006），或者认为驱动行为的并非结果本身，而是社会规范（Bicchieri，2006）。与我们的论点相关的是，社会偏好理论的前提是我们需要一个单独的机制来解释所观察到的偏离自利默认模式的选择行为。这一前提影响了设计实验的方式，尤其是解释实验结果的方式。

例如，达纳等（Dana et al.，2007）认为，实验室实验并不能真正确立社会偏好的存在，他们还认为，人们之所以采取亲社会行动，是因为他们关心的是自己的行动如何被他人看待，而非真正关心公平结果本身。他们设计了二元独裁者博弈，并对之进行了几次修改，为自利行为引入了道德"避难室"（wiggle room）。这些修改，包括给予独裁者一个（不付出代价的）选择，使其可以选择对自己决策的后果保持无知，同时还包括引入另一位独裁者来分担责任（尽管其中任意一方都可以单方面实施亲社会的结果），并通过引入一种随机装置为独裁者提供合理的责任推卸，从接受者的角度来看，这种随机装置可以对选择负责。在所有情况下，基本的激励结构都是一样的，但独裁者行动的自私程度大幅上升。

这种避难室实验在许多方面非常巧妙，结果也确实引人注目。但更有趣的是文献中对结果的默认解释。提供不确定性、无知和合理的责任推卸作为行为更自私的借口确实大大增加了自私行为，这一事实被自动解释为，证明表面上的涉他行为只是出于自利愿望以显得利他，这掩盖了基本的自利动机。即使有相当数量的受试者（在某些实验处理中甚至是大多数受试者）仍然能够表现出亲社会行为，即使该实验提供了一些自私行为的选择（甚至到了强迫的程度），情况也是如此。对相同结果的另一种解释，摆脱了将自利作为默认的偏见，认为这些实验表明，人们只是对他人的结果有不同的偏好，而且，毫不奇怪大多数人也会关心他们的行为如何被解释。这类实验，以及提供模糊性（Dana et al.，2006；Haisley and Weber，2010）或退出交互情境可能性（Lazear et al.，2012）的实验，或许应该被视为展示了人类行为对如下变化的可塑性，即受试者对自己通常被期望如何行为的体验方式的变化，而不应该被视为是对纯粹的自利动机或普遍且稳定的社会偏好的揭示。

如果削弱"理性"意味着优先使用基于约束优化的模型，而"自利"又仅仅意味着以目标为导向，那么人们不禁要问，用具有规范含义的词汇来称呼这些相对无可争议的事物有什么意义呢？尤其是因为这个不恰当的术语使得重要的经验问题在概念上无法提出。作为社会行动动力的实质性自利，它的程度、决定因素和后果都是重要的经验性社会科学问题。例如，自利通常似乎不应是投票行为的预测因素，但在候选人政策的经济后果和社会后果被选民认知到的情况下，它却成为一个预测因素（参见 Kim，2014）。总的来说，自利似乎可以通过在各种情境中的启动效应（priming）接受认知激发。在下一部分中，我们简要阐述另一种自利的经验理论：理性自利行动不是一种基本的默认行为模式，而是一种部分由社会规范所支持的成就。

第三节　第二部分：对自利行动的说明

当自利行动不再被视为自然秩序的理想时，它就会作为一种需要说明的东西而出现。这是一个复杂的*被说明项*，而不是一个本质上清晰的*说明项*。在这里，我们只能讨论这一经验难题的一部分。

社会心理学家戴尔·米勒（Miller，1999）提出，自利行动不是个体心理的深层特征，而是由语境依赖的文化规范所支持的社会成就。根据米勒的理论，对自利的持续追求在一定程度上是由一种被广泛接受的伪科学大众理论所维持的，这种理论是关于人类行为的"深层"驱动力的，因此是社会实在的自我实现结构的一部分。人们之所以表现得自私，是因为他们认为他人期望他们如此表现。米勒的理论有多个组成部分。第一个组成部分是关于人类动机的大众理论。根据这一理论，金钱奖励强烈地激发人们的积极性，这也反映在人们的态度上。这种大众理论被类似于经济人假设的经济模型这样的科学理论进一步合法化，事实上这些科学理论都是基于相同的大众假设。

这一理论的独特之处在于，它主要是关于其他人的动机。正如米勒和丽贝卡·拉特纳（Miller and Ratner，1998）的一组实验所表明的，人们相信自利是其他人的一种强大动力，即使在他们自己的态度和行为不受自利影响的情况下也是如此。［贾斯汀·克鲁格（Justin Krueger）和托马斯·基洛维奇（Thomas Gilovich）在1999年的实验中也做了类似的观察。］因此，人们高估了其他人受自身物质利益所驱动的程度。他们对这一信念也极为固执（Critcher and Dunning，2011）。

米勒理论的第二个组成部分是这样的观念，即人类动机的大众理论可以作为合作情境中自我实现预言的基础。如果你愿意合作，但认为其他人不会合作，那么如果目标的实现以大多数人都会作出贡献为前提，合作就没有多大意义。这组信念很容易导致为他人的类似信念提供进一步支持的行为。虽然公共物品博弈并不能真正模拟像这样的合作情境，但公共物品博弈与此类合作情境相对接近。因此，在重复博弈中，即使是那些最初选择合作的、有希望获得成功的人也会很快意识到他们的尝试是徒劳的，并放弃合作。在这种情况下，许多不同的事情正在发生。第一，不合作成为一种描述性规范。由此，如果人们对大多数人的行为很敏感，并且期望你也这样做，他们就会发现遵守规范很有吸引力。第二，在他人不进行回报的情况下，仍然愿意让他人受益（或者承担在他人不参与时毫无意义的任务），会导致进一步被剥削。没有人愿意成为一名在他人眼中容易受骗的人。避免这种情况（傻瓜恐惧症），以及与之相关的自责心理（Effron and Miller，2011），是行为强有力的决定因素，这一决定因素不能还原为对经济损失的预期（参见 Vohs et al.，2007）。

自利行动的大众理论也是制度设计中自我实现预言的基础（Miller，1999；Schwartz，2012）。当你相信他人受到自利的强烈驱使时，制度设计的重点就在于，避免不诚实的个体（休谟的"无赖原则"）利用他人或制度安排等情况的发生。没有列入议程的是，支持和形成有助于人们表达和培养非自私动机的安排。当大多数情况以自利行动为框架时，这种行为是很自然的，反过来又为自利行动的大众理论提供更多的证据。

米勒理论的第三个主要组成部分是，大众理论在人们对其自身行动解释中的影响。人们不断地向他人和自己提供他们行为的解释。这些解释的格式和词汇，是基于文化上对合理的和可接受的行动原因的共有观点。现在，如果非自私行为的词汇和说明方案不完善，或者缺乏可信度，那么解释非自私行为就变得更加困难。这就是米勒所说的情况。通常，人们愿意接受诉诸自利动机的解释，认为它们是诚实的，但对非自利解释则持怀疑态度。这是一个有趣的不对称现象，具有重要影响，因为它支持自利的规范。由于人们不想引起怀疑，他们会试图通过将自己呈现为自利的，来使自己的非自私行为规范化。我们可能会说我们想帮助他人，是因为这很有趣（产生温情效应）或者是为了我们的长期利益（声誉提升）。米勒认为，这种基于自利的解释偏见限制了我们的无私行为：只有当我们能够找到一个自利的框架来解释我们的行为时，我们才倾向于按照我们的非自私冲动采取行动。我们认为，在没有相关利益的情况下，就纯粹的公共问题采取行动是不适当或不合理的（Ratner and Miller，2001）。同样，如果人们能够以交换的方式来界定捐赠，他们往往会向慈善事业捐赠更多东西（Holmes et al.，2002）。向潜在的慈善捐赠者提供产品交换，比单纯诉诸慈善能够吸引更多捐赠。米勒和他的同事们认为，这种现象的基础是交换这一虚构概念提供了一个机会，让他们能够按照自己的（非自私的）冲动而行动，而无须承担提供自利合理化的不必要的心理负担。因此，人们以其捐赠而获得的蜡烛并不是真正的激励——人们不需要那些蜡烛，也不愿意从商店购买蜡烛——而是表达同情心的心理掩饰。这些激励并没有太大地激发慈善捐赠，而是通过提供一个现成的合理理由来减少人们在慈善捐赠时的心理负担。

由不符合预期的行为描述所产生的疑惑和怀疑，是强烈的负面社会制裁。没有人愿意显得愚蠢、疯狂或易被剥削。这样的分类既影响我们如何看待自己，也影响他人如何将我们视为各种社交活动中的潜在合作者。这些都对我们的行为产生了强烈的影响，从而为关于塑造我们行为的人类动机的大众理论提供了重要的途径。如果我们没有足够的词汇以可信的方式来描述非自私动机的话，或者如果提供这样的解释需要大量工作的话，我们往往会避免缺乏以自我导向为理由的行为。我们可能会容忍，甚至赞扬小规模的非自私冲动，但在重大事务中，这种动机似乎很可疑。我们也可以接受这样一种观点，特殊类型的人——圣人——可能真正受到非自私的动机的驱使，但这些人并不属于普通人。

现在，米勒的理论研究还有很多工作要做。例如，他对处于自利规范影响下的社会的看法相当含糊。米勒的理论是否适用于北美、西方世界或大多数已知的社会？还有很多经验检验要做（Kim，2014）。这一理论的大部分内容未经过检验，而已被检验的部分也可以接受其他解释（关于交换虚构假设，参见 Simpson et al.，2006；Briers et al.，2007）。然而，从自然主义的角度来看，有许多理由说明它为什么是一个非常有趣的理论。

首先，与当前理性选择理论中关于规范的许多理论相比，它未将受规范影响的行为视为某种剩余范畴，这种范畴仅涵盖了不能被自利动机理性化的情况。与其将社会规范的影响视为一种临时的说明性资源，不如将其视为（一种）影响社会行为的基本机制，无论这种社会行为是否"理性"。[4] 先验的自然秩序理想并不会限制其说明潜力。这种机制有多强大，以及哪些因素会调节其影响，完全是一个纯粹的经验问题。当然，这只是影响社会行为的一种机制。因此，我们并不认为自利规范就是关于自利行为的全部叙述。

其次，虽然上述讨论推测了一些使人们按照自利规范行为的动机，但该理论并非基于任何人类动机的基本理论。它甚至并未预设，谈论"终极动机"是有意义的。虽然理性选择理论家通常重视这样一种观念，即存在人类行为的终极动机，但一贯的自然主义者不应理所当然地认为这样的假设是合理的。虽然在我们的大众心理解释实践中，不可否认的一个部分是，考虑理由之间的层次结构，并将强大的、始终存在的、普遍的动机视为更基本的动机，但是，没有理由认为"终极动机"在心理上是实际存在的（在我们的解释实践之外）。如果终极动机确实存在，它们需要一种非常特殊的认知架构，然而没有人能够清楚地表达出来，更不用说积累证据来支持它了。这种架构没有理由被视为一种默认假设。是否可以通过扶手椅式的推测或简单的经济实验，找到这种最终的行动源泉，这也同样令人怀疑。一种更合理的研究策略是不带偏见地遵循经验发现（empirical findings），至少暂时假设人们倾向于根据各种冲动采取行动，无论是理性的还是非理性的，自私的还是非自私的，或者是无法用这些术语来描述的东西。

最后，一旦理性选择理论背后的思辨心理学（speculative psychology）被清除，就为自然主义的解释腾出了空间，用以探讨理性行动能力的发展与维持。尽管对于理性选择理论家来说，理性（和自利）行动不需要任何正当理由或说明的说明性基线，但是对于自然主义者来说，一贯追求自利的实例是一个需要说明的经验难题。理性并不是我们在孩提时代、遭受精神问题困扰时、醉酒时或在疲劳时，所偏离的一种自然状态。相反，它是一种具有许多发展前提的成就，并得到重要制度架构的支持（Hutto，2008）。理性行为和自利行为的出现和发展可以在不同的时间尺度（进化的、历史的、个体的生命历程）上进行研究，但我们认为，自利规范在所有这些时间尺度上都发挥着作用。它提供了一座桥梁，将个体的心理发展（如认知能

力的发展、冲动控制的增强、构建自我和他人的大众心理叙事的能力）与社会环境
（如社会规范、自我表现的实践、行动和制度的正当性）结合在一起，使我们能够考
虑我们对人类动机的观念有何不同，以及它们如何能对我们的社会生活产生影响。

第四节　结　　论

　　我们所共有的对人类行为的日常心理概念化的方式，很可能与理性的规范理想
有关。将某物视为行为者就是将其行为构想为对目的的刻意追求。毫无疑问，人类
行为的许多科学研究，特别是社会行为和更大的社会群体的科学研究，在概念上都
是基于这些大众心理学实践的。尽管如此，我们认为，对人类行为的科学理解并不
应该以理性的规范理想为基础。自利理性并非是内在可理解的基石，也不是一种自
然秩序的理想，它并非社会说明的可理解性所必需的基础。科学说明并不需要这样
的基石：我们可以在因果上说明现象，即使尚未对其原因作出说明。我们进一步指
出，理性的规范概念甚至不应被视为某种基线，并以此来界定需要说明的偏离。如
果人类行为的科学研究与实际上构建我们心理机制的方式不一致，那么使用这样的
基线会使人类行为的科学研究产生偏见。如果正确和不正确的决策是相同心理过程
的因果产物，我们就不应该系统地为这些决策提供不同种类的说明。

　　当自利理性被剥夺其特殊的说明地位时，它本身就成为一个有趣的说明对象。
我们列举了一个特别有趣的自利行为理论的例子，该理论认为这种行为是由将自利
视为基本动机因素的自我实现的信念所引起的。作为科学探究的对象，自利行动不
是说明的规范基线，也不是行为者身份的先决条件，而是需要从社会和认知因果机
制的角度进行说明的行为模式。

注　　释

　　1. 需要注意的是，这种说明的依赖性是基于关于因果依赖的局部事实。因此，对特定现
象的说明是否抓住了正确的因果因素，这是一个局部问题，与将该现象纳入更广泛的统一
框架几乎没有关系。回退直觉促使迈克尔·弗里德曼（Friedman, 1974）和菲利普·基切尔
（Kitcher, 1989）明确主张一种观点，根据这种观点，理解是信念系统的一个整体特征。这种
关于理解的整体概念一直是人们强烈批判的主题。

　　2. 行为经济学的一个重要先驱是 20 世纪 70 年代早期认知心理学的一个分支，被称为
"行为决策研究"（Behavioral Decision Research），该研究应用了新出现的关于内部表征计算操
作的观念，来说明偏离理性的现象（Angner and Loewenstein, 2012）。

　　3. 这本质上与科学知识社会学强纲领的支持者们所提出的对称原则相同（Barnes et al.,
1996）。如果目标是产生科学的因果说明，那么对被说明项的规范态度，无论是正确和错误的

决策还是正确和错误的科学理论，都不应影响因果的说明要素的选择。

4. 值得注意的是，这种社会规范的解释并不是基于帕森斯关于规范心理内化的描述。我们认为，社会规范是基于行为者对其他行为者的行为、预期以及约束人们行为倾向的信念。因此，区分社会规范和遵循规范的动机很重要。社会规范的存在是一个社会事实，但遵循它的动机可能会有所不同。人们可能会遵循一种社会规范，因为他们试图避免消极制裁或以积极制裁作为回报，他们试图通过满足自己的预期来取悦他人，他们可能会发现该规范具有正当性或道德上的合理性，他们可能已经将该规范内化为个人道德原则，或者他们可能只是遵循他们的习惯（Bicchieri，2006）。

参 考 文 献

Angner, Erik and George F. Loewenstein. 2012. Behavioral Economics. In *Philosophy of Economics*, edited by Uskali Mäki, 641–689. Amsterdam: Elsevier.

Barnes, Barry, David Bloor and John Henry. 1996. *Scientific Knowledge. A Sociological Analysis*. London : Athlone Press.

Berg, Nathan and Gerd Gigerenzer. 2010. As-If Behavioral Economics: Neoclassical Economics in Disguise? *History of Economic Ideas*, 18: 133–165.

Bicchieri, Christina 2006. *The Grammar of Society: The Nature and Dynamics of Social Norms*. Cambridge: Cambridge University Press.

Binmore, Ken. 2006. Why Do People Cooperate? *Politics, Philosophy and Economics*, 5: 81–96.
Boudon, Raymond. 1998. Social Mechanisms without Black Boxes. In *Social Mechanisms: An Analytical Approach to Social Theory*, edited by Peter Hedström and Richard Swedberg, 172–203. Cambridge: Cambridge University Press.

Brandom, Robert. 1994. *Making It Explicit*. Cambridge, MA: Harvard University Press.

Briers, Barbara, Mario Pandelaere and Luk Warlop. 2007. Adding Exchange to Charity: A Reference Price Explanation. *Journal of Economic Psychology*, 28(1): 15–30.

Coleman, James. 1994. *Foundations of Social Theory*. Cambridge, MA: Harvard University Press.
Coleman, James and Thomas Fararo. 1992. Introduction. In *Rational Choice Theory: Advocacy and Critique*, edited by J. Coleman and T. Fararo, ix–xxii. Thousand Oaks: Sage.

Critcher, Clayton and David Dunning. 2011. No Good Deed Goes Unquestioned: Cynical Reconstruals Maintain Belief in the Power of Self-Interest. *Journal of Experimental Social Psychology*, 47(6): 1207–1213.

Dana, Jason D., Daylian M. Cain and Robyn M. Dawes. 2006. What You Don't Know Won't Hurt Me: Costly (But Quiet) Exit in Dictator Games. *Organizational Behavior and Human Decision Processes*, 100: 193–201.

Dana, Jason, Roberto Weber and Jason Xi Kuang. 2007. Exploiting Moral Wiggle Room: Experiments Demonstrating an Illusory Preference for Fairness. *Economic Theory*, 33: 67–80.

Davidson, Donald. 1980. *Essays on Actions and Events*. Oxford: Clarendon Press.

Effron, Daniel and Dale Miller. 2011. Reducing Exposure to Trust-Related Risks to Avoid Self-Blame. *Personality and Social Psychology Bulletin*, 37(2): 181–192.

Friedman, Michael. 1974. Explanation and Scientific Understanding. *Journal of Philosophy*, 71: 5–19.

Gambetta, Diego. 1998. Concatenations of Mechanisms. In *Social Mechanisms: An Analytical Approach to Social Theory*, edited by Peter Hedström and Richard Swedberg, 102–124.

Cambridge: Cambridge University Press.

Güth, Werner. 2008. (Non-) Behavioral Economics—A Programmatic Assessment. *Journal of Psychology*, 216: 244–253.

Haisley, Emily and Roberto A. Weber. 2010. Self-Serving Interpretations of Ambiguity in Other-Regarding Behavior. *Games and Economic Behavior*, 68: 634–645.

Harsanyi, John. 1982. Subjective Probability and the Theory of Games: Comments on Kadane and Larkey's Paper. *Management Science*, 28(2): 120–124.

Hedström, Peter and Petri Ylikoski. 2014. Analytical Sociology and Rational Choice Theory. In *Analytical Sociology: Norms, Actions and Networks*, edited by Gianluca Manzo, 57–70. New York: Wiley.

Henderson, David. 2010. Rationality Naturalized and Rationalizing Explanation. *Philosophy of Social Science*, 40: 30–58.

Holmes, John, Dale Miller and Melvin Lerner. 2002. Committing Altruism under the Cloak of Self-Interest: The Exchange Fiction. *Journal of Experimental Social Psychology*, 38(2): 144–151.

Hutto, Daniel. 2008. *Folk Psychological Narratives: The Sociocultural Basis of Understanding Reasons*. Cambridge, MA: MIT Press.

Kim, Anita. 2014. The Curious Case of Self-Interest: Inconsistent Effects and Ambivalence toward a Widely Accepted Construct. *Journal for the Theory of Social Behaviour*, 44(1): 99–122.

Kitcher, Philip. 1989. Explanatory Unification and the Causal Structure of the World. In *Scientific Explanation*, edited by P. Kitcher and W. Salmon, 410–505. Minneapolis: University of Minnesota Press.

Kruger, Justin and Thomas Gilovich. 1999. 'Naive Cynicism' in Everyday Theories of Responsibility Assessment: On Biased Assumptions of Bias. *Journal of Personality and Social Psychology*, 76(5): 743–753.

Lazear, Edward, Ulrike Malmendier and Roberto Weber. 2012. Sorting in Experiments with Application to Social Preferences. *American Economic Journal: Applied Economics*, 4: 136–163.

Lehtinen, Aki and Jaakko Kuorikoski. 2007. Unrealistic Assumptions in Rational Choice Theory.

Philosophy of the Social Sciences, 37: 115–138.

Millar, Alan. 2004. *Understanding People: Normativity and Rationalizing Explanation*. Oxford: Oxford University Press.

Miller, Dale. 1999. The Norm of Self-Interest. *American Psychologist*, 54: 1053–1060.

Miller, Dale and Rebecca Ratner. 1998. The Disparity between the Actual and Assumed Power of Self-Interest. *Journal of Personality and Social Psychology*, 74: 53–62.

Plott, Charles. 1996. Rational Individual Behavior in Markets and Social Choice Processes: The Discovered Preference Hypothesis. In *The Rational Foundations of Economic Behaviour*, edited by K. E. Arrow, M. Colombatto, M. Perlman and C. Schmidt, 225–250. New York: Macmillan.

Price, Huw and Richard Corry. (eds.) 2007. *Causation, Physics, and the Constitution of Reality*. Oxford: Oxford University Press.

Rabin, Matthew. 1998. Psychology and Economics. *Journal of Economic Literature*, 36: 11–46.

Ratner, Rebecca and Dale Miller. 2001. The Norm of Self-Interest and Its Effects on Social Action. *Journal of Personality and Social Psychology*, 81: 5–16.

Schwartz, Barry. 2012. Crowding Out Morality: How the Ideology of Self-Interest Can Be Self-Fulfilling. In *Ideology, Psychology, and Law*, edited by J. Hanson, 160–184. Oxford: Oxford University Press.

Simpson, Brent, Kyle Irwin and Peter Lawrence. 2006. Does a 'Norm of Self-Interest' Discourage Prosocial Behavior? Rationality and Quid Pro Quo in Charitable Giving. *Social Psychology Quarterly*, 69(3): 296–306.

Sugden, Robert. 2005. Experiments as Exhibits and Experiments as Tests. *Journal of Economic Methodology*, 12(2): 291–302.

Toulmin, Stephen. 1961. *Foresight and Understanding*. London: Hutchinson.

Vohs, Kathleen, Roy Baumeister and Jason Chin. 2007. Feeling Duped: Emotional, Motivational, and Cognitive Aspects of Being Exploited by Others. *Review of General Psychology*, 11(2): 127–141.

Weber, Max. 1978. *Economy and Society*. Edited by Roth, Günther and Claus Wittich. Berkeley: University of California Press. Original edition, 1922.

Ylikoski, Petri. 2012. Micro, Macro, and Mechanisms. In *The Oxford Handbook of Philosophy of the Social Sciences*, edited by Harold Kincaid, 21–45. Oxford: Oxford University Press.

Ylikoski, Petri. 2013. The (Hopefully) Last Stand of the Covering Law Theory—A Reply to Opp. *Social Science Information*, 52: 383–393.

第十四章
期望效用理论的理性概念是否具有说明性?

莉娜·埃里克森（Lina Eriksson）

第一节　规范的理性概念

理性概念是规范的——不理性的人是*有问题的*。尽管我们在理性到底需要什么这一问题上有些分歧，但事实就是如此。我们的大众心理学的理性概念涉及许多不同的方面，但最重要的是，它包括某种程度上合理的工具理性和一致性。在期望效用理论（Expected Utility Theory，EUT）中，这种大众心理学的理性概念得到了强化；理性行为被视为期望效用最大化的行为，其中包括相当严格的一致性要求以及对各种结果概率变化的适当回应等要素。我将把这种理性概念称为*强理性*。期望效用理论有时可以被理解为一种纯粹的规范理论。但它作为一种说明性和预测性理论，在社会科学中也发挥了非常重要的作用。当我们讨论社会科学是否应该被自然化——如果应该被自然化，那么又该如何自然化时——我们需要求解的问题是，社会科学是否能在规范的理性概念上被自然化——如果能被自然化，那么又该如何自然化。

解读康布里斯（Kornbrith）关于自然化认识论（Kornbrith，1994），我们可以提出以下问题：

（1）我们应当如何推理？

（2）我们实际上是如何推理的？

（3）我们的推理过程是否也是我们应当采用的推理过程？　主张我们应该自然化理性的支持者们通常声称，对人类行为的科学说明只需要回答问题（2）。问题（1）与人类行为的说明无关。因此，我们把如下观点视为无关性：社会科学能够而且应该在规范的理性概念上被自然化。

对于我们应该将理性自然化这一观点持反对意见的人们来说，当然对理性在说明中发挥何种作用持有不同的看法。但我认为，其中主要的观点可以称为规范是*说明性的*。根据这一观点，当我们对某人的行为进行说明时，仅仅回答问题（2）——解释该人实际上是如何做出那样的行为决策的——是不够的，或者至少并不总是足够的。关于我们应该如何做决策的问题（1），其答案的一些参考在行为的说明方面也起到了一定的作用，即使只是次要的作用。因此，无关性的支持者和规范是*说明性*的支持者两者之间的冲突，实质上涉及这样一个问题：在描述人们的决策过程时，使用理性这一概念究竟能带来什么益处（如果有的话），相比之下，为什么不直接用非规范术语来描述人们的行为呢？

我认为，尽管标准的善意原则论证可能为较弱的理性概念确立一种说明的作用，但它无法为强理性确立这种作用。但也有其他理由认为，强理性可以发挥一种合法的说明作用。我将讨论三种理由。随后，我将转向对如下观点反对意见的探讨，即强理性可以是说明性的，其中包括一个常见的反对意见，即人们经常且系统性地违反强理性。尽管如此，我在结论中持一种有限肯定的态度，来支持强理性的说明作用。

第二节　理性与善意原则

一个常见的支持使用理性假设来说明人们行为的论点是，如果要将人们理解为意向行为者，那么这种假设是必要的。我们之所以把行为理解为行动，是因为该行为是以某种特定方式源自某些愿望和信念，我们将这些愿望和信念归因于讨论中的特定个体。如果该行为不是源于这些愿望和信念，我们要么修正我们归因于行为者的愿望和／或信念，以实现愿望、信念这两者与行为相匹配，要么，当这种修正不可行时，我们就根本无法将这种行为理解为是在表达某种意图。丹尼尔·丹尼特（Daniel Dennett）曾提出，为了完全将信念和愿望等事物归因于他人，我们首先需要确定，采取他所说的"意向立场"对他人来说是否合适。也就是说，我们必须假设他们是理性的：他们不会接受相互矛盾的信念，等等。例如，因为如果他们同时乐于"相信"下雨和不下雨，那么我们就无法将他们的行为理解为是在对天气持有某种信念（Dennett，1978）。

为了理解作为意向行为者的人们，理性的概念是必要的，这一论点通常不是为了辩护强理性本身。但是，是否可以用同样的方式来辩护强理性的说明作用呢？当然可以，这个问题在于，在强理性所概述的意义上，如果人们不是完全理性的，那么也许我们就不能把他们视为具有意向并据此行动的行为者。人们很少是完全理性的……

斯蒂芬·斯蒂奇（Stephen Stich）就是指出我们的决策往往远非完美的学者之

一。但他声称，这并不意味着我们不能将人理解为意向行为者。这种理解所需要的，不是人们依照客观正确的理性概念，而是要求意向行为者*和我们相似*。关键在于，他们犯的错误也是我们自己很容易犯的那种错误。有些违反理性的错误是我们很容易犯的，有些则不然（Stich，1994）。如果斯蒂奇是正确的，那么也许一个好的说明所需要的，并非要把行为理解为理性的，而是要将其理解为我们自己也可能会做出的行为。

我认为斯蒂奇是正确的，因为人们无须在强理性等严格意义上达到完全理性，才能被解释为意向行为者。然而，问题并不是非此即彼，即要么采用*那种极强理性概念*，要么完全摒弃理性概念。如果我们不认为我们自己的行为在某种程度上是目标导向的，不认为对方式的选择是因为它们有某种合理的可能性帮助我们实现目标，也不认为信念更新方式是至少以一种近似的方式追踪真理，那么，我认为我们也无法将我们自己和他人视为意向行为者。然而，所需要的并不是我们遵守极强的理性概念，这样我们就可以轻松地进行概率计算，并像完美的贝叶斯主义者那样更新我们的信念。一个较弱的理性概念就足够了。值得注意的是，斯蒂奇的主张仅仅对非常严格的理性概念构成挑战，那种我们系统性地违反的理性概念，但他的主张与如下主张完全兼容，即需要较弱的理性概念才能使我们将自己和他人理解为意向行为者。

因此，重要的是要认识到我们同时运用不止一种理性概念。如果我们要将彼此理解为根据意向而行动的行为者，那么一种相当基本的理性是必要的：行动与激发这些行动的愿望和信念之间的充分的工具理性联系，再加上可能还包括某种宽泛的、关于何种目标可被视为可理解的概念，以及对信念形成的一些合理约束。另外，研究人员发现我们经常偏离的理性并非如此。*那种理性通常是强理性*，其预设了个体具备如下重要能力：处理概率的能力、获取完美信息的能力、熟悉贝叶斯认识论的能力。此外，强理性通常涉及以抽象方式呈现给人们的案例，而不是以更现实、具体的方式呈现的案例——后者更类似于人们在现实生活中实际遇到的情境。可以说，这是一种更为严格和精炼的理性概念，用于解释我们如何将自己和他人理解为具有意向的行为者。

因此，当我们讨论社会科学中是否可以"摒弃"规范的理性概念时，我认为重要的是要记住我们谈论的是哪种理性概念。这样的概念有很多，有些更严格，有些更基本。主张用规范的理性概念来解释人类行为的支持者们，倾向于依赖于更基本的概念，批评者则倾向于强调，人们经常违反对更严格的理性概念（例如强理性）的要求。如果我想为*强理性的*说明作用进行辩护，那么我就不能依赖这一论点：理性的概念对于我们将人理解为意向行为者是必要的。然而，我想说的是，即使是这种理性概念也可以在对人类行为的说明中发挥一定的作用（或者更确切地说发挥几种不同的作用）。

第三节　期望效用理论最终可以发挥说明作用的理由

其中一个作用是作为比较和评估的标准。值得注意的是，在有限理性的文献中，强理性概念一直"在背景中"发挥作用。

自 20 世纪 50 年代赫伯特·西蒙（Herbert Simon）的研究（例如 Simon，1957）以来，有限理性已经发展成为决策文献的重要组成部分。它基于这样一种认识，即真实的人并不具备完美的计算能力，没有无限的时间用于决策，也没有完美的信息，等等。因此，我们需要的是一种"适用于真实的人的理性"的理论。真实的人没有时间、精力、金钱和 / 或能力，来确保他们所做的每一个决策都是最好的。相反，他们的决策受到很多限制，这意味着他们的目标是做出足够好的决策，而不是最好的决策。如果花费必要的时间、精力和金钱来做出购买什么样的牙膏的最佳决策，你将会浪费做出更重要决策所需的时间、精力和金钱（Byron，1998）。在很多情况下，我们根本不具备做出最佳决策所需的推理能力；因此，我们别无选择，只能用我们有限的认知能力尽最大努力应对。在西蒙的后续研究中，他又提出了另一种解释，即有限理性与其说是关于思想的产物，不如说是关于思想的过程。人们并不直接以效用最大化为目标——或者甚至以满足效用为目标，而是根据合理的决策程序做出决策，并接受这些程序产生的任何决策（Simon，1978，1995）。

有限理性理论引发了大量关于人们事实上如何做决策的研究。一个典型的例子是格尔德·吉仁泽（Gerd Gigerenzer）和他的同事关于人们使用决策启发法（decision heuristics）的研究（Gigerenzer and Sturm，2012）。与其试图通过有意识地计算来找出何为最佳选择，我们更倾向于使用启发法——经验规则——来快速做出决策，而无须大量的认知努力。我们当然可以把我们具备的任何一种快速影响决策的策略（例如，在买房子的时候，可以依靠占星术而不是做财务调查）称为"快速而节俭的启发法"。但是（除了"节俭"意味着"用更少的资源获得好的结果"这一事实之外，这已经隐含地依赖于对结果的规范标准）这种做法对该领域的研究人员来说并没有帮助。他们感兴趣的启发法是那些能产生与有意识的、慎思的、清晰的思考相同或足够相似的结果，而不是任何一种快速的、随意的直觉。因此，这并不是说强理性变得无关紧要：相反，它是有限理性概念发展的基础，决定了在有限条件下什么算作合理决策的解释而非愚昧的解释。

此外，我们之所以具备这些决策启发法而不是其他类型的启发法，可能是*因为*它们倾向于给出这些结果。关于"因为他们倾向于这样做"，我的意思是：因为进化过程为我们提供了做出决策的工具，而这些工具不会完全有害于我们自身目标的实现（与劳斯在本书中的讨论相比），还因为这是习得的结果。因此，这就是理性能够在社会科学中发挥作用的第二个理由：其不仅作为一种比较标准，而且还作为对我们为何会有这种心理状态给予说明的一部分，事实上，还作为一种期望我们是近似理性的一个理由。工具理性和一致性的行为之所以很重要，是因为正是这种行为可能使行为者获得成功。类似的论点在其他人类认知能力的领域中也被提出。例如，奎因认为，因为经常做出错误归纳推断的人不太可能长久生存，进化的结果之一就是我们成为了倾向于做出正确归纳推断的人（Quine，1969）。进化为我们提供了工具，以间接的方式使我们大致理性。

理性之所以能发挥作用的第三个理由是，我们不仅恰好拥有能让我们做出近似理性决策的经验规则，而且我们还经常慎思地、有意识地尝试变得理性。我们思考达到目的的适当方法，考量机会，担心风险，比较我们可能得到或失去的程度等——总之我们努力保持理性。如果有人指出我们的选择是不一致的，或者有比我们选择的方法更好的方式来达到我们的目标，那么我们会经常（尽管不是总是）尝试调整我们的行为。这也提供了一种期望我们至少在某些时候是近似理性的理由，因此，这也就赋予了理性一种说明的作用。

最近，在文献中关于决策的内容在很大程度上聚焦于我们的决策为何未能成为理性的，以至于让人觉得理性似乎毫无作用。但重要的是要记住，正如奎因在讨论归纳时指出的，即使我们确实会犯错误，但并非所有的决策（或归纳推论）都是错误的。进化使我们成为一种相当擅长工具理性思考的生物，一种具有相当一致性的生物，一种至少在某种程度上对可能性做出回应的生物。虽然我们并不完美，但也不是完全非理性的。因此，我们在推理过程中存在大量系统性错误这一事实，不应该掩盖另一个同样无可争辩的事实，即我们也经常能够进行相对理性的推理。我们可以把杯子看作是半空的，并专注于我们所犯的所有错误；但我们也可以把它看作是半满的，并关注于我们通常会做出合理的理性决策这一事实。这里所概述的为什么理性可以发挥作用的理由，当然不是我个人经过深刻、原创性思考得出的结论。但这并不意味着我们应该忽视这些理由。

第四节　可能的反对意见

然而，话虽如此，我们也有理由对这些理由究竟能在多大程度上提供正当性持怀疑态度。确实，形成关于车祸危险等事情的相对准确的信念，至少在我们足够理性并能够以合理的方式根据这些信念采取行动的情况下，似乎有助于我们的健康。但事实是，许多人确实低估了危险，并且 / 或者高估了他们的驾驶能力，结果是车开得太快，有时造成了可怕的后果。同样，虽然正确理解概率和良好的因果推理在许多情形下对我们来说有价值，但事实是，进化对我们发展这种理解的压力并不足够强，因而我们的行为并不总是符合期望效用理论的理性准则。以代表性启发法为例，斯蒂奇在上文提到的文章（Stich，1994）中讨论了这一点。人们倾向于将"同类事物"匹配在一起；认为大事必有大因的倾向，或者，以斯蒂奇所举的例子为例，人们认为红色灌木猴的烧焦头骨是治疗癫痫的有效方法，因为猴子的运动模式让我们联想到癫痫发作时患者的抽搐动作［Stich，1994：348；最初的例子来自 Nisbett 和 Wilson（1977）］，这种思维方式甚至在间接意义上都称不上是理性的。此外，大量来自行为经济学和心理学的研究表明，代表性启发法并非罕见。例如，根据卡尼曼和维特斯基的前景理论（Kahneman and Tversky，1979），人们系统性地违反了期望效用理论的准则，因为人们对损失的厌恶程度比对获得收益的动机更强。并且有大量数据支持这一观点（讨论参见 Qattrone and Tversky，1988）。

尽管我在上述内容中提出了一些理由，认为我们可以期望人们在某种程度上是近似理性的，但很明显，有时我们并非如此。因此，如果我们所做的许多决策倾向事实上都不是理性的，即使在间接进化意义上也是如此，那么我们必须要提出这样一个疑问，强理性到底具有什么价值？

有些人回答这个问题时会响亮地说"没有什么价值！"，他们认为，人们违反理性准则的程度如此之大，以至于我们在对决策做出说明时，最好不要将这些决策归类为理性或非理性。对于使用理性和非理性行为的分类，也可能引发其他问题：这种分类可能会导致我们错误地识别所观察到的内容，或者会导致我们忽略相关事实，因为我们的注意力被转移到了其他地方。此外，有些人认为，说明应该是对称的：我们不应该对理性决策使用一种类型的说明，而对非理性决策使用另一种类型的说明，而应以类似的方式说明所有决策（例如，参见本书 Ylikoski 和 Kuorikoski 的研究）。

因此，也许我们应该放弃对理性的任何参考，转而描述我们系统地表现出来的心理倾向、偏见等，而不是将我们的决策与规范理想进行比较。如果将这一观点推向极端，这种观点会建议我们编制一份决策倾向的清单，例如厌恶损失，并将这份清单仅用作人们倾向于如何做出决策的纯粹描述，而不是一份用来判断人们何时做出理性行动、何时做出非理性行动的清单。因此，我们不需要使用理性这一概念，无论是强理性还是其他理性，来说明人类行为。

第五节 对"理性违反是系统性且普遍存在"的观察的回应

人们对待概率从 0.9 到 1 或者从 0.1 到 0 的变化，似乎与对待概率从 0.6 到 0.7 的变化有所不同。如果未援用规范的理性概念来评估这种倾向，我们可以简单地将其称为"确定性效应"。那些试图在说明人们的行为时避免使用规范概念的人，会解释说，患者对某一特定药物将其疾病死亡风险从 0.1 变为 0 的信息的反应，往往不同于对该药物将这一风险从 0.7 变为 0.6 的信息的反应，也就是说患者的行为反映了这种确定性效应。然而，一个没有这种理想的人，可能会试图通过给出一个使这些反应理性的说明来理解这些反应：例如，确信你不会死于这种疾病，会给你一种内心的平静，而风险从 0.7 降至 0.6 则不能带来同样的效果。如果我们把内心的平静也包括在效用中，那么优先考虑确定性，而不是把概率中所有同样大的变化视为同等重要，这可能会是理性的。

当遇到违反期望效用理论的情况时，重新解释效用的组成是一种非常普遍的回应。我认为，至少有一些重新解释是有充分理由的。提供一个关于行为者认为有价值的和值得努力去实现的东西的解释（也就是关于行为者所认定的效应的解释），通常是对行为者的行为进行一种令人满意的说明的一部分。当我们将效用重新解释为，不仅包括金钱、挽救的生命或其他一些客观上可识别的利益，而且还包括心理因素，如内心平静、避免后悔、自尊和自豪感时，许多明显违反期望效用理论的行为就消失了 [参见 Loomes 和 Sugden（1982）关于后悔理论的讨论]。

然而，这种策略也有使期望效用理论同义反复的风险（Levin et al., 2013）。同义反复的理论显然没有什么用处，如果对什么可以算作人们可能试图要最大化的目标或关注没有任何限制的话，那么对于任何行为，无论多么荒谬，我们总是可以提出一些行为者可能一直在追求的目标，至少只要我们稍微有点创造力的话。但是我们坚持认为，只有金钱才能算作效用，而人们关心的所有其他事物（那些我们毫不费力就能理解人们关心并努力追求的东西）都应该被归入非理性领域，这并没有太大帮助。期望效用最大化只会变成期望货币收益最大化。不幸的是，我认为在我们认定哪些目标属于一个人可以理性追求的目标范围，和哪些目标不属于这一范围之间，并没有一个自然而严格的界限。值得注意的是，对于目标的理性问题，也就是关于如何重新解释效用的争论的问题，期望效用理论并没有明确回答。

这种对效用的重新解释，通常与从进化的角度对可能是有利行为的合理推测相一致。我们可以再考察一下前景理论以及表明人们对损失具有厌恶倾向的研究结果。似乎合理的是，通常情况下人们对避免损失比追求风险收益更为关切，并努力保护自己所拥有的东西可能是一个明智的策略：如果你可以靠已有资源维持生活，但若追求更多就有可能失去这些资源，那么，在可能的情况下保持谨慎，而在必要时冒险避免失去生计，这是完全合理的。比如说，如果你已经拥有的 10 美元对你来说比额外的 10 美元更有价值，因为你拥有的 10 美元是生存所必需的，而额外的 10 美元只会让生活变得更轻松一点，那么你更愿意拼尽全力保住你已经拥有的 10 美元，而不是去争取额外的 10 美元，这是合理的。正如经济学家所说，货币的边际效用是递减的。而且由于大多数事物的边际效用都是递减的，所以厌恶损失的行为可能是明智的（或者可能不再被定义为厌恶损失）。

旨在证明前景理论所描述的行为之非理性的实验，通常通过结构化情境来回避这种对损失厌恶的合理解释——例如，研究人员发现，人们为出售一个马克杯所要求的价格，高于他们愿意支付以获得同样马克杯的价格（如禀赋效应实验中所示，参见 Kahneman et al.，1990）。显然，人们可以在没有任何马克杯的情况下生活得很好，因此，将这种行为解释为拥有一个与两个马克杯给人们生活带来的差异的合理反应是毫无意义的。

但是进化并不总是产生高度精细调整的心理机制，因此可以预料到的是，有时使我们对失去所拥有的东西持谨慎态度的相同机制，确实会使我们做出非常奇怪的行为（如在一些用于证明前景理论描述的准确性的实验中所呈现的情况）。如果这种对这些实验中所发生的情况的解释——它们是整体有益的心理倾向缺乏精细调整的结果—— 是正确的，那么前景理论并不能证明我们本身是非理性的，相反，该理论可以被看作是我们进化历史的产物，这段历史赋予我们认知成本低但合理有效的心理倾向（如今各种类似的观点在文献中相当常见，例如参见 Aumann，2008）。当然，仅仅因为我们具有特征 x，因此从进化的角度来看，特征 x 就一定是有利的，至少在整体上是有利的，这种说法始终有些不可靠。进化漂变、功能变化以及具有高度发育可塑性的心智都是使我们谨慎并且避免妄下结论的其中几个因素。但是，尽管如此，关于我们的心理缺乏进化精细调整的初步建议，在这个阶段仍然可能是对一些基于前景理论的某些实验中所发生的情况的一种解释。毫无疑问，有些人会认为——实际上已经认为——这一解释是错误的解释。也许进一步的研究会表明，事实上，这种解释通常不会帮助人们对损失保持谨慎。但我认为这一点还没有得到证明。

第六节　对 "'理性'和'非理性'标签会使说明产生偏见" 这一主张的回应

对行为是理性还是非理性的关注，可能会导致我们错误地识别能够引起行为的机制。确定性效应有时导致理性行为，有时导致非理性行为。如果我们假设，理性行为是刻意追求理性的结果，并据此重新解释效用，那么我们就有可能忽略真正的原因是确定性效应。因此，这个问题与于利科斯基和库里科斯基（Ylikoski and Kuorikoski，本书中）所指出的问题相似，即人是自利的这一假设如何导致研究人员错误地解释数据，如果没有自利假设，这些数据就会相当合理地被用来表明行为者的动机是出于利他主义或公平感。我在其他地方已经详细讨论了自利假设（Eriksson，2011），我基本上赞同于利科斯基和库里科斯基的许多主张。不过，虽然我同意自利假设有时会导致研究人员误解他们的数据，但我认为，在理性情形下，这种情况会更为复杂。符合理性准则的行为，或者至少近似符合理性原则的行为，并不一定是刻意追求理性的结果，所以我们不必将特定的、意识到的机制归因于该行为的说明。事实上，我们已经讨论过，进化可以使我们具备某些决策启发法，从而产生近似理性的行为，即使决策过程看起来并不像是关于概率和效用的复杂方程的慎思演算。因此，说行为是理性的，并不意味着必须接受关于导致该行为的机制的某种特定观点，而自利的假设通常会使研究人员声称，人们是在有意识地、刻意地试图促进他们自己的利益。

当然，进化并非完美精细调整的事实，并不能解决这样一个问题，即把行为描述为"理性"或"非理性"会使我们更容易忽视一个关键点，即理性行为和非理性行为都是由相同机制所驱动的。在探讨这一点是否可能是由进化缺乏精细调整所致之前，人们必须认识到理性行为和非理性行为的驱动机制确实是相同的。而且即使说确定性效应确实是进化缺乏精细调整的结果，确定性效应的某些结果也仍然是非理性的。但这并不意味着，理性对这些结果而言没有起到说明的作用。并不是说我们应该将这些特定结果说明为理性的。这显然是荒谬的。相反，理性在说明为什么我们会有这样的心理状态方面发挥了作用。所以，的确，我们忽视了一个风险，即在许多情况下，理性行为和非理性行为都是由相同机制驱动的。但是一些合理的说明仍然需要理性在其中发挥作用。

同样，人们可以批评有限理性过于关注那些使我们的行为近似理性的启发法，因为这种关注可能会让人们忽略其他那些无法让我们的行为近似理性的启发法。而这些启发法也是我们决策心理的一部分。但这是否真的构成一个问题，取决于人们如何表述这一研究问题。例如，对快速而节俭的启发法的研究，重点考察启发法是否使我们能够做出理性决策。因此，将启发法与理性联系起来通常是最终的结果，而不是选择要研究哪些启发法的标准，即使人们倾向于撰写的启发法也是最终能让我们理性行动的启发法。

第七节　对"说明应该是对称的"这一主张的回应

然而，人们仍然可以认为，说明应该是对称的。我们对理性的关注往往使我们对某些行为（理性行为）给出一种说明，而对其他行为（非理性行为）给出另一种说明：理性行为（可能伴随着对效用的重新解释）被视为说明的终点（人们之所以理性行动，是因为他们以那种方式进化成那样和／或有意努力做到理性），而非理性行为被视为需要进一步说明为什么行为者偏离了理性行为的标准。有些人认为，这种非对称性使我们的说明产生偏见（本书中于利科斯基和库里科斯基似乎持有这种观点）。在这种语境下，对非对称说明的担忧可能基于对关于非对称性问题的更广泛的认同，例如布鲁尔（Bloor，1991）和巴恩斯等（Barnes et al.，1996）在关于"强纲领"的争论中提出了关于非对称性问题，但也可能是基于更具体的担忧，即通过关注行为是理性还是非理性，我们会忽视这样一个事实：有时产生理性行为的相同因素可以在其他时间产生非理性行为（如上所述）。我将把关于强纲领的一般性争论搁置一旁，并除了我们上面已经提到的内容之外，在此重点讨论我们如何对第二个担忧作出回应。

我在上文中概述的两个理由可以解释为什么人们通常被认为是近似理性的，这两个理由也是为什么认为有不同的机制可以说明理性行为与非理性行为的理由。人不是机器，人们认为自己受到理性理想的规范约束，而且在决策过程中经常受到这些理想的指导，即使他们有时会犯错误（Jones，1999）。一个人理性行动的部分原因是他们认为自己应当理性地行动，如果你向他们指出他们的行动是非理性的，他们通常会调整自己的行为。当然，人们可能对他们自己将行为与理性理想保持一致的能力抱有幻想，但事实上，无论结果是理性的还是非理性的，他们的行为都是由相同的机制决定的。但我认为没有（强有力的）理由期待这一点，特别是没有（强有力的）理由去忽视这样一个支持不对称说明的理由，而这个不对称说明的理由正是人们自己对理性理想的认可所构成的。同样，即使人们并非有意尝试变得理性，进化有时也会给我们提供非对称说明的理由。

最后，我认为，说明是否应当始终是对称的，不能仅仅基于有关世界的一些事实以及基于我们尝试理解的人行为时的心理状态来回答。说明显然是关于这些事实的。但是，对同一事物有不同的描述方式，而且什么才算作好的说明仅仅部分取决于我们所说明的现象的特征，因为进行说明的人的需求、兴趣和认知能力也很重要。让我们之所以觉得对某种人类行为的说明是好的，其部分原因就在于这个说明能够使该行为变得可理解。然而，话虽如此，我之前曾论证过，尽管某些理性的概念可能对于行为的"可理解"是必要的，但强理性并非如此。因此，这并不是为强理性的说明作用做辩护，只是一种对我们应当始终偏好对称说明这一主张的反对。

我也不打算使我的论证成为对如下主张的无条件支持，即理由说明（理性说明）始终是说明的终点；且不需要进一步说明。是的，基于理由使行为可理解，通常是一种令人满意的说明的基础，但有时我们确实会提出进一步的问题。当需要对概率计算和其他技术方面非常熟悉才能得出理性的行动方案时，如果某人——据我们所知——缺乏所需知识和能力，却依然做出了理性的行为，我们会感到惊讶。如果对人们为什么或如何做出理性行为感到困惑的话，某一说明显然不能仅仅因为某人理性的行动而令人满意。即便有理性行动的动机也并不能保证具备这样做的能力。因此，这种所谓的说明会带来比它所回答的更多的问题。常见的推理错误可能也有类似的情况；与期望效用理论所规定的相比，如果几乎所有人在对待确定性时都容易给予过多的强调，那么，当有人按照期望效用理论对待概率时，很可能需要解释的是，他们是如何不受确定性效应所影响的。也许他们受过概率论方面的训练。也许他们接触过关于确定性效应可能产生的框架效应的讨论，并决心不表现出这种行为。但是，即使在大多数其他人这样做的情况下，为什么他们没有对确定性给予过多强调，我们需要做出某种说明。此外，如果我们有充分的理由相信，我们试图说明其行为的人实际上并不赞同与我们相同的理性概念，那么当这个人表现出我们认为是理性的行为时，我们会感到困惑——或至少应该感到困惑（尽管进化可能使得无论这个人有意识地赞同什么，但他 / 她在实际行为中仍然会表现出某种理性，就像大多数自称相信命运的人，在过马路前仍然会左右观察车辆一样）。

第八节　关于规范性和说明的几点思考

规范原则并非以神秘的方式发挥作用。人类行为的原因显然是自然的（例如，亨德森就曾强调这一点；Henderson，2002）。因此，如果规范原则要具有说明性，就不是通过某种超自然的因果力来取代一般的心理过程来实现的。相反，规范原则是通过这些心理过程被塑造的方式来进行说明的。

理性之所以是说明性的，是因为我们是一种会对达到目的的手段和行动的结果这些事实做出回应的生物。我并不是在声称，要把理性的规范性还原为关于手段-目的的效率等的事实以及我们对这些事实的回应。我想把关于规范性本体论地位的更深层次的问题搁置一旁。但是，当我们讨论理性是否具有*说明性*时，理性与这些事实之间的联系以及我们对这些事实的回应性才是至关重要的。确实，某些行为会帮助我们实现我们的目标，而另一些行为则无法做到，而某种行为是否可能有助于我们实现目标，至少会在对该行为的一些说明中有所体现。

你可能会认为，既然我们的目标的实现不需要任何规范，那么这里就不存在规范，只有事实和我们对这些事实的回应。很显然，这并没有给我们提供一种独立的规范原则让那些担心规范"事实"存在的人感到困扰，比如"谋杀是错误的"或"正确的行为是符合因果决策理论而非证据决策理论的行为"。但是，当我们考虑如何对行为进行说明时，我认为我们不需要解决这样的本体论问题。

尽管如此，为什么不通过引用人们在做决策时所经历的心理过程进行说明呢？因为当这些过程导致理性的结果时，这些结果的合理性并非一种巧合。这是我们为什么要经历这些过程而不是其他过程的部分说明。这不仅仅是对行为的辩护，而是关于更完整、更令人满意的说明。当结果不是理性的结果时，我们反而会面临一个需要说明的棘手问题：为什么要那样行为？或者更确切地说，为什么要经历那些心理过程？

第九节　结　论

我主张，尽管事实上人类在那种强理性的意义上往往不是理性的，但期望效用理论中发现的理性概念——我称之为强*理性*——仍然可以在人类行为的良好说明中发挥重要作用。

然而，我的主张不能用标准的善意原则论证来辩护，因为即使这个论证是正确的，作为一个行为者，为使他人可理解所需要的理性将是一种比强理性更弱的理性。

相反，我考察了另外三个理由，认为强理性可以发挥说明作用：强理性可以作为比较和评估的标准而发挥一种背景作用，就像在有限理性中一样，因为进化可能已经塑造了我们的心理状态，使我们在很多时候至少是近似理性的，以及因为人们会尝试去理性行为（至少在某些时候）。

尽管有期望理性行为的理由，但还是可以提出一些反对意见，如果反对意见成功，则意味着不应使用强理性来说明人们的行为。我考察了其中的三个反对意见：首先，数据表明，人们经常且系统地违反强理性的规定（如果他们并不理性，我们如何能使用理性的概念来说明他们的行为？），其次，当我们将行为分类为"理性"或"非理性"时，我们可能会错误识别我们所观察到的现象，而且还可能会忽略一些重要的现象，最后，理性行为与非理性行为应该以相同的方式而非截然不同的方式进行说明，就这一意义而言，说明应该是对称的。我讨论了每一个反对意见，并且发现在某种程度上人们可以应对这些反对意见（尽管并非总是如此）。

最后，在最后一节中，我主张，我们可以在说明人类行为时提及理性，而不必对任何关于规范原则的本体论地位的特定观点做出承诺。

基于本章所提出的主张，我认为，强理性具有合法的说明作用，因此我支持对规范具有说明性这一观点表示赞同的人，而不支持对无关性这一观点表示赞同的人。不过，对此我略显犹豫，因为尽管我认为大多数反对意见都能得到相当成功的解决，但一些令人不安的担忧仍然存在。我认为主要的问题在于，"理性"和"非理性"的标签会导致我们给出非对称的说明，而对称的说明可能更为恰当，尤其是在理性行为和非理性行为实际上是由同一个心理机制引起的情况下。我认为没有理由希望情况总是如此，因为通常情况下，理性行为很可能是由与非理性行为不同的机制驱动的。但当确实是同一个机制时，我们可能会忽略心理学上一些重要且有趣的方面，因为我们在寻找不同的机制，而实际上只有一种机制，这种机制有时导致理性行为，有时导致非理性行为。

参 考 文 献

Aumann, R. J. 2008. *Rule-Rationality versus Act-Rationality*. HUJ Center for the Study of Rationality, Discussion Paper #497.

Barnes, B., D. Bloor, and J. Henry. 1996. *Scientific Knowledge: A Sociological Analysis*. Chicago: University of Chicago Press.

Bloor, D. 1991. *Knowledge and Social Imagery*, 2nd edition. Chicago: University of Chicago Press.

Byron, M. 1998. Satisficing and Optimality. *Ethics*, 109(1): 67–93.

Dennet, D. 1978. *Brainstorms*. Cambridge, MA: MIT Press.

Eriksson, L. 2011. *Rational Choice Theory—Potential and Limits*. Houndmills: Palgrave McMillan. Gigerenzer, G. and T. Sturm. 2012. How (Far) Can Rationality Be Naturalized? *Synthese*, 187: 243–268.

Henderson, D. 2002. Norms, Normative Principles and Explanation: On Not Getting is from Ought. *Philosophy of Social Sciences*, 32(3): 329–364.

Jones, B. D. 1999. Bounded Rationality. *Annual Review of Political Science*, 2: 297–321.

Kahneman, D., Knetsch, J. L. and Thaler, R. H. 1990. Experimental Tests of the Endowment Effect and the Coase Theorem. *Journal of Political Economy*, 98(6): 1325–1348.

Kahneman, D. and Tversky, A. 1979. Prospect Theory: An Analysis of Decision under Risk. *Econometrica*, 47(2): 263.

Kornblith, Hilary. 1994. "Introduction". *In Naturalizing Epistemology*, 2nd edition, edited by Hilary Kornblith, 1-14. Cambridge, Mass: MIT Press.

Levin, Y., A. Cahen and I. Aharon. 2013. Naturalized Rationality, Evolutionary Psychology and Economic Theory. *Journal of Cognition and Neuroethics*, 1(1): 39–72.

Loomes, G. and R. Sugden. 1982. Regret Theory: An Alternative Theory of Rational Choice under Uncertainty. *Economic Journal*, 92(4): 805–824.

Nisbett, R. E. and T. D. Wilson. 1977. Telling More Than We Can Know: Verbal Reports on Mental Processes. *Psychological Review*, 84: 231–259.

Qattrone, G. A. and Tversky, A. 1988. Contrasting Rational and Psychological Analyses of Political Choice. *The American Political Science Review*, 82(3): 719–736.

Quine, W. V. 1969. Natural Kinds. In *Ontological Relativity and Other Essays*, 114–138. New York: Columbia University Press.

Simon, H. 1957. A Behavioral Model of Rational Choice. In *Models of Man, Social and Rational: Mathematical Essays on Rational Human Behavior in a Social Setting*, 241–260. New York: Wiley.

Simon, H. 1978. Rationality as Process and as Product of Thought. *American Economic Review*, 68(2): 1–16.

Simon, H. 1995. The Information-Processing Theory of Mind. *The American Psychologist*, 50(7): 507–508.

Stich, S. P. 1994. Could Man Be an Irrational Animal? Some Notes on the Epistemology of Rationality. In *Naturalizing Epistemology*, edited by H. Kornblith, 337–357. Cambridge, MA: MIT Press.

第十五章
信任、规范与理由

拉迪斯拉夫·科伦（Ladislav Koreň）

第一节　合作与信任之谜

人类作为一种高度社会化的生物，其独特的共存模式在前所未有的程度上取决于合作。合作通常会产生正外部性，这种正外部性很难通过个体的努力来实现。然而，众所周知，人们往往会有卸责（shirking）或搭便车的动机，从而利用所产生的正外部性，这使得那些试图避免成本的机会主义者带来了更高的净收益。因此，为了在这种社会困境中实现有效合作，这些相互依赖的行为者在社会不确定性的条件下似乎需要一定程度的信任，这促使他们愿意在合作中将自身利益交由他人掌控，并信任他人会履行承诺。事实上，在现实生活的社会困境中，合作并不少见。尽管人们对物质激励很敏感，但这表明他们也会出于其他动机采取行动，并相信他人也会出于类似的动机采取行动。

根据社会学科和行为学科的普遍观点，如果我们想要说明强有力的意向行为模式，就需要一种决策模型，使人类行为者具备经验上合理的动机能力与认知能力，这些能力正是这种行为模式背后的原因。人们通常认为，在这个层面上的说明应该根据相互关联的喜好（愿望、偏好）和信念（预期），来合理化意向行为。因此，当代社会研究和行为研究中讨论的热点问题是：什么样的经验上合理的喜好和信念能够解释人们的合作、信任和互惠的倾向（特别是在社会困境或类似的混合动机互动情况下）？

大量研究集中在雄心勃勃的经济理性模型上，该模型将人们描述为以工具性决策者的身份最大化其预期物质收益（通常是金钱或可兑换为金钱的东西）。对于支持者和批评者来说，主要问题是：当涉及说明不同社会领域中稳固的合作、信任和互惠的模式时，我们能在多大程度上理解这种简约的经济人模型？尽管该模型的支持者在设计自利的社会行为模型方面很有独创性，但长期以来，人们一直怀疑，该模型在说明社会困境中的合作行为的高合作率时显得力不从心（除非假设行为者存在经验上不合理的认知缺陷）。的确，这一模型在社会科学和行为科学中的方法论霸权主张，受到了经济学、博弈论和相邻学科的"行为-实验革命"的挑战。其实践者主张系统地使用控制性实验室实验，来确定可能引发可观察的社会行为的动机，而这些动机在现实生活情境中往往难以区分。具体而言，这些实践者们专注于一次性实验博弈（采用不同的实验协议），这些博弈的设计旨在控制各种自私的合作动机，他们认为从这些博弈中获得的行为证据表明，人们关心的往往并不仅是自己的物质收益，还关心其他东西——例如，他人的福祉、相对的物质收益差异、公平、平等——即使这会使他们牺牲自己的物质收益。

这一理论与实验结合的研究非常及时且富有成效，但对于我们是否有充分的理由从人们在实验室条件下的行为中推断出驱动现实社会行为的直接动机，仍然是一个持续争议的问题。话虽如此，有一个强有力的经验假设在实验研究和现场研究中得到了相当大的支持，即人类行为者的群体在动机上是异质的，特别是包含了相当比例的表现为条件合作者的行为者。条件合作者是倾向于在他人愿意合作的条件下与他人合作的类型，他们不仅对互动作用的可能结果具有敏感性，而且对互动合作者过去的行动、机会、信念和意向都具有敏感性——更重要的是，他们对构建社会交换语境的社会规范具有敏感性。由于这些类型在社会困境中相互作用的大量行为者之间具有足够的代表性，因此可以说更容易解释高合作率。

本章旨在进一步探索这种进路在信任基础上的社会互动中的应用潜力。首先，我回顾了相关的实验证据，这些证据表明，信任困境中的合作（部分）归因于条件合作者，他们愿意建立和维护相互受益的信任-互惠关系。接着，我又讨论了社会规范对信任-互惠关系的影响，特别是在社会不确定性条件下社会规范在协调条件合作者的意向和信念方面的重要作用。在此基础上，最后我说明了这一进路如何使我们能够将许多基于信任-互惠的社会交换解释为合理的，尽管从简约的经济人模型视角来看，基于信任-互惠的社会交换是有问题的。

第二节　实验室里的信任和互惠

许多理论家提出，强调信任问题的社会困境，可以通过具有*囚徒困境*（Prisoner's Dilemma，PD）收益结构的混合动机博弈来建模。如图 15.1 所示。

参与者2

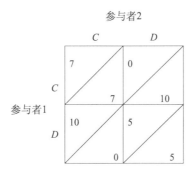

图 15.1　物质收益中的囚徒困境——标准形式[1]

假设参与者 1 和参与者 2 是狭隘的自利参与者，他们都追求预期物质收益的最大化，并且彼此都知道这一事实，经济人模型所使用的传统博弈论分析（traditional game theoretical analysis，TGA）预测了囚徒困境类型互动中的相互背叛。因为对于参与者 1（与参与者 2 对称）来说，背叛是严格优势策略，所以传统博弈论分析的标准解假设，理性参与 1 和参与者 2 应该通过消除严格劣势合作策略，推理得出唯一的纯策略纳什均衡（背叛；背叛）。但是，他们最终得到的结果（5；5）是由帕累托效率结果（7；7）主导的收益。然而，从集体的角度来看策略形势，似乎只有参与者 1 和参与者 2 相互*信任*而不背叛，他们才有希望达成最优结果。但是，但由于他们的策略都是基于相同的策略考量，且彼此都清楚这一点[2]，因此无法产生或维持互惠信任，从而阻碍了他们之间的合作。

传统博弈论分析的一大优点是，当狭隘的自利行为者之间出现信任或合作交易时，这一分析使我们能够以精确的、具有启发性的方式建模。一方面，传统博弈论分析预测，在囚徒困境类型互动中，如果参与者具有理性的共同知识，合作永远不是明智的选择，即使参与者 1 和参与者 2 在有限范围内反复与对方进行互动时也是如此。[3]另一方面，符合传统博弈论分析的情况是，可能会出现有利于信任或合作的条件是：①当囚徒困境类型博弈在无限时间范围内重复进行时；②当它在有限范围内重复进行时，同时涉及参与者关于其理性的不完整（不对称）信息；[4]③当囚徒困境类型的互动被旁观者观察时，这些旁观者最终可能会成为类似互动中参与者的合作伙伴，或者可以与其他未来的互动伙伴共有关于某人表现（声誉）的有价值的信息。在这三种情况下，从长远来看，采取信任（合作）并获得作为条件信任（合作）回报者的声誉，可能比被视为目光短浅的机会主义者更有利。

尽管运用传统博弈论分析的经济人模型在竞争性市场类型的互动中已被证明是相当成功的，但行为经济学家和博弈论家对该模型进行了系统的实验检验，以评估它作为一种实证理论在多大程度上使我们能够预测和说明现实生活中的互动。在不同的实验条件下，他们研究和比较了囚徒困境类型物质收益结构（以及其 n 人不同

版本，如公共物品博弈）的策略形势中的人类行为：无论是一次性的还是重复的版
本，包括匿名或非匿名参与者，有或没有观察者记录参与者的表现，有或没有第二
方或第三方惩罚的威胁，是否使参与者交流，等等。虽然观察到的数据在不同的控
制变量（以及跨文化[5]）方面或多或少存在显著差异，但有一点尚未得到证实：传统
博弈论分析的悲观预测，即作为预期私人收益最大化者的人们，应该在一次性囚徒
困境中相互背叛（或者，就此而言，在有限重复的完全信息囚徒困境中）。事实上，
已经观察到 40%～60% 的受试者倾向于在一次性囚徒困境类型博弈（或在重复囚徒
困境博弈的第一轮）中进行合作。我们可以将参与者在此类互动中的合作意愿解释
为，对互动伙伴信任程度的揭示，在这个意义上，这类实验数据可能会告诉我们一
些有关当前问题的启示。

与囚徒困境模型一样重要的是，许多典型的基于信任的社会交易——例如参与
者 1 和参与者 2 之间的物品或服务的序贯交换（完全或有效地）不受可实施的合同
的约束，而且通常涉及参与者 1 先履行其职责和参与者 2 随后履行其职责之间的时
间差——通过扩展形式中的序贯博弈更好地建模，在这种形式的博弈中，参与者 1
可以通过信任合作发起交易，参与者 2 通常事先知道参与者 1 的决策，然后决定是
报答（守护）信任还是辜负信任。在文献中，通常被称为基本信任问题的正是指那
些两难情境，在这些情境中，参与者 1 要决定是否与参与者 2 展开潜在的有效合作
互动，但是在选择合作选项时面临行为风险，因为参与者 1 将对其合作风险的控制
权转让给了参与者 2，而参与者 2 随后决定是否报答合作，同时有突出的物质动机
去利用机会从而获利。因为参与者 1 选择的合作选项使得互动及其结果（部分地）
在参与者 2 的掌控之中，所以信任的基本问题涉及参与者 1 的风险和脆弱点，事实
上，这两者通常被认为是互动的基本要素。

图 15.2 表示这种交互的动态模型，其中参与者 2 根据他关于参与者 1 之前行动
的信息来选择自己的行动，前提是参与者 1 决定发起交易。[6]

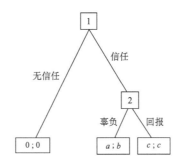

图 15.2　扩展形式中的信任博弈

在具有这种激励结构的情况下，参与者 1 和参与者 2 都意识到，与甚至没有

发起交易时的现状结果（0；0）相比，他们可以从交易中获得互惠的好处［即（c；c）］。然而，参与者1面临的风险是，参与者2可能会选择通过在机会主义上利用她的信任来对她造成损害/损失（即 $a < 0$），因为这最大化了参与者2在该决策点上的收益（即 $c < b$）。

　　假设 $a < 0 < c < b$ 是物质（货币）收益结构，参与者1和参与者2在该结构上实现物质收益最大化——双方都知道这一点——传统博弈论分析预测了他们在子博弈完美均衡（无信任、辜负）下的博弈，这导致帕累托劣势结果（0，0）。[7]然而，在这种类型的一次性信任博弈的实验室实施中，人们已经观察到了相对较高的合作率和互惠率。这对经济人模型中所使用的传统博弈论分析的准确性产生了初步怀疑。

　　二元信任博弈以非此即彼的方式[①]建立信任模型。然而，实际上人们倾向于在不同程度上展现信任和报答的行为。为了分别衡量信任度和可信度，研究人员对投资博弈展开了大量深入的实验研究。在伯格等（Berg et al., 1995）[8]首次描述的基准设定中，博弈论涉及两名匿名参与者。参与者1被指定为发送者（或信任者）的角色，参与者2被指定为响应者（或受托者）的角色。然后，实验者给参与者1分配了 x 个（例如10个）代币，给响应者分配了 n 个代币。[9]参与者1开始博弈时需要决定，是否将一些正数金额为 y（满足 $y \leqslant x$）的代币发送给参与者2，或者把所有的代币都存入自己（参与者1）的私人账户。如果参与者1选择不发送任何东西，则博弈结束，每位参与者保留初始分配的代币（这些代币会按预先设定的汇率兑换成金钱）。如果参与者1发送了一些东西，实验者将 y 乘以一个正因子 k（通常 y 会被翻两倍或三倍），这样参与者2得到的代币数量为 ky。此时，参与者2可以决定是否将一些正数金额为正数 z（$\leqslant n + ky$）的代币转回给参与者1，或者将所有代币存入自己（参与者2）的私人账户中。

　　根据该方案，参与者1的投资 y（相对于 x）被视为对参与者1的信任度的衡量，而参与者2的回报 z（相对于盈余 ky）被视为对参与者2的可信度（即愿意回报信任的程度）的衡量。值得注意的是，大量复制该方案的实验研究表明，相当一部分先动者（参与者1——译者注）倾向于向次动者（参与者2——译者注）发送正数金额。事实上，先动者的投资通常为 $0.4x \sim 0.5x$。然而，回应者（即次动者——译者注）的回报结果更具挑战性。虽然 z 通常为正数，但平均值约为 $0.95y$，这表明信任（通过 y 衡量）尚未完全得到回报。尽管如此，但仍然有相当数量的回应者返还的金额 z 超过了先动者最初的投资 y，也就是 $z > y$。[10]

　　这些发现与传统博弈论分析关于一次性困境博弈的标准预测背道而驰，传统博弈论分析假设参与者最大化的是他们的物质收益。如果参与者1"天真地"选择相

----

① 即参与者要么完全信任，要么完全不信任的方式。——译者注

信参与者 2，那么参与者 2 应该会辜负这种信任，因为这是参与者 2 在相关决策点上的最大化自己收益的选择。但是，作为一名自利的最大化者，参与者 1 知道（或相信）参与者 2 与自己一样理性且自利，因此参与者 1 能够预测到参与者 2 会选择背叛。因此，参与者 1 通过逆向归纳法将自己推回到初始决策点，应该意识到不发送任何东西，自己会处于更有利的位置。因此，传统博弈论分析所预测的是，在这些条件下不会有任何交易。然而，在这种情况下，参与者 1 和参与者 2 将放弃获得更高收益的机会。

此时需要特别注意的是，经济模型所面临的困难并不仅仅取决于观察到的陌生人之间一次性互动的行为。即使我们引入了诸如面对面接触或赛前交流等社会要素，这个困难仍然存在。与匿名条件下的一次性互动（无论是单盲设计还是双盲设计）不同，这类社会互动——社会距离较低的情况下——在现实生活中非常常见，并且通常会带来有益的结果。这一点已在对照实验中得到了充分证实，在对照实验中发现，此类因素的引入与合作率的提高存在相关性（参见 Ostrom，2003）。然而，按照传统博弈论分析的观点，这种"廉价"的言语信号不应该真正改变互动中的潜在激励结构。

第三节　条件合作和信任 – 互惠关系

如果在实验室和现实生活中，经济人模型在说明所观察到的信任困境的合作行为时失去效力，那么社会和行为理论家能提供什么样的合理说明呢？为了回答这个问题，人们提出了许多替代性方案（不一定是排他性的），它们基于对基本信任和投资博弈的不同修改。讨论和比较它们的优缺点超出了本章的范围。在下文中，我将讨论最近的两项研究，这两项研究都指向一个相关的假设：相当一部分人表现为条件互惠者，他们使用某种社会规范推理促使他们各自的意向、信念和行动产生，并使这些意向、信念和行动相互关联，以达到有效合作的结果。

麦凯布等（McCabe et al.，2003）的第一项研究重点探讨了，信任-互惠机制在生成和维持信任的社会困境中的合作的潜在影响。研究者们进行并比较了他们称为*自愿信任博弈*和*非自愿信任博弈*（两者都在单盲设计下进行），结构分别如图 15.3和图 15.4 所示。

在自愿信任博弈中，参与者 1 可以在两个选项中进行选择。*向右移动*是退出选项，这样两名参与者都能得到 20 个代币。对于参与者 1 来说，*向下移动*是一个潜在的代价高昂的选项，因为如果参与者 2 选择背叛（通过*向下移动*），则参与者 1 将面临损失 5 个代币的风险（相比于退出选项中的确定收益），这将使参与者 2 获得 30个代币。但如果参与者 2 选择回报信任，这个行动将导致帕累托效率结果（两人都获得 25 个代币）。相比之下，在非自愿信任博弈中，参与者 1 没有向右移动的退出选项，因此不会面临任何正的机会成本（参与者 1 只能获利，唯一的问题——由参与者 2 决定——是获利多少）。

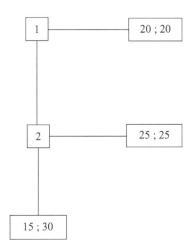

图 15.3　自愿信任博弈

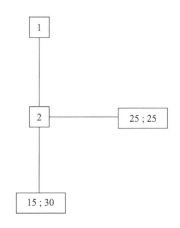

图 15.4　非自愿信任博弈

　　至于传统博弈论分析的预测，如果参与者只关心最大化他们的预期物质收益（在共同知识的标准假设下），那么策略组合（*向右移动，向下移动*）是自愿信任博弈（在纯策略中）的唯一子博弈完美均衡。然而，这一预测并未得到证实。更重要的是，研究者们报告说，与自愿博弈相比，非自愿博弈中的互惠交易显著减少：在自愿博弈中，27 个先动者中有 17 个选择向下移动，17 个次动者中有 11 个回报了信任，但在非自愿博弈中，27 个次动者中只有 9 个选择向右移动。重要的是，这种差异不能仅仅只根据参与者对物质收益的涉他偏好来说明，这与以结果为导向的社会偏好模型相一致，比如费尔和施密特（Fehr and Schmidt，1999）以及博尔顿和奥肯费尔斯（Bolton and Ockenfels，2000）的不平等厌恶模型[11]。问题在于，参与者 2 在两个博弈中有完全相同的选项，且收益也完全相同。因此，在这两个博弈中，参与者 2 的回报信任的概率应该是相同的。

作为介于*经济人模型*和*纯粹以结果为导向的社会偏好模型*之间的可行中间道路，研究者们提出了他们自己的*信任-互惠假设*（*TR 假设*）。假设有一部分人表现为合作者（报答者），倾向于在其他人也愿意合作的情况下，与合作伙伴友好互惠地合作。假设这些人面临由自愿信任博弈建模的序贯合作困境。意识到合作可以产生互惠，参与者 1 作为条件合作者，可能希望通过合作来实现有益的交换，前提是他相信参与者 2 准备牺牲一些东西来以恩报恩，并能够把合作"理解"为参与者 1 的善意意向的信号，以实现依赖于参与者 2 的积极互惠的有益交易。此外，这些都是信任得以实现的条件，其促使参与者 1 发出信号，表明他愿意与参与者 2 建立信任互惠关系，从而希望通过参与者 2 意识到他的这一意向，引起参与者 2 产生积极互惠的行为。

鉴于意向的这种递归结构，并借鉴巴伦-科恩（Baron-Cohen，1995）关于*读心*（作为心智理论的一种）的研究，研究者们认为，传达和理解意向的相关机制，可能是参与者关于彼此从社会交换中获得潜在收益的信念问题，以及参与者关于他们机会成本的-信念问题。

> 根据信任-互惠假设，次动者关于先动者意向之信念的形成，必须被理解为包括先动者行动的机会成本。

（McCabe et al.，2003：269）

重要的是，如果参与者 1 没有一个对他来说机会成本为正的选项，或者参与者 2 不知道参与者 1 有这样的选项，那么参与者 2 难以将参与者 1 的行动解释为旨在建立信任-互惠关系的行动。根据*信任-互惠假设*，我们预计在这种情况下，参与者之间的合作和互惠应该比在先动者获得这种"信号"机会的情况下要少。碰巧的是，上述两种处理方案中的合作率之间的差异与*信任-互惠假设*是一致的，事实上是由*信任-互惠假设*所预测的。

一次性自愿信任博弈（与非自愿信任博弈相比）的数字可以被解释为，揭示出占有相当大比例的人类行为者（如实验中所示）表现为条件合作者——他们根据对社交伙伴的机会、意向和信念的评估，以及对各自物质收益的评估，随时准备合作和报答。不可否认，很大一部分受试者的行为与传统博弈论分析模型一致——选择了子博弈完美均衡（在纯策略中）推崇的非合作策略。尽管如此，这一群体似乎并不仅仅——甚至不主要——由目光短浅的机会主义者组成。第一，次动者的互惠行动不是收益最大化策略。第二，尽管扮演先动者角色的精于计算的机会主义者可以通过向下移动来碰碰运气，但只有在他们相信当前参与者中并非每一位都是理性机会主义者的情况下，他们才会理性地选择下移——实际上，他们必须认为在当前特定的参与者群体中遇到合作者（互惠者）的概率足够高，才能采取这种冒险的合作选择。第三，尽管涉他偏好（如纯粹利他主义、不平等厌恶等）可能会在推动先动者给予次动者某些利益的动机中发挥作用，但实验证据表明，先动者将其信任置于次动者身上的意愿，与先动者对次动者互惠的期望呈正相关关系（事实上，随着他们对互惠期望的增强，投资往往也随之增加）。第四，研究发现，倾向于以次动者角色报答的受试者也倾向于以先动者角色投资，但反之则不然。[12] 这种不对称性可以根据类型异质性的假设来说明。虽然部分表现为可信赖类型的条件互惠者，在担任先动者的角色时也愿意给信任（即给合作一个机会），但理性机会主义者在一次性博弈中既不值得信赖，也没有理由去建立起可信任的声誉，然而，如果他们期望他们的伙伴能够回报他们的投资，他们也可能会给予一些让步，但是当他们担任次动者角色时，可能会选择背弃承诺。

第四节　受社会规范调节的信任

在与社会困境密切相关的实验室的实验中，以及在现场研究中，人们进一步收集到的证据表明，相当大比例的人是条件合作者（互惠者），他们（a）一旦进入社会困境后希望有更多的人能够互惠，（b）他们自己在选择进入社会困境时更愿意以合作的意向进入社会困境。因此，埃莉诺·奥斯特罗姆（Elinor Ostrom）总结道：

> 鉴于这两种倾向，此类自愿活动的反馈将产生确凿的证据，证明他们采用了一种长期有效的规范……社会科学实验中抽取的相当大比例的群体……他们确实有足够的信任，相信其他人是互惠者，即使在一次性的、没有交流的实验中也愿意与他们合作。

（Ostrom，2003：49；斜体为我所加 [①]）

奥斯特罗姆在这里所考虑的是，条件合作者所采用的规范——一种在长期内对他们有益的规范——是互惠的规范。正如她还指出的，由于规范是通过社会化-文化适应过程而形成的，因此它们对行为的影响可能对各种环境变量具有敏感性。例如，大量的实验研究表明，条件合作者之间的信任和互惠水平对一些因素非常敏感，比如面对面接触和博弈前关于博弈本质的交流等因素，这些因素使诺言和承诺得以形成，大概是因为条件合作者对信号很敏感，这些信号表明在合作事业中他们的潜

---

① 本章作者在引用埃莉诺·奥斯特罗姆的观点时，把"规范"一词用斜体标注，表示作者希望特别强调，斜体处理是本章作者自己加上去的，而不是原文就有的。——译者注

在伙伴是条件合作者，其具有必要的信念和意向（情感信号可能在这里发挥重要作用[13]）。

麦凯布等并没有将他们关于条件合作者的信任-互惠机制与社会规范联系起来，但在与他们的研究纲领密切相关的一项研究中，霍夫曼等（Hoffman et al.，1996）强调了条件合作者的信任-互惠机制与互惠规范的联系，将这些互惠规范定义为：

> 如果一个人向另一个人提供一部分利益，则第二个人应在合理时间内进行回报。

（Hoffman et al.，1996：341）

互惠规范可能会对面临信任困境的条件合作者产生吸引力，这一观念引起了人们的广泛兴趣，但如果不进行更详细的阐述，这个观点可能就沦为一种同义反复，即互惠者倾向于互惠。为了提出一个更具体的建设性建议，我们现在转向比基耶里等（Bicchieri et al.，2011）的研究，该研究重点关注社会规范在信任困境中的作用。

根据比基耶里（Bicchieri，2006）对社会规范的有影响力的解释，比基耶里等假设，如果社会规范（与个人规范截然相反）在信任困境中发挥作用——引起参与者合作和/或互惠——参与者应该具备以下两种预期：（a）经验预期，即有足够多的其他人遵守这些规范，以及（b）规范预期，即有足够多的其他人期望他们遵守这些规范，并最终准备好对违反规范的行为进行制裁。因此，如果参与者将互动情境解释为提示了某一显著的社会规范（将其归类为与他们所熟悉的某些典型情境类似的情境），那么，他们可能会在拥有相互关联的经验预期和规范预期的条件下，表现出符合该规范的行为。[14]基于这种社会规范的观点，比基耶里等的进路是，在受试者被告知，在先前进行的投资博弈中，信任者（或受托者）要么不向其互动伙伴发送（或发回）任何金额，要么（越来越多地）发送一些正数金额，来引出受试者的规范预期。对于向他们描述的每个场景[15]，受试者被问道：①他们将用什么样的收益扣减（如果有的话）来惩罚发送者（响应者）的不同类型的零投资或正向投资（回报）行为；②他们预期自己所在实验组中有多少参与者不会惩罚这种行为；③他们预期自己所在实验组中的其他参与者通常会受到什么样的惩罚。[16]此外，为了检验这种假设，即深厚的信任关系可能有其自身的特定规范（如朋友之间的信任规范），而在"普遍信任"（介于非关联方、缺乏正式或非正式合同、执行机构等）的情况下这些规范不需要起作用，研究者们还对*朋友实验组*（*the friend treatment*）和*陌生人实验组*（*the stranger treatment*）进行了比较。这两种实验组之间的唯一区别在于，特定实验组中的参与者被告知，他们要评估的互动要么发生在朋友之间，要么发生在陌生人之间。

在分析了62名受试者（*陌生人实验组*30名，*朋友实验组*32名）的反应后，研究者们报告说，数据在统计学上并不支持这样的假设，即信任的社会规范在这种信任困境中发挥作用（甚至在*朋友*实验组中也不例外！）。他们的分析表明，平均而言，受试者预期他们实验组中的大多数人不会惩罚不进行任何资金转移（即零转移）的信任者。与此同时，他们的数据似乎确实支持了这样一个假设，即适用于次动者的互惠规范可能发挥作用，因为平均来看，受试者预期他们实验组中的大多数人会通过削减收益来惩罚零回报的行为。相比之下，受试者并不预期 $z>y$ 的回报会受到惩罚。同时，他们没有发现任何证据表明，规范预期支持规定有益（或公平）回报的社会规范，因为回报 $z=y$ 也不被预期会受到制裁。在这里，陌生人实验组和朋友实验组之间的差异再次在统计学上不显著。

根据他们的研究结果，比基耶里等得出结论是，一些证据表明，互惠的社会规范在混合动机的信任博弈中起作用：

> 如果确实存在互惠规范，并且这种规范为大家所普遍接受，那么，对于信任者来说，试图让受托者关注这种规范是有意义的，期望受托者会因此做出回报，从而使信任者受益。

（Bicchieri et al.，2011：173）

在这个关键点上，比基耶里等和麦凯布等的研究可以理解为是相辅相成的。综合这两条研究路径，我认为，类似于麦凯布等所描述的信任-互惠机制的某种东西，可能有助于先动者在一次性信任博弈中引导次动者关注互惠规范——特别是当先动者和次动者都是陌生人时——在考虑到一系列可用的机会的前提下（包括实际上没有抓住但本可以抓住的机会），这种信任-互惠机制将有助于他们"理解"（当然，这种理解是可能出错的）彼此的合作意向（McCabe et al.，2003）。麦凯布等描述了一种看似合理的*社会推理*机制，该机制将参与者集中在一个显著的互惠社会规范上，即使在一次性匿名互动中这种规范也可能起作用，而在这种互动中，参与者无法利用视觉上的或言语上的线索。

第五节　结论性讨论

已有的文献对基于信任的合作提出了几种不同的说明，其中许多都诉诸某种社会偏好（如社会偏好的不平等厌恶模型）或邻近机制（如风险导向、内疚厌恶或背叛厌恶）。[17] 现在让我强调一下对社会规范敏感的条件合作假说的相对优势。由于篇幅有限，预期比较将仅限于以结果为导向的社会偏好模型。

社会偏好模型通常假设，诸如利他主义或不平等厌恶等社会偏好是人们相对稳固的特质，有别于自利类型。由于这些特质的稳固性，在常见的生活博弈中以及实验室进行的相关实验博弈中，它们应该转化为相对稳固的亲社会行为。我们已经看到了麦凯布等（McCabe et al.，2003）所指出的一个与纯粹以结果为导向的社会偏好模型有关的问题：自愿信任博弈中的合作率明显高于非自愿信任博弈中的合作率。总的来说，几位研究者认为，目前尚无充分证据表明，从特定的一次性实验博弈或一组博弈（*例如，从最后通牒博弈*）推断出的社会偏好是具有足够稳固性的，因为它们能够在相关的一次性博弈或重复博弈中继续可靠地表现出来，并且在面对框架、信息、社会距离或分组效应的操纵时仍然保持相对稳定（参见 Bicchieri，2006；Binmore，2007；Woodward，2008，2009a，2009b；Binmore and Shaked，2010）。

另外，在不同（但相关）的博弈中所观察到的人们行为的可变性，与如下假设相一致，实际上也是由这一假设预测的，即在相互依存的社会交换情境中，相当一部分人类行为者表现为条件合作者，并对协调他们意向、信念和行动的社会规范具有敏感性。社会心理学中已有充分的文献记录，社会情境的规范框架是一个普遍存在的现象，对语境线索高度敏感，在混合动机的情境中，这些线索可能会激活参与者遵循不同的社会规范，即使这些混合动机情境在物质收益方面可能具有相同的结构，但语境背景却各不相同。此外，社会规范在不同文化群体中存在显著差异。如果是这样的话，人们在实验室和现实生活中观察在不同博弈中表现出的不同行为时，就不应该感到惊讶，这取决于社会交换的社会性质，而这种社会性质本身依赖于从语境中的线索所获取的信息。这与已有的实验证据非常吻合，即参与者通常关注合作者的意向、信念和机会（的信号），并试图在社会交换的情境中弄清这些信息，在这些社会交换的情境中，互惠的社会规范——无论是一般的还是具体的——可能会被期望引发和/或加强信任互惠关系。

此外，如果信任-互惠机制确实有效，首先，我们可以预料到的是，当次动者对先动者的策略集和/或其相关机会成本的信息不足时，参与者之间的合作程度可能会降低。事实上，有一些证据支持这种效应（参见 McCabe et al.，2003：274）。其次，由于完全匿名会带来"盖革效应"，该效应使参与者感觉自己是"隐形的"（在实验室中通过双盲实验程序模拟），因此，在这种条件下，共有规范对互动受试者的约束力可能比在不完全匿名（单盲实验程序）条件下要弱，除了那些已经足够内化行为规范的个体之外。事实上，"无人监视"这一因素对互惠水平下降的影响已经在几项研究中报道过，这些研究记录到，与单盲实验处理相比，双盲实验处理中的合作水平在统计学上显著降低。[18] 其结果是，社会语境尤其是社会距离是非常重要的因素：参与者之间以及参与者与旁观者（例如实验者）之间的社会距离越大，社会规范的约束力就越弱。

然而，上述解释为我们提出了三个需要解决的问题。第一，人们可能会质疑，如何调和比基耶里式社会规范解释所预测的不同社会博弈中的行为可变性，与我们假设的行为者具有相对稳定特质的条件合作倾向（这或许是由人类祖先进化而来的特质）。第二，对于可能不会把自己的偏好建立在支持真正社会规范的经验预期和规范预期基础上的人，如何解释他们的合作行为呢？第三，在什么意义上，我们可以说社会困境中的信任和互惠是理性的呢？

关于第一个问题，伍德沃德（Woodward，2009b）对条件合作的精妙分析表明，这一问题未必存在真正的冲突，因为条件合作者在社会伙伴的目标、意向和信念方面必然面临社会不确定性（或不确定性）。正如他所说明的，条件合作者可能需要某些焦点来协调他们的信念。目前，社会规范的一个重要的基本原理就是提供这样的参考点，即在特定的社会交换中，人们对何种行为被视为信任和互惠的行为，或者对何时应采取积极或消极的制裁，都拥有共有的预期。否则，社会困境中的互利合作可能很难启动，甚至在动机恰当的条件合作者之间也可能因为无法协调而解体。由于社会规范在这一角色中协调特定类型的社会交换——这些类型通常在文化上存在差异——我们应该预期：①在不同类型的社会博弈或在不同文化中所进行的类似社会博弈中，条件合作者的行为存在显著差异；②对各种框架效应的敏感性。这两个预期都得到了经验支持：几项基于实验室实验和现场研究的研究，报告了行为的框架效应以及行为的语境可变性和文化可变性。

不过，伍德沃德的分析提出了对上述比基耶里等的研究的一个表面上的困难。正如他认为的，假设社会规范作为条件合作者的参考点，发挥着重要的协调作用，那么在某类社会交换中，受试者贡献的显著差异似乎表明没有特定的社会规范能够有效地协调这种社会交换。尽管伍德沃德并没有明确提到比基耶里等的研究，但他提到了关于一次性投资博弈实验中的证据：事实上，先动者和次动者的贡献水平存在显著差异。这似乎表明，并不存在信任和互惠的特定社会规范——具体规定给予和返还多少是合适的。

正如我们所看到的，比基耶里等同意如下结论，即在投资博弈中没有特定的社会信任规范起作用。但她们可能会拒绝这样一种结论，即在投资博弈中不存在协调受试者博弈的互惠的特定社会规范，因为她们引出的规范预期可以被视为指向一个特定的互惠参考点，即 $z=y$（这与投资博弈的重复数据一致，这些数据表明，平均而言，先动者的投资至少会得到回报）。

第二个问题更为紧迫，特别是对于比基耶里等的进路而言，这种进路隐含地依赖于这样一种观念（Bicchieri，2006；该观念在其中有明确表述），即由个人规范所塑造的偏好——与由社会规范所塑造的偏好明显不同——无法可靠地转化为实际行为，恰恰因为它们不以经验的和／或规范的信念为条件。也就是说，比基耶里等的实验设计并没有否定这样一种假设，即一定比例的信任者和互惠者的动机可能来自带有道德色彩的个人的信任规范或互惠规范。[19] 肖恩·尼科尔斯（Nichols，2010）在回顾比基耶里和肖（Bicchieri and Xiao，2009）在两种实验处理下研究独裁者博弈时提出了一个相关观点：第一组的独裁者被告知，前一年参加同一实验的受试者中有 60% 将意外所得的 20% 或更少给予接受者，而第二组的独裁者被告知，前一年参加同一实验的受试者中有 60% 将意外所得与接收者大致平分。与比基耶里对社会规范的解释相一致，比基耶里和肖能够说明那些受试者中出现了较高的平分意外所得的比例，其中那些受试者的经验预期被引导，从而认为在受试者的实验组中有足够多的其他参与者会平分意外所得。然而，如何解释三分之一的受试者在没有预期他们的实验组中足够多的其他参与者会平分意外所得的情况下，仍然选择平分意外所得的现象？尼科尔斯推测，平分意外所得的规范对相当一部分人来说可能是一种个人规范，这种规范往往会被道德化，并与人们在社会地位受损时（如不平等地分配意外所得）与自然产生的负面情绪（愤怒）产生共鸣。此处不打算详细探讨这一引人入胜的假设或尼科尔斯的具体论点。上述考虑足以表明，作为社会困境中合作行为的决定因素或共同决定因素，个人价值或内化规范不能被轻易摒弃。因此，在方法论上，为了理清个人规范和社会规范对信任困境中合作的相对影响，就需要一个更复杂的实验设计，来比较（a）个人价值和实际行为之间的相关性，以及（b）经验预期和 / 或规范预期和实际行为之间的相关性。

最后，到目前为止，我们的论点对信任困境中信任与互惠的理性问题有何启示？比基耶里等提出如下观点：

> 信任建立在互惠规范的基础上。这些规范的存在为我们提供了期望得到回报的理由。我们期望人们帮助那些曾经帮助过他们的人，因此我们期望那些我们信任的人有义务守护我们的信任。信任之所以可以被视为是理性的，是因为信任者期望通过他的行动使受托者关注互惠规范并做出适当回应。

（Bicchieri et al., 2011: 181）

关于互动伙伴过去的行为和声誉的信息，通常为条件合作者提供了充分的理由，让他们进入可能有益的风险社会交换中。然而，我们还需要说明，在信任困境中，缺乏这种关于合作伙伴的个人信息时，为什么会出现中等程度的合作。由于比基耶里所说明的社会规范依赖于经验预期和规范预期，这些预期在本质上具有普遍性，因此它们适合于影响人们在扩展的社会网络中的选择。

因此，条件合作者倾向于在信任困境中进行信任 / 互惠，这基于他们对特定他人的信念以及他们对在特定环境中可能与之交互的行为者类型的普遍预期，并且这两者都会根据日常经验的累积而不断更新。如果他们在特定的社会环境中经历了大量的信任和互惠，可以说，他们可能会赋予与合作者（对社会规范敏感的人）互动一个足够高的概率 p，那么对他们来说，引导他们的社会伙伴，包括陌生人，进入互利的信任-互惠关系是富有价值的。此外，合作伙伴选择（聚集效应）可以进一步提高条件合作者从社会交换中获得互利的机会，使合作者能够根据声誉和各种信号（如沟通信号和情感信号）与相似类型（避免或回避机会主义类型）的人进行互动。因此，从长远来看，条件合作者并非轻易被利用的天真愚者。诚然，在包含自私型和合作型个体的群体中，从客观上看，将某个人基于经验的互惠预期扩展到与陌生人的互动是一种具有风险的推断（虽然主观上可能并不被认为是这样）。然而，除了保持适度的"乐观"，也就是信任，几乎没有任何其他方式可以从相互依存的合作事业中获益。我们所掌握的证据表明，现实中的决策者中有相当一部分人表现得仿佛他们天生具有条件合作的倾向——实际上，这种倾向总体上是有回报的，尽管它们在不利环境中容易受到机会主义的利用。[20]

因此，我得出的结论是，基于信任的合作互动超出了狭隘的经济人模型的范围，这种互动处于一个更具社会性的决策者模型的范围之内，该模型重视条件合作的倾向和认知有界的决策机制，特别是，说明了信任困境中的一些社会行为，这些行为由社会推理的规范启发法所调节（参见 Mesick and Kramer，2001；Ostrom，2003；Bichierri，2006）。事实表明，尽管条件合作者并没有有意识地逐一计算每次合作中"他们能从中得到什么"，但他们的偏好和期望与社会规范交织在一起，使得他们的表现总体上相当不错，或许正是因为他们没有这样计算，才使得他们在合作中表现得更好。[21]

注　释

1. C 和 D 分别表示"合作"与"背叛"两种策略。收益单元格中的数字指代囚徒博弈中每位参与者在特定策略组合（即参与者 1 和参与者 2 的两个行动选项 C 和 D 的交叉点）下，所获得的物质（货币）收益。单元格左半部分的数字表示参与者 1 的收益，右半部分的数字表示参与者 2 的收益。此处假设的是序数排列，而不是衡量参与者对某一特定结果相较于其他结果的偏好程度。

2. 根据传统博弈论分析中体现的标准理性和共同知识假设。

3. 由于参与者被建模为知道博弈在第 n 轮结束，他们可以预见博弈的结束，然后使用逆向归纳法来连续消除劣势选项，类似于一次性博弈的情况。结果表明，纯策略纳什均衡依然是策略组合（背叛，背叛）。

4. 如果在每一回合后进行相同博弈的概率为 p，在每一回合后这一博弈结束的概率为 $p-1$，则囚徒困境无限重复。可以证明，如果以概率 p 所表示的未来折现（the shadow of future）不太低（同样，如果参与者足够耐心且不会过度地折现未来），那么合作可以在稳定的纳什类型均衡中得以维持。事实上，所谓的大众定理（folk theorem）表明，这种无限重复的囚徒困境具有大量稳定（纳什类型）均衡。其中一些指导参与者在每一个回合中都进行互惠合作（或信任的举动），直到互动伙伴出现背叛为止。事实上，在完全合作和完全背叛之间的每一种中间可能性——其中之一就是采用著名的一报还一报（tit-for-tat）策略——都可能发生在均衡策略组合中，因此存在一个微妙的均衡选择问题（参见 Fudenberg and Maskin，1986）。对于第二个启示而言，可参见克雷普斯等的文章（Kreps et al.，1982），他们指出，即使是在合作伙伴"非理性"的可能性很小的情况下（如一报还一报规则的一贯遵循者），谨慎的参与者之间也可能实现合作（或信任），因此，参与者既可以使他们的合作伙伴在相当多的回合中采用一报还一报策略，又可以在博弈迭代过程中根据自身主观先验的更新来调整自身策略。在这样的条件下，合作（或信任）可能会出现，并作为序贯均衡的一部分在有限重复的具有不完全（不对称）信息的囚徒困境中持续好几个回合，因为即使是谨慎的参与者也有建立声誉的动机，好像他们本来就是承诺型参与者（一报还一报的遵循者）一样。然而，在超级博弈即将结束时，当通过剥夺背叛的参与者从未来交易中获益的机会，来消除对他们对未来损失造成的威胁时，条件合作（信任）会逐渐瓦解，参与者会最终回到策略组合（背叛，背叛）。

5. 参见卡梅瑞（Camerer，2003）和亨里奇等（Henrich et al.，2004）的跨文化研究。奥斯特罗姆（Ostrom，2003，2014）对这一领域的研究进行了出色的综述。

6. 与囚徒困境不同的是，在标准的（策略的）形式中，参与者的行动并不是被建模为独立进行的。该博弈基于克雷普斯（Kreps，1990）。另可参见古斯和克里门特（Güth and Kliemt，1998）以及梅西克和克雷默（Messick and Kramer，2001）。

7. 子博弈完美均衡是对包含明确的子博弈的序贯博弈的纳什型均衡的一种精炼。如果一个策略组合在其每个子博弈中都是纳什均衡，那么这个策略组合就是某个给定博弈的子博弈完美均衡。其背后的观念是，在包含子博弈的序贯博弈中，一些纳什均衡可能建立在难以置信的假设威胁之上，然而，参与者在博弈的相关决策点上并没有基于收益的动机认识到这些威胁。子博弈完美均衡是纳什均衡的精炼，因为它们不是基于这种难以置信的威胁。对于给定的博弈，寻找子博弈完美均衡的一个典型方法是使用逆向归纳法，这种方法假设参与者们的理性具有共同的知识。

8. 卡梅瑞（Camerer，2003）和查德胡里（Chaudhuri，2008）在原始投资博弈的各种复制和修改下对后期研究提供了可靠的概述。

9. 我们设定 n 等于 x，与伯格等（Berg et al.，1995）的原始设计相同。

10. 尽管即使是有些回应者确实会返还一些代币，但很少有人返还 z，能够使得两个参与者的收益相等，例如，如果 $x=10$，$n=10$，$y=10$，$k=2$，则很少有人返还 15 个代币来平衡双方的收益。有关此问题的讨论，请参阅伍德沃德（Woodward，2009a，2009b）。

11. 例如，在费尔-施密特模型中，其假设不平等厌恶的两个如下基本指标在异质群体中是均匀分布的，即某一参与者对（a）有利于其伙伴的不平等结果的厌恶程度，（b）对有利于自己的不平等结果的厌恶程度。因此，如果 X_i 表示参与者 i 的物质收益，X_j 表示参与者 j 的物质收益，α_i 衡量参与者 i 对劣势不平等的厌恶程度，而 β_i 衡量参与者 i 对优势不平等的厌恶程度，那么在两位参与者的博弈中，参与者 i 的效用由 $U_i(X)$ 给出，具体为：如果参与者 i 的物质收益少于参与者 j 的物质收益（即 $X_j - X_i \geq 0$），那么 $U_i(X) = X_i - \alpha_i(X_j - X_i)$；如果参与者 i 的物质收益多于参与者 j 的物质收益，即 $(X_i - X_j \geq 0)$，那么 $U_i(X) = X_i - \beta_i(X_i - X_j)$。费尔和施密特假设，一般情况下，参与者对优势不平等的厌恶程度，要比对劣势不平等的厌恶程度要小。拉宾（Rabin，1993）在强调参与者信念和意向作用的重要研究中还表明，参与者 2

可以形成一个判断，判断参与者 1 是否为让自己获益（或最终受损）而做出了一些牺牲（即正的机会成本）。此外，如果参与者 2 是那种以善报善、以恶报恶的类型，那么参与者 2 可以从回报这种善举中受益。

12. 关于这个问题的更多信息，请参见查德胡里和甘加达兰（Chaudhuri and Gangadharan，2007）和查德胡里（Chaudhuri，2008）。

13. 弗兰克的著作（Frank，1988）是研究情绪策略作用的经典著作。

14. 比基耶里（Bicchieri，2006：11）认为，S 型混合动机互动的行为规则 R 被称为群体 P 中的社会规范，如果存在足够大的子群体，（1）使得每个成员 i 都认为 R 存在并适用于 S 情形，（2）i 倾向于遵守 R，条件是（a）$_i$ 认为 P 的足够大的子集在 S 情形下遵守 R，并且（b）$_i$ 认为 P 的足够大的子集期望 i 在 S-情形下遵守 R，或者（c）$_i$ 认为 P 的足够大的子集期望 i 在 S 情形下遵守 R，甚至可能会约束行为。如果在 P_{cf} 中有足够多的人满足条件（2a）和条件（2b）或条件（2c），则称规范 R 在 P 中得到遵循，这促使他们更倾向于遵守 R。

15. 与伯格等（Berg et al.，1995）的原始投资博弈类似，两名参与者都应该以 10 个代币作为起始资金。然而，发送者的策略集（y 的值）仅限于他的初始资金（x）的三个比例值 $\{0, 1/2, 1\}$，而响应者的偿还金额（z）可以根据他的收益（$3 \cdot y$）的比例在 $\{0, 1/3, 2/3, 1\}$ 范围内选择。

16. 可能的罚金对应于参与者各自收益的递增百分比，具体范围为参与者收益的 $\{0\%, 10\%, 30\%, 50\%, 70\%, 90\%, 100\%\}$。

17. 查德胡里（Chaudhuri，2008）提供了对相关文献的最新评论。

18. 关于这一效应，参见霍夫曼等（Hoffman et al.，1996）在独裁者博弈中的研究，以及科克斯和德克（Cox and Deck，2005）在信任博弈中的研究。值得注意的是，麦凯布等（McCabe et al.，2003）使用了单盲实验程序，他们报告说，次动者有很大比例的条件正向互惠。然而，巴梅特勒等（Barmettler et al.，2012）根据其实验处理中的大量数据认为，投资博弈中单盲和双盲实验程序之间的互惠水平的差异在统计学上并不显著。就我所见，这一讨论仍无定论。

19. 类似地，科克斯（Cox，2004）和欧特曼等（Ortmann et al.，2000）的研究，证实了信任-互惠机制在信任和投资博弈中起作用的假设，但他们也确定了许多其他因素——例如无条件利他偏好或不平等厌恶——对信任困境中合作选择的影响。

20. 在条件合作者与自私型个体混合互动的环境中，合作的衰退也是可说明的：如果他们的合作行动在特定的社会互动领域中被反复利用，那么条件合作者就会变得警惕起来，会相应地调整他们的行为策略集。另外，现实生活中的经验和实验室实验中所观察到的"重启"效应，两者都表明，条件合作者通常愿意再给合作另一次机会，优先与相似类型的人合作，他们会监控声誉、机会以及情感和行为的信号，以帮助他们评估潜在互动伙伴的合作意向。"衰退"效应已经在重复进行的囚徒困境类型博弈（包括公共物品变体）中得到了反复验证，这些博弈被设定为有限回合，并且通常是在每个回合之后随机重新匹配互动伙伴的情况下进行的。虽然第一轮的合作水平在 40%~60%，但在接下来的几个回合中，合作水平会下降，而在最后一轮中合作水平相当低。与经济人模型一致的标准说明对这一衰退给予了说明，其要么是从自利行为者的初始困惑和随后学习两方面来说明衰退，要么就是从参与者之间缺乏自利理性的共同知识方面来进行说明，这种共同知识的缺乏可能导致理性机会主义者暂时形成"好人"的名声（参见 Binmore，2007；Kreps et al.，1982）。以上概括性的叙述提供了衰退效应的另一种解释，特别是受到重启效应的支持。重启效应（参见 Issac and Walker，1988；Andreoni，1988）记录了这样一个现象：当受试者在前一个重复的囚徒困境博弈中经历过合作衰退后，在有机会参与一个新的重复囚徒困境博弈时，合作的初始水平往往与之前相同（在 40% ~ 60%）。有关此问题的详细讨论，请参见伍德沃德（Woodward，2009a，2009b）。

21. 我的这项研究得到了基金项目"规范的本质 —— 本体论、语义学、逻辑"（GA13-20785S）的资助。我要感谢雅罗斯拉夫·佩雷格林提供的宝贵意见。

参 考 文 献

Andreoni, James. 1988. Why Free Ride? Strategies and Learning in Public Goods Experiments. *Journal of Public Economics*, 37(3): 291–304.

Ashraf, Nava, Iris Bohnet and Nikita Piankov. 1988. Decomposing Trust and Trustworthiness. *Experimental Economics*, 9(3): 193–208.

Barmettler, Franziska, Ernst Fehr and Christian Zehnder. 2012. Big Experimenter Is Watching You! Anonymity and Prosocial Behavior in the Laboratory. *Games and Economic Behavior*, 75(1): 17–34.

Baron-Cohen, Simon. 1995. *Mindblindness*. Cambridge, MA: MIT Press.

Berg, Joyce, John Dickhaut and Kevin A. McCabe. 1995. Trust, reciprocity, and Social History. *Games and Economic Behavior*, 10(1): 122–142.

Bicchieri, Cristina. 2006. *The Grammar of Society*. Cambridge: Cambridge University Press. Bicchieri, Cristina and Erte Xiao. 2009. Do the Right Thing: But Only If Others Do So. *Journal of Behavioral Decision Making*, 22(2): 191–208.

Bicchieri, Cristina, Erte Xiao and Ryan Muldoon. 2011. Trustworthiness Is a Social Norm, but Trusting Is Not. *Politics, Philosophy & Economics*, 10(2): 170–187.

Binmore, Kenneth G. 2007. Does Game Theory Work? The Bargaining Challenge. Cambridge, MA: MIT Press.

Binmore, Kenneth G., and Avner Shaked. 2010. Experimental Economics: Where Next? *Journal of Economic Behavior & Organization*, 73(1): 87–100.

Bolton, Gary E. and Axel Ockenfels. 2000. ERC: A Theory of Equity, Reciprocity, and Competition. *American Economic Review*, 90(1): 166–193.

Camerer, Colin F. 2003. *Behavioral Game Theory: Experiments in Strategic Interaction*. New York: Russel Sage Foundation.

Chaudhuri, Ananish. 2008. *Experiments in Economics*. New York: Routledge.

Chaudhuri, Ananish and Lata Gangadharan. 2007. An Experimental Analysis of Trust and Trustworthiness. *Southern Economic Journal*, 73: 959–985.

Cook, Karen. (ed.) 2001. *Trust in Society*. New York: Russell Sage Foundation.

Cox, James C. 2004. How to Identify Trust and Reciprocity. *Games and Economic Behavior*, 46(2): 260–281.

Cox. James C. and Cary A. Deck. 2005. On the Nature of Reciprocal Motives. *Economic Inquiry*, 43(3): 623–635.

Fehr, Ernst and Klaus Schmidt. 1999. A Theory of Fairness, Competition, and Cooperation. *Quarterly Journal of Economics*, (114): 817–868.

Frank, Robert. 1988. *Passions within Reason*. New York: Norton.

Fudenberg, Drew and Eric Maskin. 1986. The Folk Theorem in Repeated Games with Discounting or with Incomplete Information. *Econometrica*, 54: 533–554.

Güth, Werner and Hartmut Kliemt. 1998. The Indirect Evolutionary Approach: Bridging the Gap Between Rationality and Adaptation. *Rationality and Society*, 10(3): 377–399.

Henrich, Joseph, Robert Boyd, Samuel Bowles, Colin F. Camerer, Ernst Fehr and Herbert Gintis. 2004. *Foundations of Human Sociality: Economic Experiments and Ethnographic Evidence from Fifteen Small-scale Societies*. Oxford: Oxford University Press.

Hoffman, Elizabeth, Kevin A. McCabe and Vernon L. Smith. 1996. Social Distance and Other-regarding Behavior in Dictator Games. *American Economic Review*, 86: 653–660.

Isaac, Mark and James M. Walker. 1988. Group Size Effects in Public Goods Provision: The Voluntary Contributions Mechanism. *Quarterly Journal of Economics*, 103: 179–200.

Kreps, David M. 1990. Corporate Culture and Economic Theory. In *Perspectives on Positive Economic Theory*, edited by James E. Alt and Kenneth A. Shepsle, 90–143. Cambridge: Cambridge University Press.

Kreps, David M., Paul Milgrom, John Roberts and Robert Wilson. 1982. Rational Cooperation in the Finitely Repeated Prisoners' Dilemma. *Journal of Economic Theory*, 27(2): 245–252.

McCabe, Kevin A., Mary L. Rigdon and Vernon L. Smith. 2003. Positive Reciprocity and Intentions in Trust Games. *Journal of Economic Behavior & Organization*, 52(2): 267–275.

Messick, David M. and Roderick M. Kramer. 2001. Trust as a Form of Shallow Morality. In *Trust in Society*, edited by Karen Cook, 89–118. New York: Russell Sage Foundation.

Nichols, Shaun. 2010. Emotions, Norms, and the Genealogy of Fairness. *Politics, Philosophy & Economics*, 9(3): 275–296.

Ortmann, Andreas, John Fitzgerald and Carl Boeing. 2000. Trust, Reciprocity, and Social History: A Re-examination. *Experimental Economics*, 3(1): 81–100.

Ostrom, Elinor. 2003. Toward a Behavioral Theory Linking Trust, Reciprocity, and Reputation. In *Trust and Reciprocity: Interdisciplinary Lessons from Experimental Research*, edited by Elinor Ostrom, 19–79. New York: Russell Sage Foundation.

Ostrom, Elinor. 2014. Collective Action and the Evolution of Social Norms. *Journal of Natural Resources Policy Research*, 6(4): 235–252.

Rabin, Matthew. 1993. Incorporating Fairness into Game Theory and Economics. *The American Economic Review*, 83(5): 1281–1302.

Woodward, James. 2008. Social Preferences in Experimental Economics. *Philosophy of Science*, 75(5): 646–657.

Woodward, James. 2009a. Why Do People Cooperate as Much as They Do? In *Philosophy of the Social Sciences: Philosophical Theory and Scientific Practice*, edited by Chrysostomos Mantzavinos, 219–265. Cambridge: Cambridge University Press.

Woodward, James. 2009b. Experimental Investigations of Social Preferences. In *The Oxford Handbook of Philosophy of Economics*, edited by Harold Kincaid and Don Ross, 189–202. Oxford: Oxford University Press.

各章作者简介

珍妮特·迪尼沙克（**Janette Dinishak**），加州大学圣克鲁兹分校的哲学助理教授，主要研究精神病学哲学、心理学哲学、维特根斯坦以及他心认识论。曾发表关于维特根斯坦、孤独症和知觉的哲学问题，以及关于将人类差异视为缺陷的观点等方面的论文。

莉娜·埃里克森（**Lina Eriksson**），弗林德斯大学哲学高级讲师，有政治学背景，曾出版及发表关于社会科学中的说明的著作、期刊论文，包括 *Rational Choice Theory—potential and limits*（2011）和合著 *Explaining Norms*（2013）。她还出版了决策理论和政治哲学方面的著作。

大卫·亨德森（**David Henderson**），内布拉斯加大学林肯分校的罗伯特·R. 钱伯斯杰出哲学教授，他的研究领域包括科学哲学、社会科学和认识论。著有 *Interpretation and Explanation in the Human Science*（SUNY，2013），与特伦斯·霍根（Terrence Horgan）合著 *The Epistemological Spectrum: At the Interface of Cognitive Science and Conceptual Analysis*（Oxford University Press，2011）。他的研究曾集中在关于社会规范与合作的社会科学和心理学研究。另外，与此相关的是，他致力于将认知规范理解为社会规范，并研究认知评估和自我调节的特征。其部分研究体现在与特里·霍根（Terry Horgan）合作的文章"What's the Point"，该文收录于大卫·亨德森和约翰·格雷科（John Greco）合编的 *Epistemic Evaluation：Purposeful Epistemology*（Oxford University Press，2015）一书中。他长期以来对规范问题如何（以及如何不）在社会科学说明和理解中发挥作用深感兴趣。

拉迪斯拉夫·科伦（**Ladislav Koreň**），赫拉德茨-克拉洛韦大学哲学和社会科学系的系主任。他获得了慕尼黑数理哲学中心亚历山大·冯·洪堡研究奖学金。他在认识论、语言哲学、逻辑哲学和社会科学哲学领域发表了多篇论文。

雅科·库里科斯基（Jaakko Kuorikoski），赫尔辛基大学社会与道德哲学教授，也是芬兰科学院社会科学哲学卓越中心（TINT）的研究员。他在 *BJPS*、*Erkenntnis*、*PhilSci*、*PPR* 和 *Synthese* 等期刊上，发表了多篇关于说明、模型和模拟、机制以及因果性等方面的论文。

马克·奥克伦特（Mark Okrent），缅因州贝茨学院的哲学教授。著有 *Heidegger's Pragmatism*（1988）和 *Rational Animals: The Teleological Roots of Intentionality*（2007），发表过多篇学术文章。尽管他在哲学史和心智的形而上学的广泛主题上发表过文章，但他的研究更倾向于关注意向性的本质以及意向性在自然界中的地位的相关问题。

马丁·帕莱切克（Martin Palecek），赫拉德茨-克拉洛韦大学哲学和社会科学助理教授，并担任该校语言、心智与社会研究中心主任。他在埃默里大学获得了富布赖特-马萨里克奖学金。他的研究涉及社会科学哲学、文化人类学理论和认知科学的相关问题。

雅罗斯拉夫·佩雷格林（Jaroslav Peregrin）致力于逻辑学、分析哲学和语义学的交叉研究，这些领域的学术论文发表在 *Australasian Journal of Philosophy*、*Erkenntnis*、*Journal of Philosophical Logic*、*Pragmatic and Cognition*、*Philosophia*、*Philosophical Topics* 和 *Studia Logica* 上。除了几本用捷克语撰写的书籍外，他还著有 *Doing Worlds with Words*（Kluwer，1995）、*Meaning and Structure*（Ashgate，2001）和 *Inferentialism*（Palgrave，2014）。他的研究曾集中在推论主义的逻辑和哲学方面，即认为意义本质上是推论问题的观点。他还研究与规范性有关的更具一般性的问题，特别是在进化论的语境中。他是捷克科学院哲学研究所的逻辑学系主任，也是赫拉德茨-克拉洛韦大学人文与哲学系的教授。

马克·里斯乔德（Mark Risjord），埃默里大学哲学系教授，捷克赫拉德茨-克拉洛韦大学教授。他在社会科学哲学方面的研究，涉及理性和规范性在说明中的作用、意向行动的说明以及价值在科学中的作用。他的著作包括 *Woodcutters and Witchcraft: Rationality and Interpretive Change in the Social Sciences*（SUNY，2000）、*Nursing Knowledge: Science, Practice, and Philosophy*（Wiley Blackwell，2010） 和 *Philosophy of Social Science: A Contemporary Introduction*（Routledge，2014）。

保罗·罗思（Paul Roth），加州大学圣克鲁斯分校哲学系教授。他的研究主要集中在历史哲学、社会科学哲学、哲学自然主义和奎因的思想上。已发表 70 余篇文章和评论。代表性成果包括 "The Silence of the Norms: The Missing Historiography of the Structure of Scientific Revolutions"（*Studies in History and Philosophy of Science*，2013）、"The Pasts"（*History and Theory*，2012）、"Hearts of Darkness: 'Perpetrator History' and Why There Is No Why"（*History of the Human Sciences*，2004）、"Mistakes"（*Synthese*，2003），以及 "Meaning and Method in the Social Sciences"（*Cornell U. P.*，1987）。他是社会科学哲学圆桌会议的共同创始人之一，并继续担任其执行委员会成员。他与斯蒂芬·特纳合编了 *Blackwell Guide to the Philosophy of Social Science*。他还完成了一本关于历史哲学的书——*The Pasts*，该书由西北大学出版社（Northwestern University Press）签约出版。

约瑟夫·劳斯（Joseph Rouse），美国卫斯理大学哲学系暨社会中的科学计划的赫丁道德科学教授。他专长于科学哲学、20 世纪哲学史和跨学科科学研究，著有 *Articulating the World: Conceptual Understanding and the Scientific Image*（Chicago，2015）、*How Scientific Practices Matter: Reclaiming Philosophical Naturalism*（Chicago，2002）、*Engaging Science: How to Understand Its Practices Philosophically*（Cornell，1996）和 *Knowledge and Power: Toward a Political Philosophy of Science*（Cornell，1987）。他还编辑了约翰·豪格兰德遗著 *Dasein Disclosed: John Haugeland's Heidegger*（Harvard，2013）。

卡斯顿·斯托伯（Karsten Stueber），圣十字学院的哲学教授。其研究领域包括语言哲学、心灵哲学和社会科学哲学。著有 *Rediscovering Empathy: Agency, Folk Psychology, and the Human Sciences*（MIT Press，2006 年出版，2010 年第二版）和 *Donald Davidsons Theorie Sprachlichen Verstehens*（Anton Hain，1993）。此外，他还共同编辑了三部文集：*Philosophie der Skepsis*（1996）、*Empathy and Agency*（Westview，2000）和 *Debating Dispositions*（DeGruyter，2009）。第四本文集 *Moral Sentimentalism* 由剑桥大学出版社（Cambridge University Press）出版。

斯蒂芬·特纳（Stephen Turner），南佛罗里达大学的杰出哲学教授。他撰写了大量关于社会科学史和社会科学哲学的著作，包括 *The Search for a Methodology of Social Science: Durkheim, Weber, and the Nineteenth-Century Problem of Cause, Probability, and Action*，以及与瑞吉斯·法克特（Regis Factor）合著的 *Max Weber and the Dispute Over Reason and Value: A Study in Philosophy, Ethics, and Politics*。他有关规范性的著作包括 *The Social Theory of Practices: Tradition, Tacit Knowledge, and*

Presuppositions、*Brains/Practices/Relativism*：*Social Theory after Cognitive Science* 和 *Explaining the Normative*。他出版了一本关于默会性的文集，书名为 *Understanding the Tacit*。他做过关于威尔弗里德·塞拉斯（Wilfrid Sellars）的研究。他与彼得·奥伦（Peter Olen）合作撰写的论文 "Durkheim, Sellars, and the Origins of Collective Intentionality" 发表在期刊 *British Journal for the History of Philosophy* 上。

彼得里·伊利科斯基（Petri Ylikoski），赫尔辛基大学社会研究系科学与技术研究教授，林雪平大学分析社会学研究所分析社会学教授。他的研究兴趣广泛，涵盖了从社会学理论到科学哲学中的基本问题。他的论文发表在 *Annual Review of Sociology*、*Philosophical Studies*、*Erkenntnis*、*Synthese* 等期刊上。

朱莉·扎赫勒（Julie Zahle），哥本哈根大学媒体、认知与传播系哲学分部副教授，赫尔辛基大学芬兰科学院社会科学哲学卓越中心（TINT）研究员。她的研究聚焦于社会科学哲学的各种主题，包括个人主义–整体主义的争论、实践理论、参与式观察的方法、社会科学中的价值。

索　引

A

能动性（agency）5，6，26，40，45，52，90，91，92，97，98，100，101，110，111，112，115，117，132，152，170，171，172，173，175，195

B

克瑞斯蒂娜·比基耶里（Bicchieri，Cristina）162
迈克尔·布拉特曼（Bratman，Michael）152

C

因果性（causality）1，42，162，178，186
善意原则（charity，principle of）115，127，194，196，211，221
概念（concepts）2，3，4，5，6，9，10，11，12，14，17，18，20，21，22，23，24，26，27，28，29，30，31，32，33，34，35，36，37，38，41，42，43，44，45，46，47，49，50，53，54，57，58，59，60，63，64，69，73，78，83，89，91，92，94，95，96，97，99，100，101，105，107，110，112，113，116，118，119，127，135，147，152，164，169，170，171，172，173，181，182，183，184，186，189，190，194，195，196，197，198，199，200，201，202，204，206，210，211，212，213，215，219，220，221
合作（cooperation）52，65，66，151，158，163，164，165，166，167，168，174，202，203，204，223，224，225，226，227，228，230，231，232，233，234，235，236，237，238，239，240

E

乔恩·埃尔斯特（Elster, Jon）12

情绪（emotions）89, 96, 97, 106, 112, 114, 184, 236, 239

移情（empathy）78, 80, 81, 82, 86, 91, 95, 96, 98, 99, 101, 104, 106, 107, 110, 111, 112, 115, 119, 149

错误理论（error theory）144, 148, 175

期望效用理论（expected utility theory）210, 213, 214, 215, 216, 219, 220

进化（evolution）2, 5, 11, 27, 31, 32, 33, 34, 35, 37, 52, 126, 128, 129, 130, 131, 138, 139, 164, 170, 186, 191, 200, 205, 213, 214, 215, 216, 217, 218, 219, 220, 221, 234

行动的说明（explanation: of action）15, 16, 163, 196, 203

F

大众心理学（folk-psychology）5, 6, 94, 96, 99, 179, 184, 185, 186, 188, 190, 191, 194, 196, 199, 200, 206, 210

G

博弈论（game theory）4, 5, 152, 163, 164, 165, 167, 168, 169, 224, 225, 226, 227, 228, 229, 230, 237

折中理论（good-bad theory）58, 161, 181, 183, 188, 190

H

大卫·亨德森（Henderson, David）86, 140, 161

启发法（heuristics）170, 195, 200, 201, 213, 214, 215, 217, 218, 237

I

推断（inference）9, 13, 22, 23, 27, 30, 34, 51, 76, 84, 105, 125, 131, 132, 135, 138, 167, 170, 214, 224, 234, 237

工具主义（instrumentalism）164, 165, 166, 167, 168, 169

工具理性（instrumental rationality）4, 5, 6, 70, 125, 129, 131, 132, 133, 135, 136, 138, 166, 169, 179, 198, 199, 210, 212, 214

J

联合行动（joint action）152, 180

K

雅科·库里科斯基（Kuorikoski，Jaakko）158，194

L

规律（laws）1，3，4，6，9，29，30，32，34，42，44，46，54，58，67，128，
　　162，165，169，170，171，172，173，174，175，178，184，190，199
类似心理（like-mindedness）6，94，96，97，99，104，105，106，107，110，112，
　　113，114，115，117，118，119

M

行动的意义（meaning：of action）44
方法论个体主义（methodological individualism）186，187
方法论自然主义（methodological naturalism）73，74，78，80，85
错误（mistakes）9，16，20，21，22，24，27，28，30，36，43，45，46，50，53，
　　54，58，61，65，67，79，83，84，89，90，92，93，111，112，117，119，
　　127，129，130，132，133，135，136，137，141，142，144，148，151，156，
　　157，158，161，173，174，175，178，181，185，186，188，194，195，197，
　　198，201，202，206，207，212，214，215，217，219，220，221
道德规范（moral norms）5，67，89，100，144，152
动机（motivation）5，8，10，11，12，13，17，18，19，22，23，40，74，92，
　　119，130，131，132，162，163，164，165，168，169，170，172，184，194，
　　195，196，197，201，202，203，204，205，206，207，215，217，218，219，
　　223，224，226，231，233，234，235，238，239

N

哲学自然主义（naturalism：philosophical）2，90
规范实践（normative practice）20，169，172，173，175，176
规范的说明角色（norms: explanatory role of）5

O

义务（obligation）3，13，23，53，57，135，141，144，148，149，157，162，
　　174，177，180，181，182，236

P

参与式观察（participant observation）6，70，73，74，75，76，78，79，80，81，82，83，84，85

雅罗斯拉夫·佩雷格林（Peregrin, Jaroslav）56，186，240

实践（practice）1，2，4，5，9，20，21，26，27，28，29，30，31，32，33，34，35，36，38，41，42，43，44，45，46，47，49，50，51，52，53，54，63，67，69，74，89，90，91，94，98，99，104，105，112，113，118，125，127，133，135，136，137，138，152，154，156，157，161，162，164，166，169，170，171，172，173，174，175，176，181，182，184，189，194，196，197，200，205，206，224

R

理性选择理论（rational choice theory）4，6，9，136，179，180，182，195，200，205

约瑟夫·拉兹（Raz, Joseph）11，14

推理（reasoning）9，10，11，19，20，21，28，29，30，43，67，82，84，93，94，95，100，106，112，113，119，120，140，154，164，170，178，179，197，201，210，213，214，219，225，228，233，237

理由（reasons）4，5，6，8，13，14，15，16，17，18，19，20，21，23，27，28，30，31，33，37，40，42，47，50，52，58，62，63，64，66，67，69，70，80，81，82，85，86，89，91，92，93，94，95，96，97，98，99，100，101，104，105，106，110，111，112，113，115，116，117，131，137，141，145，149，151，152，153，154，164，166，170，173，179，181，183，184，185，187，196，197，198，199，204，205，211，213，214，215，216，219，221，223，224，231，236

还原论（reductionism）147，157，175

马克·里斯乔德（Risjord, Mark）1，54，86，101，120，158，161

约瑟夫·劳斯（Rouse, Joseph）26，41，169

规则遵循（rule-following）67，100，185

规则（rules）1，3，4，6，9，20，21，30，32，42，46，53，57，60，61，62，63，64，66，67，68，69，70，77，89，90，93，94，100，112，115，134，135，140，148，149，150，151，152，161，162，163，164，165，166，168，169，170，172，173，177，178，180，182，183，184，185，186，187，188，189，190，191，196，213，214，237，239

S

威尔弗里德·塞拉斯（Sellars，Wilfred）26，66

模仿（simulation）9，106，110

亚当·斯密（Smith，Adam）91，96，101

社会规范（social norms）12，53，56，57，62，63，64，69，70，89，90，92，
　　100，137，140，141，143，144，147，148，149，153，157，158，161，162，
　　163，164，165，166，168，169，170，172，173，174，175，176，177，182，
　　183，187，189，190，191，195，202，205，206，207，224，228，231，232，
　　233，234，235，236，237，239

沃尔夫冈·斯波恩（Spohn，Wolfgang）83

卡斯顿·斯托伯（Steuber，Karsten）80，89，158

随附性（supervenience）59，63，70，144，145，146，151，153，175，176

T

目的论（teleology）3，23，33，38，43，45，46，47，49，50，51，52，53，54

斯蒂芬·特纳（Turner，Stephen）8，43，54，56，158，161，181

V

理解（verstehen）1，2，3，4，5，6，9，11，13，16，17，18，21，26，27，28，
　　29，30，31，32，33，34，35，36，37，38，40，41，42，43，44，45，46，
　　47，48，49，50，51，52，53，54，57，58，59，63，65，66，67，69，70，
　　73，74，75，76，77，78，79，80，81，82，84，85，86，89，90，91，92，
　　93，94，95，96，97，98，99，100，101，104，105，106，107，110，111，
　　112，113，114，115，116，117，118，119，120，125，126，132，134，135，
　　136，137，140，141，143，144，145，147，148，149，150，151，152，153，
　　155，156，157，158，161，164，165，167，169，170，171，172，175，178，
　　179，180，181，183，184，187，188，190，191，194，195，197，198，199，
　　200，201，205，206，210，211，212，214，216，219，221，224，230，233

Y

彼得里·伊利科斯基（Ylikoski，Petri）194

译者简介

赵雷，男，河北石家庄人，2017 年获山西大学哲学博士学位，博士论文获"山西省优秀博士学位论文"。现为山西大学科学技术哲学研究中心副教授，主要从事一般科学哲学、社会科学哲学、规范性哲学等方向的研究。曾多次以访问学者身份与国外高校进行合作研究，2024 年 3 月～2025 年 3 月，美国埃默里大学（国家留学基金管理委员会公派）；2019 年 12 月～2021 年 10 月，英国伦敦政治经济学院；2019 年 5 月～2019 年 8 月，希腊雅典大学。在《自然辩证法研究》《自然辩证法通讯》《科学技术哲学研究》等刊物发表多篇学术论文。